構築主義を再構築する

constructionism

赤川 学

勁草書房

構築主義を再構築する／目　次

はしがき

I

序章　二一世紀の社会学のために

1　社会学の光と影

二一世紀もすでに数年が過ぎ、世界は大きく変わりはじめているが、社会学の未来がどのようなものでありうるか、みえにくくなってきた。

一方に、社会学を高く評価してくれる人がいる。現実に生じている社会問題や生命倫理、環境倫理を論じる応用倫理学や公共哲学の分野では、社会学者のフットワークの軽さと積極性を評価してくれる人がいる。歴史学の世界にも、自らの歴史記述の理論的な背景を社会学に求める人は少なくない。

他方、「社会学など何の役にもたたない」と厳しく指摘されることもある。社会学の隣接領域、特に数理的な厳密性を基盤にもつ経済学や、人文社会系学問のなかでは統計学的な実証性に秀でた心理学畑の人から、そのような目でみられていることを感じてきた。また、社会学の論説にしばしばつきまとうイデオロギー臭（しばしば左翼的なそれ）をうさんくさく眺めている人も、きっと少なくないだろう。

社会学は、間口が広い。世に生じているほとんどの現象には、なんらかの意味で社会的な側面があるので、どんなことでも社会学の対象になる。個人的なことで恐縮だが、一九九〇年代初頭、バブルに背を向け、人間の〈性〉に向かい合うことを自らのライフワークとして選びつつあった私にとって、この間口の広さは、とても魅力的なものだった。

ところが一歩、その世界に足を踏み入れてみると、「これぞ社会学！」というに足る、しっかりした基盤なぞ、どこにもない。文学研究のように厳密なテキスト読解を行うわけでもないし、歴史学のように史料批判の訓練をするわけでもない。心理学のように条件統制の効いた実験をするわけでもなければ、人類学のように固有のフィールドを持って息長く参与観察するわけでもない。経済学やゲーム理論のように数学的・論理的厳密性を求められるわけでもない。そのうえ、そんな基礎的訓練をまったく行わなくても、多少政治的な用語やイデオロギーや「運動」的な論法を身につけさえすれば、しばらくはやっていける。よく言われるように、社会学は「なんでもあり」だが、酷な言い方をすれば、そこには「なにもない」。

むろん「なんでもあり」の世界に遊んで、学者として食いつないでいけるなら、それもよかろう。

しかし人生は、それだけで終わるには長すぎる。人生のすべてを賭けて、一片の悔いもないような問いが、果たしていまの社会学にあるだろうか。

たしかに、すべての社会学者に共有されるべき問いがあるという（かつて機能主義者が夢想したような）問いかけを、大上段にふりかざすのは気が引ける。世界の相対性と理論の自己反省性への認識を強要される昨今の風潮にあっては、こうした問いかけは冷笑される。だけれども、自分は自分なりに、社会というとりとめもない実在が生み出すさまざまの謎と、まじめに向き合いたいのだ。そういう志をいだく人間にとって、現在の社会学には、さまざまな選択肢があるかのようにみえて、伸び伸びと仕事を展開しうる余地は大きくない。結局は、自分で問いを設定し、範となるべき師匠や見本をみつけ、自分で調べ、自分の頭で考えるという作業を地道に行っていくしかないのだ。そうした作業の中からしか社会学の復興はありえないのではないか。自戒の念をこめて、そう思う。

2　機能主義批判の果て

というのも、若さゆえの過ちというものは、認めたくないものらしいからだ。しかし二〇年近くも社会学をやり続けてくると、多少は認めざるをえないこともある。

私が社会学を志したのは一九九〇年。元号が昭和から平成に代わり、バブル経済が最後の徒花を咲かせていた頃だった。その頃、社会学の世界で流行していたのは、機能主義批判である。橋爪大三郎氏らが行ったアローの定理による複・機能要件批判がもっとも有名なものだが、現象学的社会学やエスノメソドロジーら意味学派、のちに近代家族論として定式化されるフェミニズム、マルクス主義の残滓としての世界システム論など、新しいパラダイムが百家争鳴の状態であった(1)。

私自身、恥ずかしながら、そうした機能主義批判の潮流に安易に乗っていた。というか人間の〈性〉について本質的に考えようとすれば、それに対応する機能主義の枠組は、ジョージ・P・マードックの家族普遍説か、タルコット・パーソンズの家族論くらいしかなかった。それゆえ、機能主義以外の道具立て、たとえばレヴィ＝ストロースの親族構造論、吉本隆明の対幻想論、ドゥルーズ＝ガタリの「n個の性」など、さまざまな概念装置に頼ろうとしたのだった。しかし大学院に「入院」してから気づいたことだが、機能主義はいうに及ばず、構造主義も、その当時流行していたポスト構造主義も、フェミニズムも、私が直面していた事態――「性の商品化」批判が流通するなかで、商品化された性としてのポルノグラフィを消費せざるをえない自分――を解き明かすのに有効な示唆を与えてくれなかった。社会学の言葉で自らの経験を説明しようとすると、どこか上滑りになる。社会学の概念を覚えたからといって、現実に生じている事態――たとえば当時、フェミニズムによるポルノ批判が盛り上がり、有害コミック問題が社会問題化していたのだが――に切り込み、社会学ならではの、有効な発言を行うこともできない。八方塞がりに陥っていた。

そんな迷える私に、二つの学問的出逢いがあった。ひとつはミシェル・フーコーの言説分析であり、いまひとつは社会問題の構築主義アプローチである。本書に所収している論文は、すべて、何らかの形で、この二つの出逢いと関わりがある。

3　フーコーとの出逢い

まず第一に、ミシェル・フーコーが行った、セクシュアリティの歴史研究である。セクシュアリティは国家や社会などの権力によって抑圧されるのではなく、権力＝知こそがセクシュアリティを生みだすという視座の転換は、衝撃的だった。現在でも、フーコーを社会学における新しい権力論、すなわち規律訓練型権力とか生―権力論という形で受容する人は多い。さらに、権力は知によって支えられ、知そのものが権力であるという知＝権力論は、現在ではジュディス・バトラーを旗頭とするフェミニズムやジェンダー論に継承されていった感がある。

もっとも私は、過去の性科学や精神医学といった具体的・歴史的マテリアルに則しながら、独特の歴史＝社会記述を積み重ねていくフーコーのスタイルにインスパイアされた。歴史学を専攻するつもりの夢が破れて、社会学の世界に迷い込んだ私にとって、フーコーの本を読むのは、一種の安息のときだった。フーコーは『性の歴史Ⅰ：知への意志』のなかで具体的な研究領域として、①女の身体のヒステリー化、②子どもの性の教育化、③生殖行為の社会的管理化、④倒錯的快楽の精神医学への組込み、という四つの領域を掲げているが（Foucault［1976＝1986：136］）、とりわけ②子どもの性の教育化、具体的にはオナニーの禁止を通しての子どものセクシュアリティ規制という問題系は、私にとっても切実な問題であったのだ。これを近代日本という文脈のなかで論じ直すことこそ、自らに与えられた使命だと、思いこむことができた。

だが私にとってのフーコーは、あくまで言説というマテリアル（素材）を読み解くための海図・指針のようなものであった。海図が不正確だったり、間違っていたり、自分にとって不満足であったりすれば、それを更新することもまた、後続する研究者に与えられた義務であり使命のように思われた。

たとえばフーコーが行った歴史記述は、きらびやかな文体の割には、「性愛の術／性科学」といった大雑把な二分法に満足しているところがある。また言説やエピステーメーの変容を記述しはするが、それがなぜ、いかにして発生したかを説明しない。(2) むろんエピステーメーの変容をあえて説明しないのが、フーコー流の言説分析の特徴だと認めるにやぶさかではないのだが、それでは自らの知的好奇心が最終的に満足しないのである。言説の変容が生じたのは、なぜか。科学的な言説が変化する背景には、いかなる社会的・言説的な力学が存在したのか。私はこうした問題設定を、近代日本におけるオナニー有害論の定着・変容・消滅という歴史的事象に適用してみたいと思った。これらの「なぜ」に答えることは、最終的にはフーコー的な方法論の拘束を離れることになるのかもしれないが、あえてその道を選択したかったのだ。

そのいちおうの成果が、一九九九年に刊行した『セクシュアリティの歴史社会学』だった。もっとも社会学の界隈ではこの書は、「言説分析は、社会学的探求として何を行っているのか」、「言説分析は反社会学かいなか」という言説分析の本義や方法論に関連する一つの事例として読まれ、解釈されることが多かったようだ。第一、三、四章では、言説分析やその応用編としての『セクシュアリティの歴史社会学』をめぐってなされた方法論上の問題について論じている。

第一章は、数理社会学会の機関誌『理論と方法』で企画された「二〇〇〇年記念特集シリーズ」の三回目、「実証の姿」への寄稿論文である。一回目の特集「〈社会〉への新たな知」に掲載された遠藤知巳氏の論文「言説分析とその困難」を意識しながら書かれている（遠藤氏の論考は改訂されて、遠藤［2006］に所収）。言説分析を「反社会学」とか「反方法」という形で神秘化せず、経験的な社会学の方法として再構成しようと提案したつもりである。第三章は、二〇〇二年、関東社会学会の機関誌『年報社会学論集』での特集「社会学の対象と方法：社会学者は何を行っているのか」のなかに掲載された論文である。セクシュアリティの歴史的言説を分析する際に、フーコー流の権力という概念だけでは十分ではないという事情を論じている。第四章は、二〇〇四年六月二七日に開催された第44回・日本社会学史学会共通テーマ〈歴史社会学〉の壇上にて報告した内容を基に、同会機関誌『社会学史研究』第27号に掲載した論文である。言説分析という方法の特徴を、歴史社会学にどう生かせるかを論じたものである。

論争していた当時は、それなりに熱くなったりもしたが、今はもはやこれ以上、言説分析の認識論や方法論争に拘泥することはやめにしたいと思っている。そんなことに時間を費やすならば、自らのライフワークとして課しているセクシュアリティの歴史社会学的探求を別の形で再開したいからだ。第九章から一一章までは、『セクシュアリティの社会学』以降で積み残した課題を、徐々に追補していったものである。

第九章は、東京大学大学院・相関社会科学科が編集する雑誌『ライブラリ相関社会科学』第8号に寄稿した論考で、性欲のエノコミー仮説に対するコメントへのリプライを兼ねたものである。本章でとりあげた永田えり子氏のコメントは、『セクシュアリティの歴史社会学』に対する批判的検討としては、ほとんど唯一意味あるものであった。改めて感謝したい。

第一〇章は、京都精華大学創造研究所にて編集された『東アジアの性』に所収された論文であり、現代中国におけるオナニー言説の概要を紹介している。かの地においては、オナニー必要論はいまだ優勢ではなく、「弱い」有害論の段階にとどまっているようだ。

第一一章は、二〇〇四年一月に日本性機能学会西部総会イブニングセミナーでの講演内容を、信州大学人文学部の紀要『人文科学論集』（二〇〇五年）に投稿したものである。ED（性機能障害）をめぐる社会状況は、バイアグラの登場以降大きく変化したが、それをめぐる社会的意味づけの変化もまた、これに劣らず大きかった。EDの治癒可能性が増すことによってかえってEDの心因性が強調され、EDが男らしさの病として浮上するという逆説をみてとることができる。

今後も、こういう形でのセクシュアリティの歴史研究をライフワークとして続けていきたいと思う。

4　構築主義との出逢い

次に、社会問題を経験的に研究する手法としての構築主義アプローチである。周知のとおり構築主義アプローチは、社会問題をある種の「状態」としてみるのではなく、「ある種の活動」すなわちクレイム申立て活動として概念化することからはじまった。「社会問題とは、ある状態が存在すると主張し、それが問題であると定義する人びとによる活動である」（Spector & Kitsuse [1977=1990 : 117]）というわけである。この分野の第一人者・中河伸俊によると、このアプローチは、問題だとされる「社会の状態」を研究するという従来の社会問題研究のプログラムから、クレイム申立て活動、つまり「問題」の有無や定義や解決等々をめぐって織りなされる人びとの相互行為（あるいはコミュニケーションの連鎖）へと調査研究のトピックを転換することを提案したとされる（中河 [2005 : 167]）。

社会学は、諸学問の一番バッターといわれる。世間で新しい現象が生じると「なんでもみてやろう」式にすぐに食いつき、適当な社会評論を行うことこそ社会学の役目だというのである。たしかにそうなのだが、私自身はむしろ、現代社会で生じている諸問題を近代日本の歴史的文脈のなかに置き直し、問い直すことに魅力を感じてはじめていた（愚者は体験に学び、賢者は歴史に学ぶ、といえばいいすぎかもしれないが）。性をめぐって、さまざまな社会問題が提起されていたのが九〇年代だが、既存のアプローチに飽き足らないという思いが強かったからである。

そんな私にとって、中河伸俊や構築主義アプローチが与えてくれた示唆は多大なものがあった。構築主義の手法は、歴史社会学としても、言説分析の方法論としても、応用可能性に満ちあふれているようにみえた。本書第二章は、上野千鶴子編『構築主義とは何か』に掲載され、言説分析を社会問題の構築主義に接続することを目指した論文である。ここでは、現在の私が考えるところの構築主義の魅力を整理し直してみたい。

第一に、構築主義の手法を用いると、昨今の、人目を惹く、新しい問題や論争や争点も、実はかつてどこかでなされた問題化の反復、争点の再燃にすぎないことがみえてくる。たとえば有害コミックを規制しようとする人びとは、戦後の悪書追放運動以来のレトリックを継承しつつ、フェミニズムにおける「性の商品化」批判のレトリックを欺瞞的にすべりこませていた（赤川［1992］）。また「ポルノは性犯罪を助長する」というポルノ有害論は、この時期の有害コミック論に限らず、規制派のレトリックとしてしばしば登場するが、これは歴史的にみればオナニー有害論と同じ前提と誤謬を共有していた（赤川［1993, 1999a］）。さらに援助交際をする女性の「自己決定」論やそれを論駁する言説は、売春女性の自由意志をめぐる長い論争の再燃にすぎなかった（赤川［1995］）。このように、構築主義の手法を用いて「問題構築の歴史」をフォローすることで、「新しい」とされる社会問題のどこからどこまでが本当に新しいのか、論じるに値すべきことなのかについて見通しが効くようになる。

第二に、さまざまなクレイムの中には、ある時空間において非常に多用され、かつ論争を有利に導く特定のレトリックと、そうでないものがある。そうした例の一つとして、一九八〇年代から九〇年代にかけて広く流通した「性の商品化」があった。売買春をめぐる言説の歴史を一種のディベート空間と見立てたとき、このレトリックがこの時期に勝利することには必然的な理由があったのである（赤川［1995］）。また、特定の時期に大流行したと思いきや、ある時期を境にパッタリ見向きもされなくなる言説やレトリックがある。つまり社会問題をめぐるレトリックにも、流行り廃りのようなものがある。それは、問題が構築される歴史のなかで必然的に生じている現象かもしれないし、公共空間において近接・隣接する社会問題に関する語り、クレイムとの影響関係から生まれてくるのかもしれない。前者に着目すれば、社会問題を通時的に比較研究することになるし、後者に着目すれば、社会問題を共時的に比較研究することになる。いずれにせよ、こうした現象が「なぜ」生じるのかを解明しうる点に、構築主義の可能性をみいだしたく思うのだ。(3)

第三に、傍目からみると、不合理、理不尽と言わざるを得ない「トンデモ統計」や「トンデモ理論」が、なぜか世間に広く流通し、クレイム申立て活動の中で特権的な位置を占めることがある。私自身は「ポルノは性犯罪を助長するのか、それとも、性犯罪を抑止するのか」という論争に出合って以降、こうした問題に対峙せざるをえなかった。その後も、近代日本におけるオナニー有害論、少年犯罪の原因として規制される性的・暴力的な表象の問題、政策形成に主導的な影響力を有する（うさんくさい）社会統計など、社会問題を扱う過程で統計や理論の妥当性を考える作業の重要性を思い知らされてきた。特に二〇〇〇年以降、谷岡一郎『社会問題のウソ』（谷岡［2000］）や、構築主義ではコンテクスト派の領袖とされるジョエル・ベストの『統計はこうしてウソをつく』（Best［2000］、Best［2004］）などが出版されたことは大きかった。これらの著作では、広く流通する社会統計のどこが、どういう点で、だめなのかを指摘する。それは統計教育、リサーチ・リテラシー教育の範疇に属する問いなのだが、そうしただめな統計が、だめであるにもかかわらず、広く社会に流通し、影響力を発揮するのはなぜなのか。このように問いを転換すれば、それは社会問題の社会学を構成する中核的な問いになりうるように思うのだ。

5　社会問題をめぐる言説空間における統計と理念

フーコー流の言説分析や、社会問題の構築主義アプローチは、分析すべき素材としての言説にいかに対峙し、そこからどのような歴史＝社会記述を構想しうるかについて、さまざまな示唆を与えてくれる。ところがこれらを、ある種の相対主義、すなわち分析対象とする人びとや当事者の価値判断や認識判断の妥当性には関わらずに分析を続行できる作法だとみなしてしまうと、結果的には自らの問い自体を溶解させてしまいかねない[4]。そんな危惧もいだくようになった。

とりわけ構築主義のなかには、人びとが用いる統計や科学理論それ自体の妥当性を問うことを留保し、あくまでクレイム申立て活動における言及の連鎖としてのみ扱うことを要請する方法的立場がある。だが、実際にさまざまな言説や統計を取り集めて分析にとりかかろうとすると、やはり出鱈目といわざるをえないものも少なくない。それもたしかに、活動に参与する人たちの「内側」の視線からみれば、それなりに有意味なものとして構成され、「達成」されているのかもしれない。しかし裸の王様に「あんたは裸だ！」と指摘できないような社会学に、いったいどんな意味があるのか。この頃、そう思う。むろん他人の言説を「でたらめ」とか「トンデモ」とか批判するような形で発言したり、論文を書くのは、勇気のいることだ。なぜなら批判した人たちからも、おうむ返しに「お前のほうこそトンデモだ」という批判を浴びる可能性があるからだ。私も、いやというほど体験した。だが、そうしたこわさを引き受けない限り、結果的に自らの理論の批判力と分析力を高めていくことも難しくなってしまう。

自戒をこめていうのだが、これまでの言説分析や構築主義には、人びと（問題構築への参与者）が言説を語り、クレイムを申し立てる「政治的な存在」であることを強調する傾向があった。特に構築主義の政治的な用語法のなかには、「〇×は社会的に構築されたものにすぎない」というクリシエがある。言説や理論の相対性や政治性や被構築性を暴き立てる政治的構築主義である。だが、そうした構築主義に足場を置く人びとは、自らにとっての論敵がもちだす論拠の相対性や被構築性を暴きつつも、自らの相対性や被構築性にメスを入れることはほとんどない。こうした構築主義は、対立者が政治的な存在であると同時に規範的・理念的な存在であることを軽視・無視する。そして、自らがどのような規範や理念を有しているかの手の内を隠しつつ、自己の立場をしばしば絶対化しているのだ。

しかしもはや、そうした「自明性崩し」だけでは通用しない。「○×は社会的に構築されたものにすぎない」と批判したところで、「では、あなたの論法もまた社会的に構築されたものにすぎないのね？」という反問がおうむ返しになされるからだ。そしてそれに応える義務が、最初の問いかけをなした者には、ある。だがそんな応酬は、あまりに不毛だ。それらが社会的に構築されたものであろうとそうでなかろうと、○×に関して、どのようなあり方（それは制度といってもいいし、社会といってもよい）が望ましいのかを理念的に検討するという作業は残り続けるからだ。

少なくとも現代の社会問題を扱うときには、社会学者も、問題構築の当事者たちとともに、こうした課題を共有し、批判し、批判されるという対等性を引き受けざるを得ない。これは単なる研究者倫理ではなく、むしろ研究の質を高めるためにこそ要請される態度なのだと思う。人びとの構築を外側から眺めたり、内側から理解したりするだけでなく、自ら構築に携わらざるを得ない局面が存在するのである。第五～七章、一二、一三章は、こうした問題意識のもとで書かれている。

第五章から七章は、新書館の季刊誌『大航海』にほぼ一年おきに寄稿したもので、性的差異をめぐる制度設計はいかにあるべきかを、特にフェミニズムやジェンダー論を批判的に検討し、それらをいかに立て直しうるかという観点から論じている。いまの私は、特にフェミニズムに興味関心があるわけではない。第六章の「ジェンダー・フリー」に関する議論などは、その後すっかり政治的な問題として「格上げ」されてしまった感があり、政治状況も刻々と変化しつつある。だが、性的差異と性的平等をめぐってどのような制度を構想すべきかという問いそのものは、いまだじゅうぶんに論じ尽くされていないと思う。

また第一二章は、昨今の少子化対策をめぐる統計や言説をリサーチ・リテラシーの立場から批判的に検討した『子どもが減って何が悪いか！』（赤川［2004b］）の続編にあたる。この本も刊行直後から、さまざまな異論反論を浴びたが、こうした異論反論に直接的にリプライすることを目指したものである。今後はこういう作業も、社会問題の社会学に課せられた責務とならざるをえない。第一三章は、「産めよ殖やせよ」と称される戦時期人口政策の様態を当時の新聞記事から再現し、現代の少子化対策との比較を試みたものである。この比較分析の結果、昨今の少子化対策における「産む自由」の支援は、戦時期人口政策の「産めよ殖やせよ」とさほど違いはないということが、私なりに得心できた。今後もこの作業は継続したいと思っている。

6　二一世紀の社会学のために

二一世紀に社会学は、自尊心をもって、生き残りつづけることができるだろうか。近年の状況をみるかぎり、未来は決して楽観できない。少なくとも、常識の自明性を相対化したり、「○×の社会構築性」を指摘するだけで事足りていた幸福な時代は、過ぎ去ってしまった。何をすれば社会学をしたことになるかも、依然としてみえにくい。

しかしそんな時代だからこそ、眼の前にある課題から逃げず、愚直に、社会学するとはどういうことかという問いを含めて、社会学しつづけるしかないのだろう。私自身は今後、二つの作業を同時に自らに課していきたい。

一つは、言説という素材を通して、経験的な歴史＝社会記述の新しい可能性を追い求めることである。もちろん歴史学や、社会学のこれまでの調査手法にも、学ぶべきところはたくさんある。しかしそれらの方法の利点と限界をじゅうぶんに踏まえた上で、「言説分析にしかできない分析」や「構築主義にしかできない分析」を、データの質を活かしつつ積み重ねることができれば、言説分析にも構築主義にも、まだまだチャンスはある。この試みは、歴史学者からはなかなか理解を得られず、社会学者からは抽象的な方法論争としてしか受け取られない嫌いもあるが、その間隙を縫い続けるほかないのであろう。

もう一つは、さきほどとは逆に、社会学者も、社会を構成する人びと（参与者）と同じ資格で、どのような社会が望ましいか、どのような制度設計が望ましいかという規範的・公共的な問いかけを引き受けることだ。もちろん、これには容易な解決策はない。公共哲学や一部の経済学、実際に問題構築を生きる人びとのほうが、社会学者よりも先に進んでいる場合も少なくない。社会学の世界だけに狭く閉塞せずに、学べるところからは貪欲に学ぶという姿勢がいっそう必要になるのだろう。

もっともこれは、社会学が誕生以来とり続けてきた知的態度なのであり、その態度を再び取り戻せばよいだけのことである。これまでの歴史的経験に学びつつ、二一世紀の社会を構想する姿勢さえ失わなければ、社会学の未来はけっして暗くないはずだ。

注

（1）いまにして思えば、機能主義批判のなかには無意味・理不尽なものも少なくなかったし、機能主義を批判したはずの人たちが、機能主義的な思考法を完全に脱却しえているかといえば、そうでもない。他方、見捨てられたはずの機能主義のなかにも、ロバート・マートンが提起した「中範囲の理論」、予言の自己成就、相対的剥奪など、社会学が今後も継承し続けていくべき概念系はきちんと存在するはずだ（Merton［1957=1961］、森下［2006］）。

（2）ちなみにセクシュアリティの歴史研究の「見本」としては、具体的なマテリアルにほとんど言及がない『性の歴史Ⅰ：知への意志』よりも、一九七四年から七五年にかけてのコレージュ・ド・フランスの講義録『異常者たち』（Foucault［1999=2002］）のほうが、はるかに有益な情報を得られる。

（3）もっとも、少なくとも近年の日本の社会学における構築主義アプローチでは、「なぜ」の問いは禁欲される方向にあるようだ。たとえば中河氏が構想する「エンピリカルな構築主義」は、「かくかくの問題はなぜ生じたのか」という問いを問わない、つまり「クレイム申し立て活動を記述し考察するにあたって因果モデルを前提とした原因論の追求をしない」という方針を立てる。「なぜ」という問いをしりぞけ、「どのように」という問いと「なに」という問いをリサーチの基本線にするという（中河［2005：168］）。ここでの「なぜ」には、問題とされる社会状態がなぜ生じたか（例：自殺の社会的原因は？）という問いだけでなく、「特定のクレイム申し立て活動が登場し、幅広い支持を集め、その目標を達成した（する）のはなぜか」（例：モラルパニックはなぜ起こったのか？）という別の「なぜ」も含まれるのだという。

私は、少なくも後者の「なぜ」の問いまでを研究プログラムから排除してしまうと、構築主義の魅力が大きく減殺されてしまうと思う。なぜなら、まさにこの問いこそが、私を魅了したからである。実際、中河がそこで掲げるGusfield［1963］もCohen［1972］も、医療社会学の名著とされる『逸脱と医療化』（Conrad & Schneider［1992=2003］）も、喫煙運動が勝利する歴史的背景を探った『タバコの社会学』（Troyer & Marcle［1992］）も、社会問題研究の「古典」とされる研究は、これらの問いに応えてきたからこそ読み応えがあるのだと思う。日本でも、上野千加子・野村知二『〝児童虐待〟の構築』（上野・野村［2003］）、田間泰子『母性愛という制度』（田間［2001］）、佐藤哲彦『覚醒剤の社会史』（佐藤［2006］）など、特定の社会問題が構築される歴史を丹念に追った良質の仕事が、希少ながらも生まれつつある（もっともここで挙げた論者たちが、相当程度、構築主義にインスパイアされつつ、構築主義者を自称しない点では奇妙に一致する）。彼らよりもベターな説明を編み出すという方向に議論を進めるのは一向に構わないが、同じ問いを共有しないというのでは、さみしすぎる。

もっとも私にとっては、一九七〇年代にオナニー必要論が勝利したのはなぜか、一九八〇年代に「性の商品化」というレトリックが売買春を批判するときに多用されたのはなぜか。こうした具体的な謎が解けるのであれば、事足りる。「なぜ」の問いが、エンピリカルな構築主義では完全に公準破りとされるならば、すごすごと「構築主義」という看板を下ろすだけのことだ。

（4）言説分析や構築主義は、広い意味での「政治」に関わる分析だが、分析の志向性については無視できない違いもある。たとえばフーコーの場合、言説を語り、クレイムを申し立てる人々の意図や利害関心を超えたところで、「誰が語っても、似たような語りになるのはなぜか」を問うている。

フーコー流の視線によってみえてくる言説の秩序とは、エミール・デュルケイムがいう意味での「社会的事実」に近い。これに対して構築主義のほうは、人びとが、言説や理論をクレイム申し立ての道具として用いることで、何を行っているのか、何を達成しているのかという点に焦点をあてる。特に、中河がいうエンピリカルな構築主義では、分析者が参与者が使っている日常言語的資源に対するコンピタンスを身につけることによって、人々の活動を「内側から」調べることを提唱する。こうした方法は、ウェーバーの理解社会学にむしろ近い、少なくともさほど距離は遠くないように思われる。

I

第一章　言説分析とその可能性

1　はじめに

近年、言説分析を反・社会学の営みとして論じる人がいる（佐藤［1998］、遠藤［2000］、北田［2000］、葛山［2000］）。仮に彼らの主張が全面的に正しいならば、定義上、社会学者には言説分析は行えないことになる。だが言説分析は社会学が二一世紀にサバイバルするために必要不可欠なツールであると考える私にとって、「言説分析＝反・社会学」という定式化は容易に首肯できるものではない(1)。本章では、いったんこの主張の内実を検討した上で、彼らの主張とは逆に、社会学はひるむことなく言説分析を反証可能な経験的社会学の一手法として採用すべきであると主張する。その上で、主として歴史的な言説資料に対してなされる言説分析の方法論について、具体的な事例に即しながら論じたい。

ところで「言説分析＝反・社会学」という定式化がなされるとき、そこで「社会学」と想定されているのは、どんな社会学のことなのか。佐藤俊樹によれば、言説分析は「『言説の外部には出られない』という方法的意識に貫かれている」のに対し、知識社会学は「言説の外部に社会という実体を置き、その両者に対してともに外在する特権的な視点として自己を定位する」。ゆえに両者はまったく別物であり、「フーコーの議論を社会学化すると急に色あせる」（佐藤［1998：89］）。また遠藤知巳によれば、「少なくとも、フーコーが提出した言説という反―概念は、通常の社会学的な記述スタイルに対する根本的な反抗であったはず」であり、「通常想定されるような意味での社会学的方法論に対する積極的かつ暗黙の反発／緊張が、その記述を支えている」（遠藤［2000：50］）。

彼らが述べていることは、言葉遣いが微妙に異なり、また、異なる事柄を述べている場合もあるが、ここではあえて論点を三つに整理する。第一に、佐藤［1998］が強調するように、分析する対象（＝社会や言説）に対して外在する、分析者（＝社会学者）の特権的な視点を前提することに対する懐疑である。

第二に、遠藤［2000］が強調するように、言説分析を、概念や方法として定式化することに対する懐疑である。

第三に、社会の全体性・全域性、ないし言説空間の全体性・全域性を想定することに対する懐疑である。遠藤［2000］や葛山［2000］にとって中心的な論点である。私は、社会の全体性と言説空間の全体性を同列に論じることには抵抗を感じるが、本稿では後者の論点のみを問題にしたい。というのも社会の全体性という論点の多くは、第一の論点に回収可能だからである。

実は私も、言説分析が、言説の社会との一意の対応関係を前提する知識社会学や、言説と言説を語る主体との一意の対応関係を前提するイデオロギー分析ではないという主張に対して、まったく同意している。知識社会学やイデオロギー分析だけが社会学であるならば、たしかに言説分析は社会学的ではない。

だが、社会学は単なる知識社会学や単なるイデオロギー分析に還元されるわけではない。しかも言説分析を、社会学者にとって不可触な「反―方法」という名の迷宮に送り返す必要はまったくない。たしかに言説分析は、いついかなるときでも成功を約束されているわけではない。さまざまな陥穽が口を開けて待ち構えている。だが言説分析はいま、陥穽を前に立ちすくむのではなく、とりあえずの匍匐前進を試みながら、自らの方法を鍛え上げる時期にあると考える。なぜなら社会学が言説分析の手法に学びつつ、記述の実践を積み重ねていく作業そのものが、従来の社会学的実証スタイルにも、大きな変容を及ぼさずにおかないだろうからである。

2　言説の外部には出られない

佐藤俊樹は「言説の外部には出られない」という問題意識を、ミシェル・フーコー『知の考古学』から得ている。「われわれ自身の集蔵体を記述することもわれわれにはできない。なぜなら、われわれが語っているのはその諸規則の内部においてであるからであり、われわれがその出現の様態、その生存および共存形態、その累合、歴史性、消滅のシステムを言いうることを可能にするのは、それである——それ自身、われわれの言説の対象である——からである」（Foucault［1969＝1981：200-201］）。

なるほど言説分析は言説分析者自身が内属している言説空間を、記述の対象とすることはできない。その自覚はたしかに貴重である。だがフーコーが、先の引用の後をこう続けていることを忘れてはならない。「それ自身が従うこの実定性に、また、今日集蔵体一般について語ることを可能にするこの集蔵体のシステムに、できるかぎり近づくべきではなかろうか？（中略）決して成就され、統合的に得られぬが、集蔵体の解明は、言説形式＝編制の記述、実定性の分析、言表領野の見定め、などが属する一般的地平を形づくる」（Foucault［1969＝1981：201-202］）。

自らが取り込まれている言説空間の全体を記述することはできないにしても、だからといって全体への接近が諦められているわけではない。むしろ全体に漸近する過程にこそ、言説分析の可能性が賭けられている。

そもそも「外部に出られない」のは言説空間だけではない。たとえば私たち人間は、宇宙の外部に出ることはできないが、天文学者や宇宙物理学者は、宇宙の外部に立つ超越的な視点を仮設し、宇宙の起源や形について仮説を立て、星々の運行を記述したり予測したりする。「外部に出られない」ことが即、それについての研究を不可能にするわけではないし、「外部に出られない」ことを十分に自覚したからといって、そのこと自体が天文学や宇宙物理学の発展を促すわけでもない。単に、記述や予測の精度が重要なのである。(2)(3)

むしろ「言説の外部に出られない」という方法的自覚を、別の形で引き受ける必要があるのではないか。第一に、言説の外部は至るところにあるという問題意識である。フーコー流にいえば、「〈すべて〉は決して言われていない」(Foucault [1969＝1981：182])。フーコーは言説を、「ひとつの時代において、ひとが（文法の諸規則および論理の諸規則にもとづいて）正しく言うことができることがらと、実際に言われたことがらとの差異によって構成される」(Foucault [1968＝1999：87])と定式化している。すなわち、論理的な可能性として言われうる事柄と実際に言われた事柄の落差が問題なのである。ここから、「ある所与の時代において、あることは語ることができるのに、別のことは決して語られないのは、いったいどういうことなのか。簡単に言うならば、語られた事柄の総体の中から、ひとが何を語り、何を打ち捨て、あるいは何を変換させているのか」(Foucault [1969＝1999：219])という言説分析にとっての中核的な問いが立ち現れる。言説空間が実際に言われた事柄から成り立つとするなら、その外部には、言われていない事柄が広範に存在している。

ところが第二に、社会学者が探求の素材にしうるのは言説でしかありえず、言説と独立に社会や実態が存在するわけではない。この点に関してもっとも自覚的なのは、社会問題の社会学における構築主義アプローチ厳格派である。ここでの方法論争は、ポストモダン歴史学における「テクストの外部はない」というスローガンのもとになされた方法上の論争と同型をなしているが、私はこの方法論を、単なる認識論的教養の争いとしてではなく、経験的な社会科学の方法論として捉えるべきと主張してきた（赤川［1996］）。すなわち言説分析が分析の素材とするのが言説である以上、それ以外の素材を安易に持ち出さないこと、事実や実態とされるものもまた言説を介してしかアクセスできないことの自覚として、である。これを分析実践の内実に踏み込んだ形でいうならば、実際に分析の素材になっているのはすべて言説であるのに、その一部を言説《テクスト》に、別の一部を言説外の実体《コンテクスト》に恣意的に割り当てるという――言説分析を名乗る多くの論文の中でも広く行われている――操作にも、再考を促すことになるだろう。フーコー自身は、「言説／実態」という二分法にさほど関心を払っていないようにみえる。だが、社会学的な記述がこの方法論争を経由することによってどう変革されるかという問題は、意外に重要なのである。

3　言説／資料の全体性／全域性

他方、遠藤は第二の論点と第三の論点により積極的に言及している。第二の論点とは、言説は反―概念であり、言説分析は反―方法であるという指摘であり、第三の論点とは、資料や言説空間の全体性を想定することへの懐疑である。

第二の論点に関しては、実は論じるまでもない。本当に言説があらゆる概念化を拒否する「反―概念」であり、言説分析があらゆる方法化を拒否する「反―方法」であるならば、言説分析は「困難」どころか、端的に不可能である。もちろんそのことには遠藤も気づいており、「歴史記述の実践として自らを成立させるほかはない言説分析という『方法』」（遠藤［2000：50］）、「高度な反省的思考を駆動させせながらも、あえて理論の平面上では展開せずに記述のなかに込めることで、記述自身を出来事化する」（遠藤［2000：56］）といった表現のもとに、暗黙のうちに「方法」について語っている。そもそも本当に言説分析が反―方法であるのなら、フーコーがわざわざ『知の考古学』などの方法論的著作を執筆したり、自著についてくどいほどの解説や誤読への反駁を行う必要もなかったはずである。たしかに、実際に言説を分析する際に要請される工夫や手練が、言説分析方法論としてマニュアル化されるとき、一抹の物足りなさを感じることは否定できない。だが、だからといってフーコーの言説分析の方法論を「高度」とか「巧妙」とか「深い」とか「執拗」とか「思考の緊密度」といった形容詞で、過剰に飾り立てる必要はない。

他方、第三の論点は看過しがたい。遠藤はいう。「われわれにできるのは、たまたま残された資料群のごく一部を、有限の時間が許す範囲で触れるだけだ」（遠藤［2000：58］）。その通りである。だが論理は一転、飛躍する。「しかしだからといって、その向こうに資料の秩序を想定し、そこへの漸近を考えてしまうと、『資料体の（不可視の）秩序』自体が全体性の代補として機能してしまう」（遠藤［2000：58］）。

ここでは、史資料や言説の仮想的な全体性／全域性を前提する認識の営みそれ自体が懐疑の対象となっている。ちなみに注（遠藤［2000：59］）では、赤川［1999a］が「弱体化」の事例として挙げられている。たしかに赤川［1999a］では、明治期以降の日本社会におけるオナニー言説、セクシュアリティ言説空間の再構成が志されていた。その際に、オナニーに関して言及している言説をできる限り多く採取することが最低限の条件として課されている。もちろんそのような作業が完遂することはありえない。たとえ仮に活字・文字として現存するあらゆる言説資料を採取することができたとしても、活字化されず消えていった言葉の群れもまた、山のように存在するに違いないからだ（私が今日発した言葉のすべてが「言説化」されるわけではないように）。

だが、だからといって、言説空間の全体を想定することが許されないことにはならない。遠藤自身もそのことを認めているが（「たしかに、外延を何らかの形で想定することなしには、社会学にせよ言説分析にせよ、そもそも分析は不可能だ」）、遠藤は「読まれるべき資料群の秩序に対する予想は、分析の過程で連続的に裏切られ続け、この落胆の経験こそが、分析の有意味性を担保する。形象の輪郭自体が変形するのだ」とし、「裏切られることを求めて読みの努力を重ねなければならず、絞りとるようにして得られた違和の意味を思考しなければならない」と続けている（遠藤［2000：58］）。たしかに資料群の秩序に対する予想が言説収集と分析の過程で裏切られるという事態は、しばしば生起する。赤川［1999a］を例にとれば、「戦前はオナニー有害論が主流だったが、戦後はオナニー無害論に取って代わられた」という、それまでの性教育史やセクシュアリティ研究の中で自明視されていた前提は、オナニー言説の収集が進むにつれ、次第に疑わしいものになっていった。遠藤流にいえば、言説の「形象の輪郭自体が変化」し続けたのである。しかし、あえていうが、だからなんなのか？　分析の過程で形象の輪郭が変化したなら、新たに発見された輪郭を、言説空間の全体と再措定しなおせばよいだけの話ではないか。「落胆の経験こそが、分析の有意味性を担保する」という示唆は貴重だが、それはことさら言説分析に固有の経験ではない。一次的なデータや資料を集めてみると当初の仮説ではうまくいかず、試行錯誤しながら新しい仮説を再構成する必要が生じるのは、実証主義社会学においてさえ珍しくない(4)。

葛山泰央もまた、資料体の「テクスト的性格」や「修辞的性格」を考慮に入れ始めるや否や、「『言説空間の（仮想的）全体』なるもの――そもそもそれ自体が矛盾した用語法であるのだが――を想定することは、もはや困難となる」といい、「言説の集蔵体」という概念は、「言説空間がさまざまな記述や分析、あるいは書記や読解の中でその都度複数的に散乱してしまうことを指示する」と指摘する（葛山［2000：354-355］）。

なぜそのように言えるのか、明示的な根拠は示されていない。そもそも、全体を想定することが「それ自体が矛盾」しているのか、それとも「テクスト的性格」を考慮に入れるからこそ想定困難になるのか。もっとも葛山の主張が、「言説空間の仮想的全体は分析者の視線と相関的に現れる。したがって言説空間（の全体）の実在を信憑すべきではない」という程度のものであるならば、理解可能である。先に述べたように「既存の資料群に新たな資料群を積み重ねていく」過程で、言説空間の全体の輪郭やイメージが変わること自体は、なんら特殊な事態ではないからだ。というより、そうした体験への希求なしには、いかなる新しい資料群の収集も、整理・分析も空しい。

だが言説空間の「複数的な散乱」には、大した意味はない。というより過度に強調するなら危険である。なぜなら第一に、「複数的に散乱」された言説空間の「全体」がまったく共約可能性を欠くと葛山が想定しているならば、分析者の数、分析の数だけ言説空間の「全体」があることになり、最悪の場合、認識論的相対主義の勧めとなりかねない(5)。しかも第二に、「複数的な散乱」が記述や分析を行う、その都度に発生しなければならないとするならば、それはかえって「その都度」性を過剰に普遍化・一般化・全体化することになりかねない(「その都度」性の、非「その都度」化)。

遠藤や葛山ほどの優れた論者が、言説空間の仮想的全体をなぜにかくも忌避するのか、正直言って私には理解しかねるが、言説の全体性を仮想するがゆえに、単なる心がけの問題ではなく、別の方法論的問題が浮上してくることは認める。すなわち言説化されたものだけから言説空間の全体が構成されるのならば、「この言表が言説化され、あの言表が言説化されないのはなぜなのか?」という問いが再浮上してくるのである。言い換えれば、言葉の群れの中には言説化されやすいものと、言説化されにくいものという種差性があるのではないか。

この疑念に対しては、言説分析がもっと真摯に、方法論的な試行錯誤を繰り返す必要があることを認めざるを得ない。たとえば言説分析に一般的にみられる手法として、一定の時空における検索リストの中から特定のキーワードを含んだ記事(言説)を索出するという手続きがある。しかしそこで抽出された記事や言説が、あたかもランダム・サンプリングのごとく、言説空間の仮想的な全体の正確なミニチュアとなっている保証はどこにもない。特定の雑誌であれば、その雑誌の特色が反映されるし、複数の雑誌記事索引を網羅したところで、仮想的な言説空間において当該の言説が占める偏差が示されるにすぎない（そもそも一定の検索リストから一定の史資料に到達しうること自体が、言説空間がもたらす効果なのである）。実際、拙著を執筆するために収集されたセクシュアリティ言説は、『中央公論』や『主婦の友』など、図書館に常置されているような言説群の外部に存在しており、そのこと自体が、近代日本におけるセクシュアリティ言説の特殊な存在様態を示唆するものとなっていた。

ところで先の疑念、つまり言説化されるものとされないものの種差性に関する問題は、全数調査とサンプル調査の比喩を使うとわかりやすい。すなわち特定の語りだけが言説化される状況とは、標本調査において適切なランダム・サンプリングがなされていない状況、あるいは回収率の低い調査にありがちなように、答えたい者だけが答えて回答傾向が偏る状況と、構造的には同型である。そしてこれは、とりわけ分析対象のサンプリングという発想に乏しい言説分析の世界にあっては耳の痛い批判であるはずだ。なぜなら特権的なテクストの解釈で事たれりとする文学研究とは異なり、社会学的な言説分析は、言説をあたかもモノのように扱って、その分布（分散）や布置を明らかにしなければならないからである。フーコーの言葉を借りれば、言表の乏しさを解釈によって埋めるのではなく、「乏しさの法則を探ることであり、乏しさの程度を測ることであり、乏しさの特殊な形態を確定すること」（Foucault［1969＝1981：185］）が求められるのだ。

ただし本当は、サンプリング調査においてさえサンプルが偏っているかどうかはサンプルの内部を精査することによってしかわからない。同じように、仮に言説の種差性問題が存在するにしても、それは言説化された言説の内部を精査することによってしか明らかにならない。たしかに言説をあたう限り多く採取する作業というのは、言説分析にとっては必要条件にすぎない。だが、それなしに言説分析の精度を高めることは極めて難しい。フーコーの言葉を借りれば、「すべてを読み、すべてを研究しなければならない」のである（Foucault［1966＝1999：306］）。ゆえに自らが収集した言説資料の全体像をリスト化して提示したり、言説を収集するにあたって利用した検索目録のリストや収集の方法を明示化する作業が不可欠となる。遠藤がいう「落胆の経験」さえも、そうした作業抜きにはありえない。なぜなら社会学者にとって言説という一次的データこそが、自らの前提や理論図式や予想を覆す〈他者〉たりうるからだ。佐藤俊樹が指摘するように社会学的な言説分析は、「内在的視点だからこそ、一次的データという外部性に開かれていなければならない」（佐藤［1998：94］）。

4　社会の客観性と言説の客観性

ここまで「言説分析＝反・社会学」という定式化について疑義を呈してきた。もっとも遠藤と佐藤には、刮目すべき言も多い。たとえば遠藤は、「知識社会学的な『言説分析』のほとんどがそうであるように、予めジャンル化された制度的言説（もちろん、最終的には程度問題であるが）を対象に選択すると、まず成功しない」という（遠藤［2000：58］）。その通りである。殊更に言説分析を名乗らなくても、通常の実態分析やイデオロギー分析で十分と思わせる論文もあるし、言説の政治性や権力性といった常套的な指摘にとどまるものも少なくない。たしかに言説分析が「うまくいく」存在様態と、「やってもしょうがない」存在様態の違いが存在するように思われる。

また構築主義における厳格派とコンテクスト派の対立が、「やっていることは要するに、『社会は客観的に取り出すことはできない、だが社会に対する言説は客観的に取り出すことができる』という、『客観性』の一段ずらしである」（遠藤［2000：53］）という遠藤の指摘は、かなり鋭く両者の本質を言い当てている。コンテクスト派が最終的には社会の事実や実態についての客観主義をとるとすれば、厳格派は言説が存在することの客観性に基づいて議論を展開している（赤川［2001a］）。ただ惜しむらくは遠藤は、「もし本当に『社会をめぐる言説が客観的に存在する』とすれば、それは『社会が客観的に存在する』という事態と実質的にはほとんど差がなくなる」として、両者の間にある分析の手さばきの違いについては、まったく論じていない。認識論的に等価だったとしても、社会学的記述の文体《スタイル》までもが同じとは限らない。両者を「あっさり同位対立の関係に入る」と切り捨てる遠藤の論法は、畢竟、味噌も糞も一緒と言っているにすぎない。だが構築主義（厳格派）の手法とはそもそも、おそらく遠藤からみれば微細な差異、すなわち味噌と糞の違いにこだわり、そのことを通して別の社会像を描き出すことを目指して生まれた手法だったのではなかろうか。試みに有害コミック問題をめぐって、心理学者や犯罪学者が行った実証的な研究と、構築主義厳格派の第一人者たる中河伸俊が行ったモノグラフを読み比べてみるとよい（前者として福島［1992］、後者として中河［1999］）。それがいかに趣を異にする記述であることか。中河伸俊が提出する、言説のレトリックの継起に関する図式、「有害コミック」の存在が構築されていく過程の分析は、有害コミックと性犯罪の因果関係を実証的に明示しようとする議論とは、様相を根本的に異にする。もちろん構築主義の営みがいついかなるときでも成功するわけでないにしても、厳格派とコンテクスト派、構築主義と実証主義は、個別具体的な社会記述の性能を競い合っていけばよいだけの話である。認識論的に同じ穴のムジナであること自体が、「薄気味悪い」わけではない。

5　社会的事実としての言説空間

ところで言説分析に反感を感じる人たちが、しばしば語る決めセリフがある。それは、「言説のありようはわかった。ところで本当のところはどうなの？　人々は本気でそういう言説を信じてたの？」という、「素朴な疑問」である。「本当のところ」や「本気」という言い方から、この人が何らかの実態を信憑し、その解明を至上命題と考える実証主義者であることがわかる。この実証主義者にとって先の疑問はあまりにも自明だが、言説分析にとって躓きの石となりかねない。なぜならこの問いに誠実に応答しようとすればするほど、言説分析はその本旨を外れた、ときには自らの方法論と対立しかねない実証主義的な作業の二重負担を負うことになるからである。

この実証主義者が暗黙のうちに想定しているのは、「言説／実体（実態）」という二分法である。ここで言説は、実体（実態）に漸近するための手段ないし道標と捉えられ、言説の真偽や、言説が実体（実態）に与える影響を見積もることが重要視されている。だからこそ、「本当のところはどうなの？」という問いが生まれるわけだ（歴史学の史料批判も、基本的にはこうした前提に基づいている）。ただ言説分析を行う社会学者が、なぜ、大規模な実態調査でも、サンプリングに基づく調査票調査でも、フィールドワークに基づく経験的記述でもなく、言説分析を選択したのかを反省してみれば、そこには、言説しかアクセス可能な資料がないとか、言説分析のほうが楽だから（？）といった便宜的要因に帰すことはできない必然的な理由があるはずだ。端的にいってそれは、**言説が一定の形式で分布していること**、そして、**言説の集積からとある言説空間が構成されていることそれ自体が経験的・社会的な事実であること**、これである。つまり言説分布や言説変容それ自体が、言説分析によって解明されるべき社会的事実なのであり、逆に、言説空間が社会的事実として成立していることが、言説分析に存立可能性を与えているのである。このことの重要性は、いくら強調してもしすぎることはない。この点に付随して、二点、言いたいことがある。

第一に、言説分布と言説空間の事実性は、端的に言説分析を社会学化するための根拠になるということである。社会学的な言説分析は、まずはこの事実性（フーコー流にいうなら「言説の物質性」）

に足場を置くことが重要であって、この事実性をもとに、既存の理論の使えるところは使う、修正が必要ならば修正するという柔軟な構えで臨めばよい。したがって、いかにフーコーが大御所であろうとも、彼の理論図式をひたすらありがたがる必要はない。たとえば赤川［1999a］においても、フーコーが、『監獄の誕生』や『性の歴史』で近代西欧の主体の成立を論じるために用いた理論図式を借用可能な場面は、いたるところにあった。しかし性科学的な言説が言説空間全体に占める位置価が、フーコーが分析した西欧社会と私が対象とした日本社会とではあまりにも異なるために、私は結果的にフーコー流の「セクシュアリティ装置論」との訣別を選択せざるを得なくなった。フーコーの理論図式を金科玉条とする人たちにとっては物足りないかもしれないが、私には、既存の図式に適合する言説だけをつまみ食いしてストーリーをでっち上げる選択のほうが、耐えがたかった。

またフーコーの言説分析をもたらす「衝撃」を自らに課すという矜持は貴重だが、それも言説の様態に応じて考えていけばよいことであり、仮に分析される言説の様態が端的に陳腐なものなら、フーコー流の「巧妙さ」や「深遠さ」をやみくもに追い求めるべきではない（逆にいえばそうした陳腐な言説様態に対して、言説分析を行う必要はない）。結果的に分析が巧妙・深遠になるにこしたことはないが、最初から「巧妙さ」にとらわれる必要はない。なぜなら言説という一次的データこそが探求の出発点であり、理論や図式に対する〈他者性〉となるからだ。質的調査の用語でいえば、言説分析もまたデータ対話型理論（grounded theory）であるべきなのだ。

第二に、先の実証主義者が行う「本当のところはどうなの？」という問いにも、臆する必要はない。言説空間それ自体が、記述と説明を求められている社会的事実なのだから。とするならば、いったん明示した言説分布と、言説／実態二元論者がいうような意味での「実態」との対応関係を明らかにする作業は、言説分析の側からすれば副次的な作業でしかないと開き直ってよい（もちろん「開き直る」に足る、記述の厚みに到達せねば話にならないが）[6]。フーコーの言葉を借りるなら、「言説を解釈し、言説を通して、指示物の歴史をつくることが問題なのではない。（中略）断固として『物』なしで済ませようと欲すること。（中略）言説に先立つ『物』の謎を含んだ宝に代えるに、言説のうちでのみ粗描される諸対象の規則的な形成＝編制をもってすること」（Foucault［1969＝1981：74-75］）が重要なのである。

ところで先に、社会の客観性を前提とする立場と、言説の客観性を前提とする立場とでは、分析の手さばきが異なると示唆した。実はこのことは、赤川［1999a］の執筆途上においても重大な問題として浮上していた。拙著においては、一八七〇年代から一九七〇年代にかけての日本社会における、医学的言説を中心としたオナニー言説が収集・分類され、その結果、オナニーに関する言説が、「強い」有害論／「弱い」有害論／必要論の三類型から成り立っており、しかも時代に応じて、「強い」有害論→「弱い」有害論→必要論という形での言説変容が存在することが発見された（赤川［1999a］）。問題は、こうした歴史的な言説分布（分散）と言説変容をいかに説明するかの点で生じた。「強い」有害論から「弱い」有害論への移行、「弱い」有害論から必要論への移行を説明するにあたって、執筆途上は、さまざまな説明変数の候補が想定可能であった。たとえば通俗性欲学や性欲教育の利害、近代家族の成立、大日本帝国という国民国家、社会階層、個室空間の成立、資本制の進展などである。俗流フーコー風にいえば、子供や女性や男性の身体を規律訓練化するべく張り巡らされた、「権力」といった概念さえ説明項になりえたはずである。

だが私には、上述の説明に共有される、「言説変容の背景には、これこれの実体的・社会的要因が存在する」、あるいは「社会が変われば言説が変わる」という説明の様式には満足できなかった。なぜなら言説の変容は、上に挙げたような「言説外」的な要因以上に、言説空間内部における言説相互の衝突や言説自身がもたらす論理内在的な展開、すなわち言説の力学によってても生じうるからである。たとえば「強い」有害論から「弱い」有害論への変容に関しては、何らかの形で充足せねばならない（と思念されている）性欲を、オナニーで満足させるべきか買春で満足させるべきかという「性欲のエコノミー問題」が当時の人々に意識されていた。また「弱い」有害論から必要論への変容に関しては、性欲＝本能論から性＝人格論へという、性の意味論に関する巨大なパラダイム転換が有効に作用していた（赤川［1999a］）。これらは、言説外の実体的な変数に還元しきれるものではない。また言説以外の実体的な要因よりも、言説内要因のほうが言説変容をはるかにクリアに説明し得る。だとすれば、言説以外の実体的な変数を列挙することによって見かけ上の説得力を水増しするよりも、より少ない変数（拙著の場合は言説内要因）を用いて、被説明変数（拙著の場合はオナニー言説の変容）のより多くの部分を説明しようとする態度こそが必要だと思われた。私が

「言説至上主義」と呼んだのは、言説以外の要因を故意に説明から排除するというネガティブな姿勢ではなく、言説内要因／言説外要因を説明変数として同列のものとして考慮した上で、あえて言説内要因の重要性に賭けてみる立場なのである。

もちろんこのように、言説変容に因果論的な説明変数を想定する作法は、構築主義厳格派としては反則である。厳格派ならば、言説変容の要因探しをするのではなく、淡々と言説連鎖の記述に徹すべきだというだろう（中河［1999：48］）。この点に関して、拙著は必ずしも構築主義厳格派とスタンスを共有しているわけではない。また別の言説を分析対象として選んだときには、ここで私が言う言説内要因よりも、実体的な変数のほうが言説分布をよりよく説明し得る可能性がないわけではない。だがしかし、もし仮になんらかの実体的な説明変数、たとえば資本制や近代家族やナショナリズムや家父長制といった変数が言説分布と言説変容を完全に説明しきれるのならば、わざわざ言説などという扱いに困るデータを分析の素材に選ぶ必要はない。言説分布が言説分析である所以は、他の実体的変数には還元できない、言説固有の存在様態というべきものを探り当て、明るみに出すことにあるはずだから。

6　言説分析の真髄

ここで、言説分析の方法的な特性やメリットについて、本章なりの見解を示しておきたい。繰り返すが言説分析の問いの核心は、「このような言表が出現した、しかも他のいかなる言表もその代わりに出現しなかったのは、どのようなわけなのか」(Foucault [1968＝1999：112]) というものである。フーコー自身はこの問いに対して、①言説内的な依存関係(おなじひとつの形成に属する、諸対象間、諸操作間、諸概念間の依存関係)、②言説間的な依存関係(相異なる言説形成体間の依存関係)、③言説外的な依存関係(言説の変化と言説の中以外で起こった変化との依存関係) という三つの視角から考察することを提唱した (Foucault [1968＝1999：79])。特に③は、『狂気の歴史』と『臨床医学の誕生』において、医学的言説と言説外の社会的、政治的、経済的な非言説的実践との相関関係を問うという形で具現化された。このとき、「誰が語るのか」とか、「言説の背景には、どのような利害関係や権力関係が存在するのか」といった、いわば言説の政治性への問いが中心となった。現在でもこうした分析を言説分析の典型と考える社会学者は多い。

なるほど言説分析は、「誰が語るのか」という問いを排除するものではない。だが言説分析がその水準にとどまるならば、それは単なるイデオロギー分析(しかも近年は、下部構造決定論なきイデオロギー分析)であって、格別目新しい方法ではない。そもそもフーコーが解き明かそうとしたのは、社会的、経済的、政治的条件が言説に反映するとか、それらの条件が言説を決定するといった知識社会学的な図式ではなく、「言説の諸領域は、それがかかわる実践的・制度的な領域と共通する構造につねに従っているわけではないということ、それに対してそれらの言説の諸領域は他の認識論的諸領域と共通する構造に従っている」(Foucault [1967＝1999：437]) ことであった。最初から言説実践と非言説実践の非連動が問題になっていたわけである。

それだけではない。直前の引用が示すように、フーコーにとっての真の問題は、異なる次元（他の認識論的諸領域）に存在する言説の痕跡に、なぜ共通する不変項（特徴）が見出されるのかということである。たとえばフーコーは、一九世紀におけるダーウィン（生物学）とボルツマン（物理学）の理論を例に挙げている。この二人は、互いの存在を知らず、交流もなかった。にもかかわらず、「認識の秩序においては遠く隔たった二つの出来事が、どのようにして、同時に生起し、認識論的布置一般の秩序においてこんなにも近しいものとして私たちの目には現れるのか」（Foucault [1971＝1999：44]）。つまり、とある言説が語られるときに、その言説を語る主体の位置（性別、階級、エスニシティ etc.）が問題なのではなく、逆に、たとえ社会的位置を異にしていても、互いに知己であるわけでも影響関係にあるわけでもない人びとが、どうして同じような語りを行ってしまうのかが問題なのである。「誰が語るか」ではなく、「誰が語っても、なぜ似たような言説になってしまうのか」。ここでは、人びとの言説実践に斉一性・規則性（「秩序」と言い換えてもよい）を与える何ものかの存在が問われている。むろんこの問いに対する答え方は一様である必要はない。だがこの点を見失うと、言説分析はイデオロギー分析の陳腐な一形態へと堕す。言説分析が一定の質を確保しつづけるためには、最低二つの点で注意が必要であろう。

第一に、「なぜ、この言表が語られ、あの言表が語られないのか？」という問いに対して、フーコーですら言説の背後に、しばしばある種の力を想定している趣がある。これを、人間同士に働く、また主体に働きかける「権力」と読みかえると、即座に「フーコーの権力論」という一般化に近接する。かつてユルゲン・ハーバマスはフーコーの権力概念を、「存続するのはただ権力だけであって、この権力が、匿名の征服過程の変転するなかで、つねに新たな仮面をつけて浮上してくる」という超越論的歴史主義に陥っていると批判したが（Habermas［1985＝1990：448］）、たしかに言説分析が、「なぜこの言表が語られるのか？——そこに権力があるからだ」という説明形式にとどまりつづける限り、オチはみえみえであり、不毛である。この説明形式は、いっけんすべてを説明可能なようにみえて、実は、何も説明していないからだ（フェミニズム系の言説分析における「家父長制権力」なるものも、大概はこういう代物だ）。言説を今ある形で成立させているのはたしかに何らかの「力（作用）」だが、それはいわば言説の力学とでもいうべきものであって、必ずしも従来の社会学が概念化してきたような意味での実体的な「権力」ではない。資本制や家父長制やオリエンタリズムといった、大きな権力の物語に抗して、言説の存在様態に即しつつ、その場その場で具体的な説明形式を編み出すこと。それこそが言説分析の真骨頂なのだ。

第二に、言説分析にとって重要なのは、言説の内容や意味よりはむしろ、言説の形式や存在様態である。もちろん言説の意味解釈を完全に排除することはできない（もし完全に排除してしまったら、そもそもそれを読むことすら不可能になる）。だが、分析される言説と分析する自己の意味的な距離感だけに固執してしまうと、当の言説がどういう形態で存在しているのかという考古学的関心が後景に退いてしまう。言説分析の初心者が陥りやすい最初の罠は、言説の意味に過剰に反応してしまうことである。もっとも単純な形でいえば、それは分析の対象たる言説への、分析者の個人的な好悪感として現れる。分析者が属している時代（すなわち現代）の常識や感性と合致しない言説と出遭ったとき、私たちは強烈な違和を覚えるし、その裏返しとして特定の言説に過剰に共振することもある。だが、特定の文学者の言説を特権化したり兆候化することで事たれりとする文学研究ならいざしらず、社会学的な言説分析はそれではいけない。

では言説の意味への過剰反応を避けるには、どうしたらよいのか。くどいようだが、言説が意味ではなくモノ＝物証のようにみえてくるまで、必要十分な量の言説を収集し、読みこなすというトレーニングを続けるしかない。その際には、言説を時代順に整理して、言説の意味内容をＫＪ法などの要領で分類していくといった作業も欠かせない。そして、あたかもパラパラマンガをめくるかのように、時代順に配置された言説を読み重ねていくことを通して、言説相互の微妙な差異を感知・検出する作業を行うことになる。そうしてはじめて、ある言説が特定の言説空間の中でどういう位置価を得ているのか、たとえば、ときの通俗的なレトリックにおもねった凡庸な言説なのか、それとも名誉ある孤立を選んだ特権的な言説なのかを正確に測定することが可能になる。たとえば拙著を例にとれば、性教育史において神格化されている山本宣治の言説の特権性は、「弱い」有害論という言説の中では相対的なものでしかないと評価される。逆に、現在ではさほど注目されないが、石渡利康や寺山修司の言説は、「弱い」有害論から必要論へという言説空間の変容過程において、特権的な位置を占めている。そうした測定が可能になるのも、言説の意味に過剰反応しないからこそなのである。

7　言説分析を通してみる社会

最後に、すでにランダム・サンプリングによる調査票調査やフィールドワークや参与観察やライフヒストリーや会話分析などの実証的方法論が確立されている社会学において、なぜ、いま改めて言説分析が必要とされるのかについて、私見を述べさせていただきたい。

個人的な事情で恐縮だが、私は本業の言説分析の傍ら、調査票調査に基づく計量社会学を細々と営んでいる。またフィールドワークと呼べるほど大げさではないが、聞き取り調査の経験もないわけではない。つまり社会学の「調査屋」としては、多足のわらじを履いている。だが同じ社会調査に属するとはいえ、やっていることはまるっきり異なる。特に、言説の存在様態に着目し、言説相互の微妙な差異を感知していく言説分析と、被説明変数に対してどの変数が影響を与えているかを、他の変数の影響をコントロールしながらモデル化する計量分析とでは、思考の形態も論述のスタイルもまったく別物であり、これらを同時進行でこなさねばならないときには、自分自身が別人に感じられるほどである。

この感覚はもしかしたら、「量的調査と質的調査は相互補完的」とか、「量的調査は代表性、質的調査は典型性」といった、これまで社会調査方法論で語られてきた常識とは齟齬をきたす類の経験なのかもしれない。量的調査／質的調査という従来の二分法に基づくならば、言説分析は質的調査の一手法と位置づけられるのかもしれないが、単にそう述べるだけでは済まされない事情が存在するように思われるのだ。

たとえばフィールドワークの世界には、「恥知らずの折衷主義」という言葉がある。これはフィールドワーカーが、アンケートのような調査票調査や、心理学のような実験や、既存統計資料の整理や集計といった雑多な方法を、無節操とも思えるやり方で手当たり次第に使うことを意味している。これはフィールドワークに対する非難や自己卑下ではなく、逆に、「フィールドワークの全体論的な方向、つまり、生身の人間の行動、あるいは文化や社会の複雑な成立ちに必然的に含まれる矛盾や非一貫性を、とりあえずは、まずそのまま丸ごととらえようとするフィールドワーカーの基本的な姿勢を指す言葉として、肯定的な意味で使っている」（佐藤［1992：66］）。

上に述べたような事柄は、フィールドワークの世界においてのみ問題になるわけではない。たとえば量的調査を補完するために質的なデータが言説を適宜引用する場合や、言説分析に箔をつけるために何らかの実態との相関関係に言及したりする場合でも同様に問題になり得る。フィールドワークの初心者たる私に大それたことを語る資格はないが、先の感覚に照らしていえば、この「全体論的方向」はやや危険な気がしないでもない。なぜならこの「恥知らずの折衷主義」は、それぞれの方法に固有な、社会の見え方の違いを無視する危険性があるように思われるからだ。

こう考えることはできないだろうか。言説分析や計量分析やフィールドワークといった社会調査の方法は、社会という、捉えどころのない対象を捉えるためのスコープであると。それぞれのスコープにはそれぞれに固有な特性があって、どのスコープを用いるかによって社会の見え方が異なってくる。たとえばSSMのような大規模調査であれば、数千のサンプルから社会全体の構造を復元しようとするが、このとき計量分析の視点は、社会に対して「上から」外在することになる。逆に面接調査や参与観察などのフィールドワークは、実際に相互行為が発生しているローカルな現場から、いわば「下から」社会に漸近する。これら二つのスコープに映じる社会はまったく異なった姿になるだろうし、そうならなければウソである。

ならば言説分析に固有な社会の見え方とはどんなものか。明示するのは難しいが、要するに言説分析がフーコーによって「知の考古学」と命名された、その原点に立ち返ればよいのではないか。考古学は、発見された人骨や石器など、遺物としてのモノの存在様態を基盤に据え、それがどういう地層に存在するのか、どのような形態で発見されたのかといった情報を参照しながら、生活や社会の全体像を復元しようとする。言説分析は、考古学が人骨や石器を扱うと同じ態度で、言説をモノとして扱えばよい。そもそも、とある場所にとある形態で言説が存在しているのはなぜなのか、と。たとえば佐藤［1995］の第二章「資料の形態を読む」は、「資料の生態そのものが社会学的な思考の対象となる」として、池内流言資料の存在形態から、その生成と歴史的背景を復元している。これは言説分析を直接名乗るわけではないにせよ、示唆に富む分析の一例である。ここには言説資料というモノの背後に息づく「社会」の存在を感じ取る想像力がある。言説分析にとっての「社会」とは、言説というモノの存在様態に寄り添い、それにこだわる度合いに応じて復元されるなにものかではなかろうか。

そもそも社会学者が、理論屋や調査屋やフィールドワーカーに専門分化していくのも、社会の見え方に対するこだわりがあったからに違いない。だとすれば、性急に調査手法の統合を求めるよりは、調査方法ごとに異なる、社会の見え方の固有性にこだわるという選択があってもよいのではないか。なるほど言説分析は現在、質的調査の一手法として認められるかどうかの瀬戸際にある。だが言説分析が、計量分析やフィールドワークとは異なる社会の見え方を説得的に提示することができるなら、それは、単に社会学における目新しい手法という位置づけをこえて、社会学が社会を語る語り方そのものに変容をもたらさずにはおかないだろう。言説分析の困難も可能性も、おそらくその一点にかかっている。

注

（1）この論文でいう「言説」とは、分析者の関与とは独立に存在する、書かれたものを念頭においている。この中には語られたものがドキュメント化されたもの（口述筆記や自伝など）は含まれるが、フィールドワークやライフヒストリーに典型的にみられるように、語る者と聞き取る者との共同作業として構成される「語り」は含めていない。もちろんこうした語りも広義の意味では言説に含まれるが、書かれたものの分析と、分析者の現前で語られたものとでは、分析の手続きが大きく異なるために、同列に取り扱うことはできない。

（2）もっとも社会学において、事情は天文学や宇宙物理学とは異なるという見解もありうる。社会学の場合、自分が分析の対象としているはずの言説や社会（の影響）が、自らの分析の中に入り込んでくるからだ。逆に、言説分析の言説が社会に受容されて、言説空間や社会を変えていくこともある。アンソニー・ギデンズが「二重の解釈学」と呼んだのもそうした事態に他ならないが（Giddens［1984］）、それは、社会が言説分析者に与えた影響と、言説分析者が社会に与えた影響を正確に測定すれば済む話であって、別段そのことに怯える必要はない。

（3）ところで、「外部に出られない」ことの意味を、言説分析のメタ言説分析と解する立場もある。すなわち、自ら遂行した言説分析がいかなる力の作用の産物として成立しているか、またその言説分析が「誰のために？」「何のために？」なるのかをメタレベルに遡って分析しなければならない、というわけだ。これは一種の自己言及であり、たとえば上野［2001］のように、こうした自己言及こそが言説分析の要諦だと主張するならば、論理的には、言説分析は無限の自己言及（反省といってもよい）を必要とすることになる。なるほどこのとき、言説分析に「外部はない」。もちろんこうした自己言及＝反省がまったく不要とは言わない。だがそれも、言説分析の精度を上げる限りにおいてのみ有効とすべきであろう。あえて「現場の研究者」として実感めいたことを述べさせてもらえるなら、自己言及や反省だけで言説分析の精度が向上するならば、何の苦労もありはしないのだ。だがおそらく、自己言及や反省のみぶりそれ自体と、言説分析の精度には何の相関もない（逆相関していないことを願うばかりである）。表面的な反省のみぶりに汲々とする前に、自分が分析の対象としている言説をいかにクリアカットしうるのか、より真摯に問うべきではないか？　その作業が本当に「研究者集団におけるエンターテイメント性というような自己韜晦」（上野［2001：281］）にしかみえないとしたら、悲しむべきことではある。

（4）古典的だが、マートンの準拠集団論と相対的剥奪に関する議論も、そうした経験をもとにして生まれた知的発見の一例である（Merton［1957＝1961］）。

（5）　葛山が認識論的相対主義をよしとするならそれはそれで仕方ないが（そうでないことを願うばかりである）、私は言説分析を、認識論的相対主義や、単なる「政治的な正しさ」至上主義に堕すべきではないと考える。

（6）　このことは、実証主義や歴史学における史料批判、特に、異なる情報源に基づく事実確定の重要性を否定するものではない。ただ実証主義や歴史学が明らかにしようとしている事実や実態と、言説分析が明らかにしようとしている事実・実態（言説の物質性）とでは、位相を異にすると言いたいだけである。実際、言説分析に対して、「第一級史料に基づいていないから、信頼するに足りない」という批判が生じることがあるが、それは既存の史料批判の方法のみを絶対とする偏狭な批判であって、言説分析には言説分析なりの史資料批判の方法や基準が存在するのである。むろん史資料批判の基準に関して、言説分析は実証主義や歴史学に比べて整備が遅れていることは認めざるを得ないけれども、どこかに正しい方法と基準が存在することを信憑しない限り、いかなる言説分析も空しい。

第二章　言説分析と構築主義

1　二つのconstructionism
——構成主義と構築主義——

近年の社会（科）学において、「構築主義」（constructionism, constructivism, 構成主義、社会構成主義）というスローガンが多用されるようになってきた。論者によってその含意するところはさまざまである。ただ最大公約数的にいえば、「ある事象Xは、自然的／客観的実在ということより／ではなく、社会的に構成されたものである」という認識の形式を共有しているように思われる。ある事象Xの箇所には、ジェンダーとかエスニシティとかセクシュアリティとか家族とか権力とか児童虐待とかセクシュアル・ハラスメントとか、さまざまな事象が代入される。構築主義は、一種の流行と化した観がある。

構築主義はこれまでのところ、圧倒的に、社会科学や行動科学を支える認識論、いわばものの見方の問題であった。「物事が、人びとの主観的な意識のありようとは独立に実在する」というものの見方を客観主義、「物事には変化しがたい普遍的な本質がある」というものの見方を本質主義と呼ぶことにすれば、構築主義は、これらのものの見方に異議を唱え、別のものの見方を提示してきた。すなわち「普遍」や「本質」や「実在」とされている物事が、人びとの認識や活動によって、社会的・文化的・歴史的に「構築」されたものであること、したがって可変的であることを、構築主義は強調してきたのである。

「物事は実在し、そこには何らかの本質がある」と想定する客観主義や本質主義は、ある意味では、日常世界における常識的かつ健全な発想である。真理と呼ばれるものが、そうした発想にとっての基盤かつ結果であり、この真理に到達するために、人びとはさまざまな「科学的な」手続きと方法を編み出してきた。構築主義は、そうした客観主義や本質主義の、いわば素朴さを批判する。だが、構築主義が客観主義や本質主義を完璧に払拭できているかと問うてみれば、ことはさほど単純ではない。第一に、構築主義は客観主義や本質主義が健全に存立するかぎりにおいて有意味な主義主張たりえる、比喩的にいえば客観主義・本質主義への抵抗野党にすぎないのではないかという疑念がある。「何事かが、可変的な社会的構築物である」という言明がインパクトを有するのは、「何事かが客観的に存在する」という想定が強固に存在するからであり、「森羅万象すべてが社会的構築である」とすれば、「何事かが社会的な構築物である」と述べることには積極的な情報価値は存在しなくなる。

第二に、構築主義もまた、別の意味での客観主義・本質主義ではないかという気がしないでもない。それは、従来の客観主義や本質主義とは別の仕方ではあるかもしれない。だがそれにしても、構築主義もまたどこか別の場所で、何らかの客観的・本質的な実在物を想定している可能性は、否定できない。

さらに上記の点をさて置くにしても、構築主義が自らを経験科学の範疇にとどめようとするならば、構築主義固有の手続きを共有する必要がある。それは、既存の客観主義や本質主義と比べて、経験科学の方法論として、どのような新しい知見をもたらすことができたのか？　できるのか？　このことがシビアに問われてきたかといえば、いささか心許ない。

本章では、構築主義の方法を支える有力な一つとして、言説分析をとりあげる。言説分析は、構築主義という認識論／方法論にとって、その学問的豊饒性を担保する拠点になりうる。もちろんひと口に言説分析といっても、言語学的な語彙の分析から、エスノメソドロジーのような会話分析、相互行為場面の分析、新聞・雑誌・テレビ・ラジオなどマスメディアにおける報道の内容分析、従来ならば文学研究者によって担われてきたようなテクスト分析、ミシェル・フーコー『言葉と物』のように科学的な知の認識様式《エピステーメー》の数世紀にわたる変容といった非常にマクロな分析に至るまで、かなり大きな拡がりとバリエーションを有している。他方、構築主義のほうも、おおまかな認識様式が共有されてはいるものの、分析の具体的内実に関しては、むしろ手続きのバラバラさ、恣意性が目につく。本章では、構築主義の認識論に拘泥することなく、構築主義の方法論を鍛え直すために言説分析に注目したいと思う。

なお本章では、constructionism が、ある事象を自然的・生得的な事柄と捉える「本質主義 essentialism」へのアンチテーゼとして使われるときには「構成主義」、ある事象を客観的な実在と捉える「客観主義 objectivism・実証主義 positivism」へのアンチテーゼとして語られるときには「構築主義」という言葉を用いることにする。なぜならこの二つの区別は、単なる便宜上の区別にとどまらず、構築主義の方法論にとって本質的に重要な論点と思われるからである。

2 本質主義VS構成主義

構成主義に関してもっとも典型的な論争の形は、「ある現象がどこからどこまで遺伝的・生得的な要素であり、どこからどこまでが環境的・獲得的な要素か」というものである。なかでも性差やセクシュアリティに関する論争、つまり「性差は生物学的に決定されているのか、それとも社会的に構成されるのか」という問いが有名である。「本質主義VS構成主義」という対立も、しばしばこの枠組みの中で語られてきた。ジェフリー・ウィークスによれば、男女の差異やセクシュアリティを「遺伝子、本能、ホルモン、無意識の力動と神秘的な働きといった内的推進力の自律的な産物」

として説明しようとするのが本質主義であり、逆に、親族・家族システム、経済・社会的編成、社会的規制、政治的介入、抵抗文化といった社会的諸要因によって説明しようとするのが、構成主義である（Weeks［1989＝1996］）。周知の通り、性差に関して近年よく取り上げられるのは「脳の性差」であるし、セクシュアリティに関しては、たとえば同性愛者は異性愛者と遺伝子レベルで違いがある、といった主張をみかけるようになった（詳しくは青野［1997］参照）。これに対して「ジェンダー」という概念は、「性差は生物学的必然である」という科学的／日常的知識に対する異議申し立てとして、すなわち、「性差は社会的、文化的、歴史的に構成されるのであり、したがって変えられる」という知的・政治的スローガンとして利用される。大学や市民講座で学ぶ女性学やジェンダー論の講義ではしばしば、冒頭で生物学的性差としてのセックスと、社会・文化的性差としてのジェンダーについての概念区別が行われる。それはあたかもゲームや儀礼の開会宣言のごとく儀礼的なふるまいであるのだが、そうせざるを得ないのは、構成主義の立場に立つことによってはじめて、ジェンダーやセクシュアリティに関する社会学が成立する余地を与えられるからである。

このレベルでの「本質主義VS構成主義」という対立は、そもそも「人間のパーソナリティや資質を決定するのは氏か育ちか（nature or nurture）」という、より大きな科学的―思想的問いから生まれてきたものである。こちらはこちらで長い論争の歴史があり、早晩決着がつく問題ではない。とはいえ、いくつかのポイントを確認しておくことは許されよう。

第一に、本質主義の特徴として、「生物学的宿命論」あるいは「生物学的決定論」が挙げられる。

そこでは、遺伝的・生得的な要素や「自然」が、変化しにくい、固定化した存在として捉えられている（逆に「文化」は可変的な存在物と考えられている）。だが実際には、「自然」も「遺伝」も時間の経過の中で変化を遂げている。ことさら進化論の大仰な図式を持ち込まなくても、ここ二〜三〇〇年の人間の生活においてさえ、自然も環境も、そして遺伝的な要素ですら変容を遂げていることは明らかであろう。「本質は不変で、構成されたものは可変」という仮定は、厳しすぎる。実際には、変化しがたいのは「自然」ではなく「文化」であるという議論すら成り立ち得る。[1] たとえば近年話題となる性同一性障害の事例では、「自然」（＝セックス）を改変してまでも、自己の性自認（＝「文化」＝ジェンダー）が優先される。ここに、「自然」以上に「文化」は改変しにくいという逆理を見出すことも可能だろう。

第二に、「遺伝か環境か」という二者択一は、単に学問的なスタンス、認識論の違いともいえる。生物学や生理学の研究者なら遺伝的要素の重要性を強調する傾向があるだろうし、社会学や人類学の研究者なら、社会的・文化的要素を強調するだろう。結局この論争を継続させていけば、現存する差異を生物学や生理学の方がより多く説明できるのか、それとも社会学や人類学の方がより多く説明できるのかという、学界の所領安堵闘争に至りつくしかない。とはいえ多くの場合、一定の生育段階にある人々のパーソナリティや資質の差異を、遺伝的要素と環境的要素に厳密に分離するような実験室的状況は想定しづらい。遺伝的要素と環境的要素の分離に厳密であろうとすれば、たとえば、「遺伝的には同一の型を有する人々（例：一卵性双生児）が、異なる環境下で育てられた場合、どのような違いが生じるか」といった問いを立てるしかないだろう。現在の行動遺伝学における問いの核心は、「特定の集団における遺伝的差異と環境的差異の相対的な大きさが、観察された差異にどの程度寄与しているか」(Plomin [1990=1994 : 18]) というものであり、この問いに答えるために、別々に育てられた一卵性双生児や二卵性双生児の「遺伝率」が計測されている。これらは、方法論的に慎重に計画された問いの一つと評価しうる。

第三に、遺伝的要素と環境的要素の分離に対して慎重な配慮を行えば行うほど、「遺伝か環境か」ではなく、「遺伝も、環境も」という、両論併記的だが穏当な結論に落ち着くように思われる。(2) たとえば先に引用したロバート・プロミンは、『遺伝と環境』という行動遺伝学の標準的教科書の冒頭で、「本書の目的は、人々の間の行動上の差異のいくらかは遺伝にその起源があるということをあなたに納得させることである。この目的はけっして、あらゆる差異がすべて遺伝的であるということにあるのではない。事実、本書のもう一つの重要なテーマは、行動遺伝学的研究が環境の影響も重要であることを示しているということなのである」と宣言している (Plomin [1990=1994 : 5])。先に例示した「性差やセクシュアリティは生得的か獲得的か」という論争も、似たような結論に落ち着く場合が多いのではないか。

いずれにせよ、この問いの土俵に上がる限り、構成主義が本質主義に対して「一人勝ち」することはありえなさそうである。構成主義は、「あらゆる事象が遺伝的に決定されている」という極端な本質主義には勝利しえたとしても、つねに生物学的な要素、遺伝的な要因に対する妥協を強いられるであろう。また仮に構成主義が本質主義に対して「一人勝ち」するような事態がまかり間違って生じたとしよう。それは構成主義にとっての楽園なのだろうか。そうは思えない。なぜなら、おそらくそのときに生じるのは「社会や文化がすべてを決定する」という、別の形での本質主義（社会本質主義）だからだ。構成主義は、本質主義に対する闘争に完全勝利するとき、自ら別の本質主義に陥らざるをえない。

3　客観主義VS構築主義

だが本質主義と構成主義の対立という問いの迷宮に、社会科学者はいつまで迷い込んでいなければならないのだろうか？　はっきりいって、その必要はないのではないか。もともとconstructionismは、「ある現象が社会的に構成される」という共通了解によって成り立つものであり、その仮想敵となってきたのは、「ある現象は、社会的な構成とは独立に客観的に実在しており、その実在を可能な限り歪みなく把握するのが科学の役割である」とする客観主義・実証主義の系譜である。ここではしばしば、「実在論か唯名論か」という認識論的な対立が強調される。しかし本章ではこの問題を、認識論的な対立としてよりはむしろ、経験科学のデータ分析方法論として継受したいと思う。さもなくば構築主義はいつまでも認識論のお題目であり続けることになろうから。このときに導きの糸となるのは、社会問題の社会学における構築主義的アプローチをめぐる議論である。なぜなら社会問題の構築主義的アプローチにおいてこそ、構築主義を現実の社会分析として、特に言説分析の方法論の一つとして採用したときに生じ得る方法論上の課題が、もっとも先鋭化された形で露出しているからである。

社会問題の社会学において従来主流を占めてきたのは、社会問題を社会に客観的に存在する状態（実在）として捉える客観主義である。客観主義において社会問題は、当該の社会を生きる人々の主観的意識とは独立に存在していると想定される。そしてその状態を客観的に把握し、何が「ほんとうの」社会問題であるかを測定・判断するのが社会学者の役割とされた。これに対して構築主義アプローチでは、社会問題とは、人々の言語活動、クレイム申立て活動によって構築されるものと考えられる(3)。構築主義を牽引したスペクターとキツセによれば、社会問題とは「何らかの想定された状態について苦情を述べ、クレイムを申し立てる個人やグループの活動」であり、「クレイム申立て活動とそれに反応する活動の発生や性質、持続について説明すること」が社会問題の理論の中心的課題である（Spector and Kitsuse［1977＝1990：119］）。構築主義においては「問題とされる状態」ではなく「問題をめぐる活動」が、「実態」ではなく「言説（語り）」が、コンテクストではなくテクストが、研究の対象になる。たとえば「児童虐待」を例にとってみよう。客観主義では、児童虐待が実数として増加しているか減少しているか、またそうした実態の変化は何が原因であるかが探求される。これに対して構築主義では、児童虐待の「実態」についての判断を留保したまま、「児童虐待は社会問題である」とクレイムする言説活動の継起的な流れを追尾する。そうすることで、「社会問題としての児童虐待」がいかに社会的に構築されていくかを確認するのである。実態についての言及は、「それは誰それが『実態』とクレイムしたものである」という形でのみ行われる。この戦略は、客観主義とは別の研究プログラムを要請することになったが、構築主義はそれを、客観主義に対するアドバンテージと考えた。なぜなら「言説」や「クレイム」という、より厳密かつ適切な研究対象の設定が可能になるとともに、客観主義では負わざるを得ない負荷（社会状態に対する研究者の判断）を免れることができると考えられたからである。

構築主義のプログラムは、多くの経験的な社会問題研究を産出してきた。だがその一方で、その認識論・方法論をめぐってさまざまな批判に晒されてきた。なかでももっとも重要なのは、ウルガーとポーラッチによってなされた「存在論的ゲリマンダリング Ontological Gerrymandering（以下OGと略称する）」の批判である。(4) 彼らは構築主義者の社会問題研究を網羅的に探索した結果、そこには次のような共通の作法が存在するとした。「第一に、研究者はある状態や行動を同定している。第二に、研究者は状態や行動についてなされたさまざまな定義やクレイムを同定している。第三に、研究者は彼らが言及する状態の不変性とは対照的なものとして定義の可変性を強調している」（Woolger and Pawluch［1985：215］）。彼らによれば、構築主義者たちは社会の状態や行動についての判断を停止するといいながら、その実、恣意的に「状態」についての判断を忍びこませているることになる。この批判への応答という形で、合衆国の構築主義は、クレイム申立て活動におけるレトリックの分析に特化する厳格派、クレイム申立て活動の社会歴史的コンテクストを重視するコンテクスト派、そうした批判に拘泥しない脱構築派の三派に分裂したとされる（詳しくは岡田[1994]）。

たしかに構築主義においては、しばしば「状態や実態は変化していないが、定義や言説が変化した」という説明の形式が採用されている。先の児童虐待を例にとれば、「昔から児童虐待は存在したが、かつてそれは『しつけ』と定義されていた。現在はそれが『児童虐待』として社会問題化される。その背景には、かくかくしかじかの社会的要因がある」というような説明形式である。ここには暗黙のうちに児童虐待の実数は昔から変わらないという前提が挿入され、「社会状態が不変であるにも関わらず言説は変化するのだから、言説の変化は、社会状態の変化以外の要因（社会構造、文化など）によって説明されなければならない」という前提が垣間見えている。これが、構築主義にとっての「公準破り」ではないか、というわけだ。

もっとも存在論的ゲリマンダリングの批判は、仔細に眺めれば、①社会問題の構築主義アプローチの公準は、（本来的には可能であるにもかかわらず）実際の研究においては公準破りが横行しているという側面と、②そもそも何事かを説明するという営みには、何らかの存在論的な想定が不可避であるという、非常に一般的・普遍的な言明から成り立っている。中河伸俊は、①の側面をOG1、②の側面をOG2と呼び、OG2は不可避だが、OG1を回避することは可能だとする（中河[1999：278]）。たしかに構築主義の研究者であれ、「何事かが存在する」という想定を抜きにして研究を開始することはできない。たとえば構築主義者は、社会の状態や実態についての判断は留保するが、クレイム申立て活動や言説が存在するという事実そのものを否定しているわけではない。「クレイム申立て活動や言説が存在する」と想定するからこそ、それらを同定することが可能になるのだから。

　同じような意味で構築主義者もまた、日常世界を生きる人びとと同じように、実態に対する判断を行っている。先の例でいえば、児童虐待は増加したか減少したか、それとも変化してないかについての判断を有している。そうでなければ、かつての「しつけ」と「児童虐待」を同一のカテゴリーに属する現象として認知することすら不可能だろう。ただしそれを、児童虐待をめぐる言説の生成・変容・消滅の原因として採用するかどうかは、必ずしもアプリオリに定まっているわけではない。たとえば実態を原因として採用しなくても、「実態」そのものを人びとが言説実践において構築する構築物とみて、人びとがなにかを「実態」と定義したりするありさまそのものを、クレイム申立て活動の一環としてみることができる。厳格派のキツセによる「状態のカテゴリー」の分析の提案は、こうした方策の一例である。状態に対する判断を回避するという構築主義の初期目的からすれば、このやり方がもっとも一貫している。存在論的ゲリマンダリングを擬似問題と断じる中河伸俊が言うように、「その（筆者注：言説の）向こうにある。客観的な（つまりほんとうの）「状態」について私たちの想定や見積もりはリダンダント（余分）だ。だれそれがこう報告した、それに対してだれそれがこう反論した、といったぐあいに、言説実践の過程を個別的に記述していけばそれでいい」（中河［1999：280-1］）。

また厳格派的な研究戦略を採らず、社会問題の言説連鎖の原因として「実態」を説明変数として採用したとしても、「実態」と「言説」の結び付け方は一様ではない。たとえば「児童虐待は実数として増加したから、児童虐待を社会問題化する言説が浮上した」という説明も可能だし、「児童虐待の数は不変ないし減少しているのに、児童虐待を社会問題化する言説は増加している。ならば言説の変化には、実態以外の要因が介在している」と仮説を立てることもできる。ただしここでは、最初の厳格派的な研究戦略に比べて、構築主義はより重い負担を負うことになる。言説やクレイム申立て活動を同定するという構築主義の初期目的に加えて、状態や実態を正確に測定するという客観主義的な作業が必要になるからである。とりわけ、ある社会問題をめぐって意見が対立・分裂しているような状況下においては「実態」の定義も多重化する。社会問題のクレイムメーカーが提起する複数の「実態」のうち、どれが本当の実態により近いのか。また、どの定義も実態には近くなく、別の形でほんとうの実態が存在するのか。このように、従来の客観主義的な研究方法と大差ない作業にも従事しなければならなくなる。これはいっけん重厚かつチャレンジングな作業にみえて、その実、「二兎を追うもの一兎をえず」、つまり中途半端な客観主義と中途半端な構築主義の折衷物にしかなりえないのではないかという懸念もなくはない。

厳格派とコンテクスト派、どちらを選択すべきか。これは、一概に答えの出る問題ではないし、答えを出すべきでもない。客観主義やコンテクスト派は、クレイム申立て活動とは独立に存在する「実態」の存在を疑わない。厳格派は「実態」の存在・当否は問わないが、言説やクレイム申立て活動が存在することは疑わない。この意味で、両者は認識論的に等価である。残されたのは、どちらがより生産的な研究結果をアウトプットしやすいか、というテクニカルな問題に過ぎない。だが厳格派のほうには、厳格派を選択することの恍惚と不安が、同時に存在するとはいえよう。恍惚の側面とは、そもそも社会学者といえども、社会問題の実態や状態に直接アクセスすることはほとんど不可能であり、構築主義者がアクセスできる研究資源は通常、言説だけなのだから、言説の内側をより精査に分析すればよいという、一種の割り切りである。不安の側面とは、ではその言説を同定したり分析したりするために、どういう手続きが必要なのかについての畏れである。その意味では、OG批判で提起された第二の課題、つまり社会問題について語る活動と言説をいかに同定すべきかという問いに、より鋭敏になる必要がある。ある言語行為や言説が「社会問題について語る言説」として認知されるのは、いつからか、どこからか。ごくごく少数によるプライベートな会話の中で、とある出来事が社会問題と定義されるときなのか、そうした語りが一定の公共性を備えた情報空間（たとえばマスメディア）に流通するときなのか、それとも、より制度的な場面（議会や国会）において社会問題として提起されるときなのか（草柳［1996］）。つまり、いついかなるときに、ある言説は「社会問題について語る言説」になるのか。この問いは、構築主義による言説分析の時期と範囲を、より自覚的に確定することにつながるはずである。

4　言説分析の方法

すでに述べたように、言説分析にはさまざまなバリエーションが存在する。が、一つ念頭に置きたいのは、人が何らかの言説を他者に向けて語るとき、いつでも、どこでも、任意に、自由な語りを許されているわけではないという、基本的事実である。しかるべき時、しかるべき場所、しかるべき様態と適切さにもとづいて語らなければ、周囲の人びとからしかるべき発言としての扱いを受けない。社会問題の言説もまた、少なくともそれが公共的な言説空間において賛否を論じられるような段階に至れば、そこで語られる言説は、「説得作業に使われる言語的資源」という意味でのレトリックとなり、ある程度定型化される。逆にいえば、定型化されなければレトリックとしての有用性を保ち得ない。言説分析やイデオロギーの分析では、語る内容以上に語る主体の社会的ポジション（男性か女性か、支配する側かされる側か、等）が、重視され、語る主体の隠された利害関心や、言説の政治的効果が問われる傾向にある。このこと自体が問題ではないが、言説分析においてより重要なのは、誰がどのような立場から語っても、似たような語りを構成してしまうという、言説が生産される「場」のありようである。ミシェル・フーコーの言葉を借りるなら、「一つの社会のある時点において、言表の出現、言表の保存、言表間に打ち立てられる結びつき、言表を資格分類するやり方、言表の果たす、言表が帯びている価値や聖別化の働き、実践や行動において言表が使われるやりかた、言表が流通したり抑圧されたり忘却されたり破壊されたり復活させられたりする原則などをつかさどっている諸条件を明るみにだす」こと（Foucault［1968＝1999：116］）。これが、言説分析の目的である。

フーコーの場合は、人間科学の成立を題材に、①言説内的な依存関係（同じ一つの形成に属する、諸対象間、諸操作間、諸概念間の依存関係）、②言説間的な依存関係（相異なる言説形成体間の依存関係）、③言説外的な依存関係（言説の変化と言説の中以外で起こった変化との依存関係）を明らかにしようとしたが、このとき重視されたのは、「このような言表が出現した、しかも他のいかなる言表もその代わりには出現しなかったのは、どのようなわけなのか」という言説の出現／排除をめぐる問いであった（Foucault［1968＝1999：79］）。フーコーの問題意識とパラレルに対応させる形でいうならば、社会問題の言説を分析する構築主義アプローチは、言説空間において、①とある社会問題について語る言説のレトリックとその配置、②とある社会問題の言説が、別の社会問題の言説、あるいはそれ以外の言説との間で有している相関関係、③とある社会問題の言説を算出している社会的・歴史的・時空的コンテクストを明らかにしつつ、「とある時空間において、とある言説とレトリックが語られ、他のいかなる言説もその代わりには語られないのはなぜか」と問うことになるだろう（③に踏み込むかどうかは、ある意味で、テーマの有する広がりと、分析者の好みによって変わってくる）。

では、どのような手続きに従えば、社会問題の言説分析を行ったことになるのか。中河伸俊によれば、構築主義的な社会問題研究の対象の範囲は、そのタイムスパンに応じて、①一続きの〈ここ—いま〉の切片《スライス》の中での問題をめぐる語りを会話分析や言説分析の手法にならって解析する、②問題に関わる特定の制度的場面をエスノグラフィー（民族誌）の方法で調査する、③特定の問題とその解決をめぐる集合表象の場面をめぐる問題過程を追跡する、④社会問題をめぐる集合表象の歴史を言説史のアプローチに依拠して調べる、という四つの経験的水準に分類される。①から④に移行するに従い、分析のタイムスパンが大きくなる。調査法のイメージとしては、①は会話やテレビ番組などミクロな記録素材の分析、②は参与観察やフィールドワーク、③は公的な機関（議会やマスメディア）における言説の調査、④は言説の歴史的分析（言説史）といった具合である。(5)

この四つの分析範囲のうち、どれを重視すべきかは、それぞれの研究目的に応じて使い分ければよい。たとえば、何ごとかが「社会問題」としてクレイムされる瞬間の、ミクロな会話のやりとりを観察するもよし。何ごとかを「社会問題」と認識する人たちが集会でアピールしたり、マスメディア向けに声明を発した言説を、パンフレットや記事の形で収集することもできるだろう。一定期間内に、マスメディアにおいて、ある社会問題がどうとり扱われたかを、新聞・雑誌記事やテレビ・ラジオ番組の内容分析の手法に基づいて収集・整理する必要も生じるかもしれない。国会や県議会や地方自治体など公的な立法行政機関において行われた議論を、議事録のような形で再構成する場合もある。学術雑誌や総合雑誌、新聞記事において、ある事柄に対する取り上げられ方がどのように変化したかを、長期的なスパンで確認することもできる。

ただいずれの方法を採るにしても、一定の言説フィールド（言説空間）を想定し、そこでの言説のレトリックと配置を仔細に観察し、記述するという営みは避けて通れない。誰が、いつ、どこで、どのような状況下において、どういうクレイムを申し立てたか。逆にそこでは、何が申し立てられなかったのか。これらを仔細に記述することによって、言説の場に応じた、社会問題の構築のされ方のバリエーションがみえてくるかもしれないし、逆に言説の場を問わない、ある程度一般的な言説生成のメカニズムがみえてくるかもしれない。現象記述の密度と、現象についての多様な知見を積み上げていくこと。当たり前のようではあるが、これが構築主義の経験的研究が目指すべき地平であろう。その意味では、近年の構築主義における具体的な経験的研究の増加は喜ばしい傾向であり、こうした経験的研究の蓄積の中から、構築主義の切れ味が真に問われていくことになるに違いない。

注

（1）別の見方をすれば、「『本質』は可変だが、構成されたもののほうが変化しにくい」とすら言いうる。性差の構成主義にとってバイブル扱いされるジョン・マネーの研究は、性自認においては生物学的な性差よりも、社会・文化的な性差のほうが優位であることを主張したが、これなど、構成されたもの（＝ジェンダー）は、セックスという『本質』より変化しにくいことを示す事例として解釈することも可能である。土場［1999：52］参照。

（2）もちろんこのことは、遺伝的要素と環境的要素の相対的比率を明らかにしてきた行動遺伝学に固有の学問的業績を、否定するものではない。
（3）「クレイム」という言葉は日本語では、異義、苦情、文句、損害賠償の請求などを意味し、いささかネガティブな語感がある。だが本章で「クレイム申し立て」という概念を使う場合、主張する、（当然のこととして）要求するなど、より価値中立的な意味合いをこめている。
（4）ゲリマンダリングとは、米国マサチューセッツ州知事ゲリー（Gerry）が、自党に有利になるように、選挙区の地形をトカゲ型（salamander）に改めたことに由来する成句（Gerry＋mander＋ing）。一般に、分類や区分を恣意的に行うことを意味する。
（5）データ収集の困難と、言説が埋め込まれている文脈の再現の難しさゆえに、構築主義の中でも、もっともチャレンジングな作業となるのは、④の歴史的言説の分析である。特に五〇年、一〇〇年単位での言説変容を視野に収めようとすると、どの言説をピックアップするかという問題に始まり、当時、その言説が埋め込まれていた言説空間の全体や社会的コンテクストを再構成することに困難が伴う。このため歴史的な言説分析は、構築主義の中では「ナンセンス」、「速記にすぎない」という批判を浴びることさえある。だが、ここで挙げた困難は、データの質に伴う技術的な困難であり、難易度の差はあれど、①～④のいずれの研究戦略においても生じうる。たとえば、一つの社会問題に関する事例研究であっても、その言説の連鎖を追尾する期間には、通常数年、長ければ十年単位に及ぶ。ひとり歴史的な言説分析だけが、先の困難に逢着するわけではない。
　逆に、歴史的な言説分析の手法によってしかみえてこない側面もある。たとえば、社会問題をめぐる言説連鎖の長期的な過程を俯瞰してみると、ある時期には特定のレトリックが頻繁に用いられたり、ある時期から特定のレトリックがぱたりと使われなくなったりすることがある。言説のレトリックにも、流行り廃りがある。その流行り廃りを読み解くことによって、「なぜこの言説が語られ、他の言説が語られないのか」というフーコー流の問題意識に、一定の回答を与えることが可能になるかもしれない。

第三章　言説の歴史社会学における権力問題

1　はじめに

一九九四年四月に『セクシュアリティの歴史社会学』（赤川［1999a］）を上梓して以来、小谷野敦氏、成田龍一氏、守如子氏、渋谷知美氏、西村大志氏、永田えり子氏をはじめ、多くの方から有意義な論評・批判をいただいた。さらに二〇〇一年六月九日、第四九回関東社会学会大会プレナリーセッション「社会学の対象と方法」（於・東京女子大学）では、「言説の歴史を書く」というテーマで報告させていただき、そこでも有意義な討論を行うことができた。感謝したい。

赤川［1999a］では、近代日本社会のセクシュアリティ、とりわけ性欲やオナニー（自慰・マスターベーション・自瀆・手淫を含む）に関する言説の形成と変容が分析されている。明治期の開化セクソロジー、大正から昭和前期の通俗性慾学、第二次世界大戦後の性啓蒙書、新聞雑誌・文学などにおけるオナニーに関する言説が主たる分析の対象とされ、それらの言説を、「強い」有害論／「弱い」有害論／必要論の三つに分類した。そして主流を占める言説が、①「強い」有害論（一九一〇〜三〇年代）から「弱い」有害論（一九四〇〜六〇年代）へ、②「弱い」有害論から必要論（一九七〇年代〜）へと次第に変容していくことを指摘し、①の背景には性欲＝本能論の成立と、性欲をどの性行動で充足させるかという性欲のエコノミー問題の浮上、②の背景には性欲＝本能論から性＝人格論へという性の意味論の変容が存在していたことを示した。

ただ実際に言説を集め、読み、解釈し、執筆に熱中している間は、その作業の社会学的意義について、完璧に反省的であることは難しい。むしろ公刊後の論評や対話の中で、考えさせられるところ大であった。とりわけ言説の歴史社会学を自称する私の分析と、ミシェル・フーコー以来社会学にも定着しつつある言説分析、社会問題の構築主義アプローチ、実証主義歴史学などとの関連・齟齬、現代社会とりわけ「親密性パラダイムの一人勝ち」に対する批判としての有効性、言説分析における全体性、言説分析者の立場性、言説分析と計量分析・フィールドワークとの相違について、それなりに論を展開してきた（赤川［1999b］［2000］［2001a］［2001b］）。

この論文では残された問題について、議論を進めたい。それは、言説分析における権力という問題である。この問題には、異なる二つの側面がある。第一に、言説の様態やその分析・変容に対して、「そこに権力が働いている」と指摘したり、「これらの言説は、特定の権力、支配－被支配関係を強化する効果を有する」と説明することの妥当性である。第二に、言説を分析対象とする者もまた、自ら所属する社会に作用する権力関係に巻き込まれざるをえないことをどう考えるか、という問題である。このところ言説分析固有の権力問題としては、後者の論点ばかりが強調されるきらいがあった（上野［2001］）。だが本章で考えてみたいのは、そもそも前者のような説明形式が、経験科学としての言説分析にとって妥当かという、より根源的な問題である。

この問題を考えるために、本章は次のような構成をする。第一に、言説の歴史社会学という営みと言説という史資料の関係について考察する。第二に、言説の背景に権力や支配―被支配の関係をみいだし、言説がそうした権力を維持／再生産するという説明の作法を、言説的権力の問題と名づける。第三に、近代日本におけるオナニー言説におけるジェンダー問題を、具体的な言説素材に基づきつつ分析する。第四に、言説の歴史社会学にとって権力という説明項はさしあたり不要であることを示し、言説分析の新たな展開の可能性について吟味する。

2 〈他者〉としての言説

ところで言説の歴史社会学は社会学の営みとして、何を行ったことになるのだろうか。赤川［1999a］では、性欲やオナニーの実態ではなく、性欲やオナニーに関する言説が近代日本社会の言説空間に分布し、それが時間的に変容していくという事実を説明すべき課題とした。その意味で事実史・実態史ではなく言説史という特徴を備えることになった。だが言説の歴史社会学は、その方法論的規準として、事実・実態に対する言及を禁止すべきという、構築主義厳格派にも似た強硬な主張を行っているわけではない（しばしば誤解されるのだが）。ただ言説の歴史を書く以上、単なる事実史・実態史に還元されない質――たとえば、事実史ではみえてこない言説固有の挙動を描くこと――を備えた記述でなければ、あえてそうした作業に取り組む必要はないというだけのことである。

そもそも赤川［1999a］の執筆にとりかかったとき、自分の作業が社会学という営みの中で、ことさらに新奇な方法であると意識していたわけではない。既存の仮説を前提にしながら、自分で史資料を集め、分類し、解釈するという作業の途上、どうしても言説分析、言説史の方法論が必要になってきただけのことである。一例を挙げれば、上野千鶴子は『造化機論』［1875］を嚆矢とする開化セクロジーを分析しつつ、「日本人はそれまで、処女膜の有無によって定義されるような処女性にこだわったことはなかった」、「処女膜の紹介と処女性の観念の浮上とは、あいともなっている」（上野［1990：528］）と述べていた。この仮説の妥当性を調べるためには、開化セクソロジー以前に日本社会に処女膜の観念がなかったかどうか調査しなければならない。いったん調べ始めると、すぐさま一八世紀後半の『解体新書』に処女膜の記述がみつかったり、その他にも処女膜に関する知識の痕跡が発見されたりした。開化セクソロジー以前にも、処女膜の知識はかなり広まっていたと判断せざるを得なかった。また「処女膜の有無によって定義されるような処女性」という観念が開化セクソロジーによって広範に流布したかどうかについても、開化セクソロジーの全体像を明示した上で再吟味する必要が生じた。すると開化セクソロジーにおいては、処女性を処女膜によって定義する言説よりもむしろ、処女膜の有無によって処女性を判定することはできないという言説が主流であることが判明した。こうした事情を説得的に伝えるためには、言説をなるべく多数集めてきて、その相対的位置関係の中で個々の言説の意味を解釈する手法が、どうしても必要だったのである。

そもそも歴史的な仮説を構成するときに、自らの仮説に都合の良いテクストをいくつか証拠として選んでくるだけでよいのなら、おおむねどんなことでも「実証」できてしまう。マックス・ウェーバーの価値自由論を紐解くまでもなく、科学的な仮説の妥当性は、自らの仮説に不都合な事実にどれだけ誠実であり続けられるかで決まる。言説分析も同じである。すなわち言説という素材が、自らが抱いている思い込みや仮説を反証してくれる〈他者〉として眼前に現れるからこそ、それを分析する必然性が生まれてくるのであり、こうした〈他者〉との遭遇なしに自らの仮説を修正し、鍛え上げることはできない。

これは上野に対する批判ではなく、むしろ自戒である。というのも私自身、こうした経験を何度もしたからだ。たとえば私がこの研究を開始した頃、日本の性科学史や性教育史では、「第二次大戦以前は、山本宣治という例外を除いてオナニー有害論が優勢だったが、戦後はオナニー無害論が優勢になった」という二分法的歴史解釈を採用するものがほとんどだった。私自身、実際に史資料と向かい合う以前の段階では、こういう仮説をぼんやりと信じていた（信じるしかなかった）。だが実際に史資料を集めて読み込んでみると、そのような単純な二分法では割り切れない言説がたくさん存在した。たとえば早婚を自慰の撲滅策と断じた山本宣治をオナニー無害論に分類するのは無理があったし、「オナニーの有害性は、喧伝されているほど過大なものではない」という程度の言説なら、戦前から大量に存在していた。先行研究に依拠することで私の中に形成されていた予見＝思い込みは、史資料によって次々と裏切られていったのである。史資料としての言説の分布・様態に適合させるべく四苦八苦した結果、どうにか捻出された図式が、例の、「強い」有害論／「弱い」有害論／必要論という三分法だったのである(1)。

3　言説的権力という問題系

ところでオナニー有害論の歴史を社会学的に位置づけたものとしては、ミシェル・フーコーの『性の歴史Ⅰ：知への意志』を無視できない。フーコーは「十八世紀以降、性について知と権力の特殊な装置を発展させた四つの重要な戦略的集合」として、①女の身体のヒステリー化、②子どもの性の教育化、③生殖行為の社会的管理化、④倒錯的快楽の精神医学への取り組みという四つの領域を挙げ、オナニー有害論については、子どもの身体と性を管理するべく両親、家族、教育者、医師、心理学者たちによってなされた、二世紀に及ぶ戦いだったと述べている（Foucault［1976＝

1986：134-5]）。つまりフーコーはオナニー有害論という言説の成立に、子どもの身体と性に対する親、教師、医師の管理権の拡大、すなわち子どもの性管理という権力を読みとっている。

また性欲に関する言説の背景に、女性に対して行使される権力作用を指摘する分析も、よく見かける。たとえばオナニー有害論についても、それが女性に対して説かれるときには、処女性喪失の危機を煽る抑圧的な言説と解釈されてきた（大本［1976］）。このことは、一九二〇年代に、婚前女性の性的純潔という意味での処女性が大幅に価値上昇するという歴史的事実を抜きにして考えることはできない。川村邦光もまた、「処女の純血と血統の純潔の規範は、女性にセクシュアリティを自ら管理することを課したばかりではなかった。父親や夫、ひいては男性のもとへと、自らの身体とセクシュアリティを従属させ、その監視・管理によって束縛されていった」と指摘する（川村［1996：145]）。ここでは、女性自身が処女性の規範を称揚し、その規範に自発的に服従する側面が強調されている。が、だからといって処女性を尊重する規範を、女性が勝手に作り上げたと考えているわけではない。あくまで処女性規範を捏造したのは支配者たる男性（家父長制？）なのだが、そうした始点が忘却され、女性たちは、この規範に自発的に服従することで結果的に男性に身体を管理・支配される、という論理構成をとっている。

このようにオナニー有害論の分析においては、子どもに対する支配、女性に対する支配という二重の権力が問題にされてきた。前者では、子どもの性実践を直接／間接に規制／管理する権力が、後者では、被支配者が自発的に服従してしまう権力のあり方が問題になっている。しかしいずれにしても、とある言説の背後に非対称な社会関係が存在しており、その言説が語られ流通することで、非対称な社会関係が維持、再生産されるという認識枠組みが共有されている。こうした権力を「言説的権力」と名づけることにしよう(2)。本章が問うのは、このような説明形式が、実際に言説を分析するにあたって本当に必要かということである。

この問題を考えるために本章が依拠する具体的な史資料は、近代日本、具体的には一八七〇年代から一九九九年にいたるまで、日本語圏で生産された、オナニーに関する言説の集合である。近代日本のオナニー言説は多くの場合、オナニーが医学的ないし社会的に有害か否かという問題構制の中で語られてきたが、今回の分析では、オナニー言説における性別非対称、すなわちジェンダーの問題に絞って考察を試みる。赤川［1999a］で利用した素材に、それ以降収集された新史資料を加えて、(1)オナニーについて言及しているもの、(2)単行本形式で出版されているもの、(3)オナニーについて何らかの評価判断（医学的に有害かいなか、社会的に価値ある行為かいなか）を下しているものを取り上げた。その結果をまとめたのが、表3―1である。計二二八冊である(3)。

4　オナニー言説におけるジェンダー問題

オナニー言説において男性と女性がどのように、どの程度異なった存在として扱われているのか、また、オナニー言説による身体の管理・規制のされ方には、男女の間に有意味な差異が存在するのだろうか。これを検討するため表3—1の言説集合を、下記の基準に基づいて分類した。表3—1の「男女」項目に分類の結果を示し、それぞれのテクストにおいて、女性のオナニーについて特徴的な記述を特記事項として記してある。単純集計すれば二二八冊のうち、1に属するのは五六冊（二四・六%）、以下、2が七冊（三・一%）、3が九六冊（四二・一%）、4が六九冊（三〇・三%）である。

男性のオナニーのみを言及／考察の対象としているテクスト　→1（男性のみ）
女性のオナニーのみを言及／考察の対象としているテクスト　→2（女性のみ）
男性のオナニーと女性のオナニーを区別して、言及／考察の対象としているテクスト　→3（男／女）
男性のオナニーと女性のオナニーを区別せず、言及／考察の対象としているテクスト　→4（性別不問）

表3—1　オナニー言語のジェンダー問題

書名	**著者**	**刊行年**	**男女**	**特記事項（特に女性に関して）**
造化機論	善亜頓（James Ashton）	1875	3	
造化秘事（乾）	ジョルダン	1876	4	
通俗造化機論	アストン	1876	1	幼弱時手淫により精子数減少

通俗造化機論二篇	フート	1877	4	三種電気説
男女交合新論	ファッラー	1878	3	三種電気説
男女の義務	ファウラー	1879	4	少壮の男女
小児のわるくせ	フート	1878	4	男女問わず害
通俗男女自衛論	列篤宇（レタウ）	1878	3	不妊、不治難病、子どもひよわに
懐妊避妊自由自在法　全	うさぎや誠	1880	1	淫情淡薄・陰茎萎縮は少年時妄淫・手淫が原因
通俗男女衛生論	福多駒太郎	1880	1	少年は精液を漏らすべからず
室女の友［手淫編］	ヴァールダイ	1881	4	手淫弊習は男女長幼の別なし
衛生交合条例	赤塚錦三郎	1882	4	二種電気説
人身造化論　全	根村熊五郎	1884	3	三種電気説。手淫と買春ともに有害
男女交合得失問答	武部瀧三郎	1886	3	三種電気説
新選通俗造化機論	岩本吾一	1887	3	女性→不妊
男女交合造化機新論	細野順	1888	1	買春の代用。習慣化。身体衰弱精液欠乏睾丸萎縮
新選男女交合新論　全	永田義	1889	4	手淫濫淫は天命に背く
新選造化機論	大澤善一郎	1892	4	三種電気説
色情狂篇　完	クラフト＝エビング	1894	4	自瀆の既往例多数
男女自衛造化機新論	武藤忠夫	1895	1	買春の代用
生殖自然史　一名婚姻之栞	F・ホリック	1896	4	成人はいいが少年はだめ
生殖器新書	F・ホリック	1897	4	
生殖衛生論	藤根常吉	1899	4	
女医者	秋琴女史	1902	3	月経不順
続女医者	秋琴女史	1902	3	手淫は女子に多い。婦人手淫症
延寿得子　婦人と男子の衛生	綿貫與三郎	1905	3	セックスよりも有害
実用問答生殖器篇	佐藤得斎	1906	3	
色情と青年	原真男	1906	3	売春婦になりやすい

色情衛生哲学	黒木静也・飯田千里	1906	3	セックスよりも害
学理実験色情衛生　男女の秘密	ホリック	1908	3	セックスよりも害。ヒステリー、色情狂に
通俗病的児童心理講話	三宅驥一	1910	4	病的→オナニー
健康と性慾	プリンス・マロー	1911	1	遺精
性慾論講話	澤田順次郎	1912	4	性別不明
性欲哲学	青柳有美	1913	3	健康な男女なら無害
婦人性学	秋元洸二	1914	2	女性の虚栄心と羞恥心
性慾教育	金谷幸太郎	1914	1	(少年・青少年)
生殖圖解と性交論	澤田・高橋・佐藤	1914	3	女オナニーは結婚後減る
生殖研究顧問	濱田眞知	1914	3	女性→ヒステリー・子宮病・不妊・色情狂
変態性慾論	羽太鋭治・澤田順次郎	1915	4	自瀆的遂情は同性間性慾の原因
青年期の研究	S・ホール	1915	1	手淫者の子孫は生殖力欠く
性慾教育之研究	羽太鋭治	1915	4	女性は少ない
性慾研究　全	A・フォーレル	1915	3	女性の手淫は病的
婦人生殖器の解剖／妊娠分娩論	羽太鋭治	1915	4	
男女生殖器病之研究及賣春論	羽太・頓宮・近江・松尾	1915	4	害は精液減損のみならず神経系統に及ぶ
生殖器と情欲論	三本松得業士	1915	4	男女問わず害
性慾心理及び道徳	澤田順次郎・青柳有美	1915	3	男性に多い、女性の方が有害(自慰は交接と異なり発動的)
男女の肉的変化	音尾正衛	1916	3	陰核肥大
閨房秘話　性典（妊娠十ヶ月）	佐藤稲子	1917	3	
生殖器医学	山中章	1917	3	不妊
図解　男女の妙機	音尾正衛	1917	3	女性→ヒステリー
青年と性慾	藤浪鑑	1917	1	青年のみ
児童の悪癖	寺田精一	1917	3	男性に多い
性慾に関して青年男女に答ふる書	澤田順次郎	1919	3	女子萎黄病、ヒステリー、女子に貞操強いる慣習ゆえ手淫多い

一般性慾学	羽太鋭治	1920	3	不妊・ヒステリー・色情狂
性慾と近代思潮	羽太鋭治	1920	4	
性に関する講話	春野道男	1920	4	
性慾生活と両性の特徴	羽太鋭治	1920	3	女子は少ない
性典	羽太鋭治	1920	4	
女その性的及び恋愛生活	W・ロビンソン	1920	3	男性に多い、女性の方が有害（結果が永続するから）
父と子の性慾問答	羽太鋭治・伊藤尚賢	1921	1	
戀及性の新研究	羽太鋭治	1921	1	
教師並びに家庭の為の性慾学教科書	ガリガン	1921	4	
女性の赤裸々	羽太鋭治	1921	1	
男女ひみつ全書	大日本生理衛生協会	1921	4	
変態性慾の研究	羽太鋭治	1921	3	
性慾の心理　全	澤田順次郎	1921	3	女子の害は男子の害より大
性欲に対する女子煩悶の解決	羽太鋭治	1921	3	
人間の性的暗黒面	田中香涯	1922	3	男性に多い
性教育概論	市川源三	1922	4	
図解・処女及妻の性的生活	澤田順次郎	1923	3	自瀆を覚えるのは女性のほうが先
性教育	山本宣治	1923	1	自慰は普通、大害なし
児童の性と栄養	杉田直樹・竹内薫兵	1923	1	
男女・性の研究	石岡正巳	1924	3	子宮病・ヒステリー
ビゲロウの性教育	ビゲロウ	1924	3	
両性論	神田正梯・阿部余四男	1924	1	
図解生殖器研究	佐野龍閑	1924	2	不妊症・不感症
女児の性教育	高橋寿恵	1925	2	誰もが行うから予防必要
ノイラステニア・セクシュアーリス	植松七九郎	1925	4	性欲エコノミー

性的疾病の豫防及治療法	島野完治郎	1926	4	性差に言及なし
性典	羽太・新妻・頓宮	1926	4	
家庭性教育資料　閨房夜話	万波義一	1926	1	
性の争闘と人間苦	羽太鋭治	1926	3	女学校・工場・女中から伝染
性学読本	隠岐敬次郎	1926	1	青年
恋愛と性慾／処女の秘密話	原田達郎	1926	3	女性手淫は男性より多い、女学校・工場住いに多い
十五博士性の講座／花嫁草紙	吉岡弥生	1927	3	子宮内膜炎・不妊・不感症・夫婦愛冷める
性典	赤津誠内	1927	3	処女の誇り失う、結婚すれば減る、処女膜破裂
性鑑	羽太鋭治	1927	3	女子は男子ほど盛んでない
性教育の研究	羽太鋭治	1927	3	虚言、羞恥心欠乏、精神異常
性的本能享楽の真相	澤田順次郎	1928	3	器質障害は女性に多い・機能障害は男性に多い
婦人の医学／女性典	島田廣	1928	3	女性からの相談
特殊研究／性愛秘話第一集	羽太鋭治	1928	3	
全訳・性の心理７巻性的倒錯	H・エリス	1928	4	
現代女性の性欲生活	羽太鋭治	1928	3	
性愛受難相	松本豊吉・菱刈実雄	1928	4	
健康増進叢書・性篇	杉田・土肥・永井	1929	4	
青春を裁く	高田義一郎	1929	4	スィートホームの破壊者・自瀆中毒
青年期の性欲問題	石丸梧平・満田仁郎	1929	4	性欲エコノミー
性愛生活と生殖器性神経衰弱療法	牧野孝	1930	3	女性の方が有害
セックス衛生	岡田道一	1930	3	結婚後減る、陰核肥大、月経困難、処女膜破裂
性の智識／生殖器の研究	羽太鋭治	1931	4	
性教育の実際	星野鐵男	1931	1	少年との対話形式
変態性慾考	高田義一郎	1931	3	性行為困難に（サンガーに依拠。弱い有害論）
性欲の科学	富士川游	1931	3	男子のほうが多い

青春時代　恋愛と性慾	澤田順次郎	1932	4	
神経質並に神経衰弱の性格療法	高良武久	1933	1	青年男子90%がしている「自然なる不自然行為」
性教育と優生問題	兼子常四郎	1934	1	
性愛秘訣／男女衛生	加藤美倫	1934	3	生殖器の害は男性より大
男女衛生性の知識	加藤美倫	1934	3	ヒステリー、生殖器への害
変態性医学講話	澤田順次郎	1934	4	
思春期男女の性教育	上村一仁	1934	3	感覚偏疾
神経衰弱はこうすれば治る	朝岡稲太郎	1934	4	性欲エコノミー
性的悪習と神経衰弱の新療法	長濱繁	1935	3	手淫は女子に多い、女子のほうが危険、処女膜
婦人科医より見たる性の実相	真田五郎	1935	3	手淫は女子に多い、処女膜破裂
性鑑	赤津誠内	1935	4	性欲エコノミー
男女生活の設計	江原小弥太	1937	1	性欲エコノミー
学生と修養	河合栄次郎編	1937	1	
男女性典	長濱繁・石崎仲三郎	1938	1	
青年と神経衰弱の治療法	長濱繁	1938	4	
正しい性教育（改訂版）	G・D・オールズ	1939	4	
続・恋愛性慾の心理とその分析処置法	大槻憲二	1940	1	オナニーは合理的処置、みなやってるから自然
青年期の医学・男性篇	杉田直樹	1943	1	精神病→オナニー
図解入・性教典	伊澤誠一	1946	3	女性の害大、不妊症・ヒステリー・色情狂
性の科学	阿勝信正	1946	4	性欲エコノミー
性感異常　附・帯下	中島精	1946	3	男性に多い、青年男女の自然的発露
性の扉を開く	張房雄	1946	3	男性に多い、過度NG
性典	真木清	1947	3	女子のほうが多い、青年処女みなやってるから無害
性に目ざめる	泰地竜治	1947	3	女性が克服するのは困難
寝室の芸術　［改訂版］	谷伸二	1948	4	女性と男性同程度、20以上の男女は無害

闘性術	高田義一郎	1948	3	女子にも多い
性科学	太田典礼	1948	3	女子は生殖期間以外は抑制容易
欧米に於ける性生活	生活科学研究会	1948	4	
結婚宝典（処女から人妻へ）	鈴木義一	1948	3	子宮内炎症、記憶力減退、夫婦愛破綻
すべての青年が知っておかねばならないこと	式場隆三郎	1948	1	結婚までの禁欲は当然
新結婚読本	永井潜	1949	4	
性教育読本	羽仁説子	1949	4	
性の心理と教育	望月衛	1949	4	女性非回答多い、女性の性は刺激なしに開発されない
女性の性生活	岩田旬三	1949	3	オナニーは性生活の関門
性と生活	望月衛	1949	4	
性教育の理論と実際	沼野井春雄	1949	3	不感症
独身者の性生活	式場隆三郎	1949	3	女子のほうが多い（男性は買春できるから）、適度なら幸福
肉体類型学	竹村文祥	1949	3	女子オナニーの害
新しい性教育	長里清	1949	1	立身出世の道
性科学の基礎知識	安田徳太郎	1950	1	
性医学入門	石垣純二	1950	1	皆やってるから無害
人間に於ける男性の性行為（上）	キンゼイ・ポメロイ・マーティン	1950	1	
百萬人の性教育	望月衛	1950	3	女性の性感体験遅いのは幸福
性の百科辞典	馬島僴	1951	4	
思春期	宮本忍・宮本三枝子	1951	1	対談形式
性教育	望月・桂・坪井	1951	1	相互自慰
性教育心理学	山下・坂本・武政	1951	1	
処女白書	瀬川愛子	1951	3	スポーツで昇華
正しい性愛技術とその生理	大江貴夫	1952	3	弱い有害論だが、「半処女」
性愛事典／附艶語手帖	荒垣常政	1952	3	処女には有害、未亡人には無害

青春の病理	滋岡透	1952	3	手淫性不感症、性欲エノコミー
子供の性生活	豊島順二郎	1953	4	
学校における性教育	大島ほか	1953	1	性行動は本能ではない
完全なる男性	F・カプリオ	1954	1	
人間女性における性行動	キンゼイほか	1955	3	
青春の生理	宮本忍	1955	3	男女別自慰の経験率
若さと性の研究	小田部荘三郎	1956	1	
子供の性教育	新教育連盟（編）	1957	1	
性に関する28章／性の真実	W・ロビンソン	1958	4	
近代性生活レポート	篠崎信男	1958	4	
初夜と性の作法	西島実	1959	3	処女膜が黒ずむのは問題ない
性生活の知恵	謝国権	1960	3	女性の自慰率低い
図鑑・結婚教室	高橋鐵	1961	3	女性の自慰は問題ない
女性の性的反応	吉田宏	1961	3	女性は自慰でオルガズム得る
寝室の美学	原比露志	1963	4	
性愛読本／性生活の秘技	鳥森与一	1963	1	
中学生・高校生の愛と性への回答	黒川義和	1964	4	
寝室宝典／性愛技巧	菱刈実雄	1965	4	有害説
図解　性の悩みを解決する本	松戸尚	1965	1	事例は男性のみ
人性記　インテリゲンチャの性	高橋鐵	1966	3	過度自慰については慎重
現代SEX入門	大沼晶誉	1967	2	不感症
性教育	朝山新一	1967	3	女性自慰には心理的変化がある
性に関する数章	麻生国男	1967	3	処女膜守れ
ひとりぼっちの性生活	秋山正美	1968	3	
日本の純潔教育	間宮武	1968	1	男性の性欲はけ口

テクニックがわかる性行動の図鑑	松戸尚	1969	4	
わが子の性教育	ドクトル・チエコ	1970	1	
官能的な女になる法	ミスJ	1970	3	知的な女性ほどする
性生活の処方箋	竹村幸子	1971	3	自慰経験→夫との性生活うまくいく
HOW TO SEX　性についての方法	奈良林祥	1971	1	
高校生の日記	原田茂	1971	1	
性の悩みに答える（女性編）	大山昭男	1972	4	女子の場合は害がある
教師と親が導く新しい性教育	葛巻政男・近藤政明	1972	1	
新チビっ子猛語録	石渡利康	1972	3	オナニーテクニック
性教育指導事典	平井信義	1972	3	女の自慰はアクセサリ
真実の性教育	石原慎太郎	1972	1	男の自慰は精神的離乳
性の進歩と愛の調和	A・マタイス	1973	4	キリスト教。相互性欠く。重要
石渡利康のヤングセックス	石渡利康	1973	3	女性にとって性感開拓法
思春期の性　その愛と心の悩み	大沼晶誉	1974	3	性器の黒ずみ、処女膜は自慰と無関係
家庭に於ける実際的看護の秘訣	築田多吉	1974	4	
セックス常識のウソ	石垣純二	1974	4	
女のからだ／性と愛の真実	ボストン「女の健康の本」集団	1974	2	自慰はオーガズムに達しやすい、自分の体を知る第一歩
子どもの性の質問にどう答えるか	羽仁説子	1975	4	
PLAY SEX FOR YOU	奈良林祥	1975	1	
スポック博士の性教育	S・ベンジャミン	1975	4	
性教育学入門	村松・岡本	1977	3	経験率男女別
愛の原則と方法	前林尚	1980	3	男のオナニーは力動的、女のオナニーは感覚的・情緒的
男のためのセクソロジー	新藤茂	1980	1	
エッ？　性の本!!	田能村祐麒	1981	1	自慰必要論
間違いだらけのSEX	西村俊身	1981	3	女のオナニーはレズ地獄？

子どもの性教育	酒井安正	1981	4	
オナニズムの秩序	金塚貞文	1982	1	
学校で教えてくれなかったSexの知識	荒川和敬	1983	4	4に属するが男性向け
モア・リポート	モア・リポート班	1983	2	
男子と性と生活のガイド	大井・山本・河東田	1984	1	男子の事例のみ
性教育Q&A	門野晴子	1986	4	マスターベーションは性の基本、性の自立
教師のための性教育読本	小林博	1986	1	
こんにちは！　性教育	北沢杏子	1986	4	人生を豊かにする行動
現代っ子の性	北村邦夫	1988	1	望まない妊娠よりオナニー
教職研修増刊／性教育読本	教育開発研究所	1988	4	
セックス神話解体新書	小倉千加子	1988	1	買春は女の体を使ったオナニー
モア・リポートNOW	モア編集部	1990	2	自分のからだとの対話、心理的抵抗不要
売る性、買う性	福島瑞穂	1991	1	買春は女の体を使ったオナニー
性をはぐくむ	浅井春夫	1993	4	
愛と性なんでも事典	山本直英	1993	3	女性にとっても自慰は将来の性行動学習として大切
BODY IS GOOD	山本・池上・堀口	1993	3	しているのもしていないのも普通
対話・快楽の技術	斉藤綾子・伏見憲明	1993	3	セックスがオナニーのご馳走
ぼくらのSEX	橋本治	1994	3	オナニーはカッコ悪いのほうが重要
性	高文研	1994	1	
感傷的男性論	野坂昭如	1994	3	男女の違い
ソロ・セックス	H・リッテン	1994	4	性病にならない。セックスの代用品ではない
スタミナ	斎藤綾子	1995	2	オナニーがセックスの代用かセックスがオナニーの起爆剤か
彼岸先生の寝室哲学	島田雅彦	1996	1	オナペットへの逆恨み。買春は女の体を借りたオナニー
はちみつバイブレーション	北原みのり	1998	4	相手の体への想像力と自分の体への尊厳
愛と性の美学	松本侑子	1998	3	自分の体をしる。したい人はする。罪悪感／空虚感。性的自立

第一に指摘できるのは、2（女性のみ）のテクスト、すなわち女性のオナニーについてのみ言及し、男性のオナニーについていっさい言及していないテクストは非常に稀少ということだ。該当の七冊（『婦人性学』一九一四、『女児の性教育』一九二五、『現代SEX入門』一九六七、『女のからだ』一九七四、『モア・リポート』一九八三、『モア・リポートNOW』一九九〇、『スタミナ』一九九五）はいずれも女性向けに書かれたテクストであり、男性のオナニーについて言及がないことに不思議はない。逆に1（男性のみ）のテクストがかなり大量に存在することを考慮すると、このこと自体が一つの社会学的意味をもつ、すなわちオナニーについての語りは、それがオナニーの有害性を説くものであろうとオナニーの意義を説くものであろうと、まずは男性の問題として自明視されていることである。

これは数量的な問題に限られない。オナニーという社会問題を男女両性に当てはまる事柄として明確に認識している言説生産者ですら、いつの間にか男性のみを前提にした議論へと横滑りすることが少なくない。たとえば植松七九郎『ノイラステニア・セクシュアーリス』（一九二五）では、「手淫の方法は男女に依つても、個人に依つても相違致します」、「婦人は手淫の目的にいろいろの器物を用ひて膣内或は尿道内に挿入し為に局所に炎症を惹起する事があります」（五三頁）と明らかに女性のオナニーに言及していながら、「実際問題として春期発動期から結婚に至る迄絶えず観念を転換することは不可能でありまして、誰しも性問題に逢着するのでありますが、文化が進むと共に男子の結婚年齢は遅くなり勝ちであるから、その間如何にして性的興奮を切り抜けて行くかと云ふ事が大なる問題になつて来る」、「結婚が不可能とすれば問題は禁欲か、自瀆か、買娼か、避妊的私通かの四種類を出ないのは明か」と、議論が暗黙のうちに婚前男性の「性欲のエコノミー問題」へと転化してしまうのである。このような構成を有するテクストは、『青年期の性欲問題』(石丸・満田［1929］)、『神経衰弱はこうすれば治る』(朝岡稲太郎［1934］)、『性鑑』(赤津誠内［1935］)、『性の科学』(阿勝信正［1946］)など、精神神経医学系かつ「弱い」有害論に属するテクストに多い。「弱い」有害論において性欲のエコノミー問題が浮上するのは私にとっては予想通りだが、ここでは婚前女性の性欲問題がいつの間にか視界から消えてしまっていることに注目したい。すなわち性欲のエコノミー仮説は、男性の立場から構成され、男性間に共有された「一次理論」なのである。[4]

オナニーについて語る言説は、暗黙のうちに男性のオナニーを想定してきた。とはいえ女性のオナニーが、それ自体として問題にされなかったわけではない。むしろ3(男／女)のテクストのように、女性のオナニーを男性のそれと区別して語る言説群は、全体の四割を超えるほど大量に存在する。これらの言説においては、男性と比べて女性にオナニー経験者が多いかいないか、女性に固有のオナニーの害毒は何か、オナニーが生活に有する意味が両性間でどう異なるか、といった事柄が論じられる。女性のオナニーを男性のそれと区別して語るときには、そこに男性のオナニー問題とは質を異にするまなざしが構成されている可能性がある。

女性オナニーに固有の害毒として挙げられるのは、月経不順、不妊、ヒステリー、陰核肥大、子宮病、色情狂、不感症、処女膜破裂など、男性には存在し得ない心身上のトラブルである。また女性のオナニーが男性のそれより有害とされるときには、「女子の交接は、受動的にして、其の害は男子の如く烈しからざれども、自瀆は然らずして、男子に於けると同じく、発動的なればなり」（澤田・青柳『性慾心理及び道徳』[1915：430]）といった根拠づけがなされる。「男性の性欲は能動的、女性の性欲は受動的」という性欲の男女非対称が自明視されるため、女性のオナニーは「正常」な女性性欲からの逸脱とされる。また女性の方がオナニーが多いとする論者、たとえば澤田順次郎の有名な『性慾に関して青年男女に答ふる書』（一九一九）では、女性が男性のように放縦な態度に出ることが少ないのは、「妊娠といふ自然の一大制約があって、それに押へられて居る為めと、今一つは、女子に貞節を強ひたる、従来の習慣に圧迫せられる為め」（三八〇頁）と理由づけられている。手淫の害がそれほど大きいのなら、貞操を強いるのではなく、婚前セックスの自由化を唱えてもよさそうなものだが、澤田は女性の貞操を否定していない。さらに処女膜に関しても、「処女に於いて、一般的に最も尊重されると云はれて居るところの、処女膜は、この自慰に依って、殆ど、多く破裂させられる」（赤津誠内『性典』[1927]）といったような、処女膜の有無と自慰を関連づける言説が比較的長期にわたって存続する。『セックス衛生』（岡田道一[1930]）、『婦人科医より見たる性の実相』（真田五郎[1935]）、『正しい性愛技術とその生理』（大江貴夫[1952]）、『性に関する数章』（麻生国男[1967]）などであり、オナニー必要論が主流化する一九七〇年まで残存する。

男性の問題として自明視されているオナニー有害論の下で、なぜ女性オナニーの有害性がこれほどまでに強調されるのか、やはりここに、女性の身体を支配する言説的権力をみいだすべきなのか、たしかにオナニーの有害性を不妊や子宮病、不感症、処女膜破裂に結びつける言説は、未婚女性がいずれ妻や母になるという予期的社会化を梃子にしつつ、処女性規範への服従を脅迫的に推奨する。処女性や純潔を女性にのみ要求するとすれば、たしかにダブル・スタンダードである（もっとも「強い」有害論の下では、男性にも婚前の禁欲＝純潔が求められるのだが）。上にみたように男女の性欲の質的相違や性差を極大化する思考や、性に関するダブル・スタンダードを擁護する言説は、到るところに見いだせる。男性だけでなく、女性にもそうした意識は存在する。

だが、語られた個々の言説に固定的な性役割観やセクシズムを見出すことと、それら言説の背後に女性の身体を管理支配する言説的権力の存在を前提することとの間には、かなり距離がある。特に言説的権力の場合、とある言説＝知識が語られることで、それらの言説＝知識が人びとの間に共有され、行為者の実践を規制することで、特定の支配―被支配関係が維持・再生産される側面を強調する。とすれば少なくとも、数ある言説の中で、支配―被支配関係を帰結するような特定タイプの言説（のみ）が、持続的・構造的・圧倒的に社会に組み込まれていること、すなわち支配的な言説となっていることが示されなければならない。だがそうした試みは、言説の時間的・空間的分布に配慮を行おうとすれば、しばしば困難に逢着せざるをえない。その事情を女性のオナニー言説を分析することで例示する。

第一に、女性のオナニー問題は、「強い」有害論→「弱い」有害論→必要論という言説変容の中に位置づけ直さなければ、その位置価を正確に捉えることはできない。そもそも精液減損を戒める養生訓パラダイムに着床した開化セクソロジーは、その主体として男性を想定していた。これが「強い」有害論に移行するとき、「性別・年齢問わず有害」、「オナニーは万病の元」という言説要素が広範に流通し、オナニーの害毒を被る客体の範囲が拡大した。女性オナニーの害毒を強調する言説も、この文脈で捉えなければならない。この時点では、オナニーを規制され、婚前純潔を求められることの性別格差は、むしろ縮小するのである（有害性の根拠付けは、両性で異なるが）。

ところが一九四〇年代に「強い」有害論から「弱い」有害論への変容を促したのは、「買春するよりオナニーのほうがまし」とする成人・男性の論理であった。このレトリックに依拠しながら成人男性のオナニーが規制緩和されていくとき、「子どものオナニーは有害だが、大人のオナニーは無害」、「病的手淫者のオナニーは有害だが、健常者のオナニーは無害」という跛行的な規制緩和が進展する（赤川［1999a：251-5］）。ここにもう一つ、「男性のオナニーは無害、女性のオナニーは有害」という非対称性をつけ加えるべきなのだろう。たとえば大江貴夫『正しい性愛技術とその生理』（一九五二）では、オナニーは生理的に必要な自然の行為であり、過度にわたらぬ以上なんら障害はないが、未婚男女にあっては週三回（できればそれ以下）が妥当と述べている。これは「弱い」有害論に属する。一方でオナニーの規制緩和を是認しながら、他方で女性のオナニーについては、「自慰破爪で処女膜を失い、処女にして処女でない所謂『半処女』ができあがる」（四五頁）と威嚇をやめないのである。たしかに男性のオナニーが規制緩和されるとき、女性オナニーの有害性強調の要素は残存し、両性間の非対称性が拡大する。

この側面のみを捉えれば、男性による女性支配が「弱い」有害論を通して強化・再生産されたという解釈も不可能ではない。たしかに「強い」有害論から「弱い」有害論への変容、オナニーの規制緩和の過程で、成人男性は「一人勝ち」したからである。しかしいったん成人男性のオナニーが規制緩和されてしまえば、そのことが、結果的に他のカテゴリーに属する人びとの規制緩和をも促進することになる。これが第二の論点である。たとえば、性欲のエノコミー問題の解消によるオナニーの規制緩和は、未婚の女性にも拡大適用される。『性生活の知恵』（謝国権［1960］）では、「自慰は、その利用の如何によっては、未婚の男性および女性にとって、むしろ健全な性的なはけぐちであると著者は考える。少なくとも、自慰を抑制するあまり不健全な性交に依存したり、童貞や処女の価値を必要以上に無視したり、あまつさえ強姦その他の性的犯罪に走ることよりは、本人にとっても社会にとっても、自慰のほうが遥かに合利的」とされる（二二〇頁）。女性については「処女性軽視よりオナニー」というエコノミカルな比較衡量が行われるのである。ここでは処女性・純潔の価値が揺らいでいないようにみえるが、処女膜についても、仮に自慰によって処女膜が破れたからといって、そのことで処女性が失われるわけではないという言説が、七〇年代以降支配的になる（大沼晶誉『思春期の性』［1974］ほか）。さらに女性のオナニーもまた、自らのからだを知り、性的に自立する手段として肯定されていくことになる。「結婚前に同性愛・異性とのペッティング・自慰などによって、或る程度、女性性器を呼び醒まされていた女性のほうが、早く、アクメを味わう」（高橋鐵『図鑑・結婚教室』［1961：148］）、「知的な女性ほど、マスターベーションをする」（ミス

J『官能的な女になる法』[1970：48]）といった言説が語られ、マスターベーションは「性感開拓法の一つ」（『石渡利康のヤングセックス』[1973：64]）、「自分の体を知るためには、第一の、最も簡単な方法」（『女のからだ』[1974：77]）、「自分で自分のからだにオーガズムを引きおこす方法として、多くの女性が成長し成熟していく中で、ごく自然に出会い、自分のものとするセクシュアリティ」（『モア・リポート』[1983：256]）、「性の自立」（門野晴子『性教育Q＆A』[1986→1992：37]）、「将来の性行動の学習としてとても大切」（山本直英『愛と性なんでも事典』[1993：56]）、「人間のSEXの基本」（橋本治『ぼくらのSEX』[1994：98]）、「男にとっても女にとっても、自分の身体について知るためのいい機会」（松本侑子『愛と性の美学』[1998：50]）、「相手の体への想像力と、自分の体の尊厳が生まれてくるような作業」（北原みのり『はちみつバイブレーション』[1998：225]）と肯定的に捉え返されていく。七〇年代以降、少なくともオナニー必要論の文脈においては、ジェンダーの差異は極小化されてしまうのだ。

してみると、少なくともオナニー有害論の生成と消滅に関しては、男女の間に時期的な跛行性は存在するけれども、本質的な非対称性——長期的・構造的に支えられた権力効果としての非対称性——は存在しないのではないか。もちろん個別にみれば、男女の差異を極大化したり正当化したり、現在の基準からみて性差別的な言説はたくさんある。さらに、オナニー言説の性別非対称を解消するために、『モア・リポート』をはじめとする、女性の、女性による、女性のためのマスターベーション論が果たした役割も、強調してしすぎることはない。だがオナニー言説における性別非対称に、女性を抑圧する言説的権力を読み込む説明は、その一貫性をどこまで維持できるだろうか、たとえば七〇年代以降におけるジェンダー差の消失を、どう分析するのか。また処女性についても、女性が処女性の規範に自発的に服従した、そのことが男性による性支配を帰結したと分析するのなら、その後の処女性規範の変容、すなわち「愛していれば婚前セックスは当然」というレトリックを用いて、男女がともに処女性・純潔規範を無効化してきたという歴史的事実については、どう説明するのだろうか。家父長制権力が消滅したのか。それとも、家父長制権力の質が変化したのか。変化したとすれば、どのように？　権力による説明は、こうした疑問にほとんど答えない。

5　言説の歴史社会学に権力概念は必要か

第四節で示したのは、言説の歴史社会学が、実際どんな具合に分析を行うのかのプレゼンテーションである。言説分析は、言説の意味の構造、言説相互の連結のされ方を重視するという点では質的調査、それも自由回答やインタビュー・データの内容分析に近いものがあるが、言説の時間的―空間的分布を描き出すという点では、質的データの数量的分析という側面も併せ持つ。

さてここで、言説の歴史社会学における権力概念の有効性／無効性という問題に、再び立ち返りたい。近代日本におけるオナニー言説、とりわけオナニー有害論の言説を、フーコーが示したように、子どもの身体に対する規律訓練型権力、また木本や川村が示したように、女性に処女性を強要する家父長制権力と解釈すると、どういう点が問題なのか。まずフーコー流に、子どもの身体に対する、両親・教師・医師による管理支配の拡大と捉えたとしても、今度は、それが何のために、何を意図して行われた支配なのか、よくわからなくなる。オナニー有害論は現代の科学的・論理的な推論法からみれば間違っているから、現代の私たちからすれば、なんとも滑稽で、不当な支配が行なわれたようにみえる。だが、オナニー有害論の論理的妥当性はともかくとして、それが人びとに本気で信じられていたと仮定するならば、そうした知識に基づいて子どもの身体を管理することは、単なるパターナリズムともいえよう。すなわち「いかに子どもがオナニーに興味をおぼえたり、それを望んでいたとしても、本人の（将来の）利益のために、大人が介入してやめさせる」という論理が貫徹されただけとも解釈できるのである。パターナリスティックな介入を、誰に対して、どの範囲の行為に対して行使すべきかは議論が分かれるところだが、本質的にそれは、テレビゲームを続けたがる子どもに勉強を強いる大人の親心と変わらない。子どもの身体に対する管理支配という解釈が、単なるパターナリズムの遂行という解釈に比べてより妥当であるという根拠は、どこにもない（もっともパターナリズム的権力行使を可能にする社会的条件について、問うことはできるが）。権力による説明が妥当であるためには、オナニー有害論という言説を流通させることによって、権力行使者たる大人は何を意図したのか、またそのことによってどういう利益を得たのかを緻密に検証する必要があろう。残念ながらフーコーは、そうした分析を行っていない。

同様に、女性のオナニー有害論に、女性を抑圧する言説的権力を読み込む解釈は、歴史的な過程を通して、その一貫性を維持できるだろうか。そもそも「女性が自発的に純潔規範に服従した」という言明と、「その規範は男性によって捏造されたものであり、女性の自発的服従を通して男性が女性を支配する」という言明は、実証命題として区別しがたい。特に後者は、悪くすれば、永遠に反証を回避する陰謀史観に陥りかねない。しかも純潔に関していえば、女性は男性に支配されたどころか、男性にも純潔・貞操を求め、ある程度までは男性を、（ときには自発的に）その規範に服従させてきた（赤川［1999a：313］）。この事実に対しても同じ論法を用いるなら、「女性が捏造した規範に男性が自発的に服従した。その結果、男性の性が女性によって支配／管理された」とさえ言えるのである。だがこんな解釈に、どれだけ説得力があるだろうか。むしろ、こう考えてみるべきなのである。言説的権力が、支配者から被支配者に行使されるようにみえるのは、言説的権力が作用する以外の場所に、支配者と被支配者の非対称な関係が分析者によって予め前提されているからである、と。つまり言説を分析する以前に、「男性＝支配者、女性＝被支配者」という前提が密輸入されているからこそ、女性に対する言説的権力という解釈に説得力が生まれてくるのである。これは、言説というデータを分析する以前に、すでに答えが決まっているような論法なのである（論点先取）。そのような論法に、社会や歴史に関する新しい知見を創造する力があるとは、到底思えない。

これに対して言説の歴史社会学は、オナニーや性欲に対して人びとが与える意味づけ、すなわち一次理論が間主観的な共有知識として成立する度合に着目し、それらが時代的に変容していく様相を淡々と記述する。解放の身振りに彩られた権力概念にことさら依拠しなくても、言説の歴史社会学は精度を上げることができる。そして説明項として権力概念を用いるのではなく、権力や支配―被支配の関係にみえる事象を、被説明項として、歴史的な観点から解き明かしていけばよい。この際もっとも重要になるのは、とある言説空間において「この言説が語られ、あの言説が語られないのはなぜか」という問いかけを忘れないことだろう。近代日本のセクシュアリティ（オナニー）言説においてさえ、本来語り得たにも関わらず、排除された言説は多数存在する。成人のオナニー、既婚者のオナニー、障害者のオナニー、高齢者のオナニー、同性愛者のオナニー、性的倒錯者のオナニーなどである。これらの問題は、少なくともある時期までは、ほとんど考慮の対象外に置かれてきた。なにものかが問題化されえない、あるいは過剰に問題にされるという事実そのものが、言説分析にとって解かれるべき課題となる。

ただし「何かが語られていない」ことをもって、そこに安易に支配―被支配の権力関係を読み込むことはやめにしよう。とある社会の言説空間において、いかにしても語り得ない事柄（誰によっても思いつかれず、誰も語らない言説）が存在することは、人間が歴史や社会を生きることの、いわば宿痾なのである。そもそも言説分析者が、「本来語り得たこと」とそうでないことを判別可能であると信憑できること自体が、とある言説空間に内属することの効果なのかもしれない。その意味で言説分析者は、たしかに自ら内属する言説空間の全体を記述しえない。だが、そのことに落胆する必要もない。社会学者であり、そして神ではない私たちにできることは、ある言説空間において決して語りえない言説と、本来語り得たにもかかわらず排除されていく言説との微妙な境界を検出する作業なのである。言説の歴史社会学は、そのための強力なツールとなりうるはずである。

注

（1）この三分類に似た図式を、私以前に提出しているのは、管見の限り野坂［1994］のみである。

（2）フーコーの権力論としては、『監獄の誕生』（Foucault［1975＝1977］）と『知への意志』（Foucault［1976＝1986］）が引き合いに出されることが多いが、実はこの二つは、言説分析としては趣を異にする。『監獄の誕生』では、刑事司法の言説が犯人の矯正と社会化を目指すのに対し、刑罰の執行装置は非行を温存し、一時的違法行為者を常習的非行者へ転化させるという「意図せざる結果」が指摘されている。刑事司法という言説実践と刑罰執行という非言説的実践の非連動（ズレ）が問題になる。これに対して『知への意志』では、セクシュアリティを構成する物質的装置やその非言説実践の側面に対しては、十分な記述がない。むろん告白の制度や精神分析という非言説実践が言及されもするが、それが性に関する知とどう関連していたのかについては、詳細には分析されていない。『性の歴史』ではむしろ、性に関する知、言説そのものが権力であると強調されている（知＝権力）。

（3）言説収集の都合上、一九九〇年代の言説には抜け落ちが多い。しかも雑誌言説上でも、見逃せない発言はある。たとえば上野・宮台（一九九八）における上野の、「性的弱者」に対する「マスターベーションしながら死んでいただければいいと思います」という発言などは、言説史上においても特記せざるをえない。詳しくは（小谷野［1999：67］）参照。

（4）大山治彦は赤川［1999a］に対して、「異性愛を暗黙の前提とした男性に関する言説は、男性全体を代表したものとして扱ってよいだろうか。同じ男性でも同性愛者にとってのオナニーは、異性愛者のそれと意味的にまったく同じであるといえるだろうか」として、「異性愛主義 heterosex-ism」の汚名を着せている（大山［2000］）。私は、性欲のエコノミー仮説を「男性全体を代表したもの」として扱った覚えはない。当時の人びと（主として男性）の間で共有された性欲のエコノミー問題とそれへの解決策が、「強い」有害論から「弱い」有害論への変容に強い影響を与えたと指摘したにすぎない。まして同性愛者のオナニーが異性愛者のそれとまったく同じ意味をもつなどとどこにも書いていない（そう考えてもいない）。もちろん性欲のエコノミー仮説を語ったのはおおむね異性愛の男性であり、彼らの言説は暗黙のうちに異性愛を前提としている（そもそも彼らの言説では長い間、同性愛は変態性欲とされてきた）。同性愛者が自らの性欲と社会の関連について語るような言説は、ほとんど存在しない。そのこと自体が、近代日本のセクシュアリティ言説の異性愛主義を意味しているとはいえるが、だからといって拙著の分析まで異性愛主義と決めつけるのは、不当である。

また大山は、拙著がリストアップする資料に「セクシュアル・マイノリティを対象あるいは彼ら／彼女らから発信されたと思われるものは見あたらない」というが、そんなことはない。たしかに「セクシュアル・マイノリティから発信された」史資料は少ない。それは近代日本の言説空間において、性的少数者（弱者）が自らのセクシュアリティを積極的・肯定的に語る余地が与えられてこなかったことを意味している。このこと自体は問うに値するし、私も、オナニー有害論に対する違和の表明が封殺される過程の分析という形で射程に収めている（赤川［1999a：219］）。もっとも「セクシュアル・マイノリティを対象」とした言説、たとえば同性愛者に関する言説なら山のように存在するし、及ばずながら赤川［1999a］でも、何度も分析を試みている（赤川［1999a：106, 160, 166, 187, 194-5, 256-6, 286, 305, 376-378, 407］）。書いてないことを書いてあるかのように、書いてあることを書いてないかのように評されるのは、いささか心外である。

＊　本章の表3―1に挙げた文献は、巻末の参考文献には示していない。

第四章　言説の歴史社会学・序説

1　はじめに

二〇〇四年六月二七日に、日本社会学史学会・共通テーマ《歴史社会学》にて報告させていただいた。私のように、社会学の周辺ないし邪道を歩んできた者としては、社会学の中心、いわば王道に位置する、かような学会で報告させていただくこと自体、恐れおおいことであったが、感謝したい。

「社会学の周辺ないし邪道を歩んできた」といったが、私自身は、セクシュアリティ、とりわけポルノグラフィやマスターベーションといった問題に長らくこだわってきた。たとえば、①男性はなぜポルノグラフィをみてしまうのか、その欲望の構造はどんなものか、②ポルノグラフィや有害コミックが、性犯罪や非行の原因としてやり玉に上がる背景には何があるのか、③「性の商品化」批判が、ポルノや売買春を糾弾するレトリック（説得のための言語的資源）として使われてきたのはなぜか（いかなる歴史的経緯によるのか）、④ポルノ有害論やオナニー有害論という、傍目には、明らかに間違った推論と思われる言説が、ある時期、社会に広範に流布したのはなぜか、といった問題系である。この過程で、言説史、かつて佐藤俊樹氏から頂戴した言葉を用いれば「言説の歴史社会学」という、怪しげな手法の開発に取り組んできた。

もっとも私は、社会学の周辺ないし邪道を歩んできたせいで、他分野の研究者と交流する機会は少なくなかった。歴史学、経営学、心理学、人類学、文学研究などである。そういう人たちと話して感じるのは、彼らにとって社会学が、しばしば両義的なものにみえているということである。彼らは、社会学の華麗な言葉遣いに尊敬の念を示す反面、「社会学に何ができるか」と馬鹿にしている面がある。実際、経済学ほど理論的（モデル志向的）でなく、歴史学ほど実証的でなく、心理学ほど人気がなく、人類学ほどフィールドに徹していない「社会学に何ができるのか」――社会学の周辺にいたからこそ、そういう問いにこだわらざるをえなかった。

もっとも「近代社会とは何か」という問いが社会学の原点であるとすれば、社会学は必然的に、歴史社会学・比較社会学たらざるをえない。ただ同時に、歴史学者や人類学者の社会学に対する疑念のまなざしを感じるとき、たとえばそれを、「歴史学は歴史的事実を記述し、社会学は概念・理論を用いて因果的に説明する」という分業で回避しようとしたところで、いささか空しさの念に襲われる。なぜなら秀逸な歴史学は、しばしば秀逸な社会学的説明を随伴しているからである。

しかし、社会学には社会学なりの歴史記述（説明）の作法がありうるはずだ。たとえば浜日出夫氏が取り組んでおられるように、過去の出来事が現在においてどのように想起されているのかを問う「歴史の社会学」や（浜、[2002：14]）、佐藤健二氏が追求してこられた。歴史資料と研究主体との関係に対する考察を内在化した社会学、すなわち「資料と向かいあう作法」としての歴史社会学は、有力な選択肢である（佐藤、[2001：39]）。本章では、そうした問題意識を共有しつつ、言説の歴史を書くという作法を、社会学的な歴史記述の一方法として鍛え上げてみたい。むろんそれは、未完の営みにすぎない。しかしかつてミシェル・フーコーが言挙げしたように、「私が行おうとしたのは言説の歴史なのです。（中略）私が問おうとしているのは、コードの問題なのではなく、出来事の問題であり、言説の存在の法則、つまり諸々の言表を前にして、他の言表ではなく、まさしくそれらの言表を可能にしたものとは何かを問うことであるのです」（Foucault 1968＝1999：80-81］）という問題意識に即した歴史記述の可能性を探究してみたいのだ。それは同時に、言説史（言説の歴史社会学）の方法的な特性を、他の社会記述・文化測定の手法――すなわち従来の社会調査――との比較対照に基づいて輪郭づける作業でもある。ありていにいえば、言説の歴史社会学を社会調査の手法のひとつとして、位置づけたいのである。

2　構築主義と言説の歴史社会学

私はこれまで、ポルノグラフィやオナニー（マスターベーション）に関する言説の変容を通して、近代日本におけるセクシュアリティの歴史を描こうとしてきた（赤川［1999a］）。セクシュアリティは、個人的（個体的）な現象であると同時に、社会的（全体的）統制の対象でもある。また性は、橋爪大三郎氏が構想してきたように、言語とは独立であるかのようでいて、言説化され続ける、つまり言語的に構築されやすい事象でもある。こうした特性をもつがゆえに、セクシュアリティは近代日本の歴史的変容を描くための格好の素材になると思われた。もっともセクシュアリティをそのように概念化すること自体、フーコーの影響が色濃くにじむことは認めざるをえない。またセクシュアリティの歴史を書くという作業が、行為や事実そのものよりも言説を対象にせざるをえないがゆえに、しばしば構築主義的だと評されてきたことも甘受せざるをえない（もっとも構築主義を標榜する人たちの間では、私のやってることなど辺境にすぎない）。しかし、だからこそ、社会問題の構築主義アプローチや、フーコー流の言説分析との方法的距離（齟齬）を自覚せざるをえない局面が多かった。

たとえば構築主義に関して。通常、構築主義の最大公約数と考えられているのは、「ある現象が、物理・化学的あるいは生物学的に構成されているというより、社会的、文化的、歴史的、言説的に構築される」ことの指摘である。生物学的なセックスに対置して、社会的構築としてのジェンダー・セクシュアリティを強調する一部のジェンダー&セクシュアリティ論にとっては、これはいまだに不可欠の前提となっている[(1)]。

もっともある現象の社会的被構築性を指摘するだけなら、実は、社会学がふつうに考えてきたことと大差ない。構築主義の源流がバーガー=ルックマンなどに求められるとき、構築主義のインパクトは、いわば「弱毒化」されている。方法論的には、「対象が客観的に実在するというより、人びとの認識や活動によって構築される」という側面を強調することで、構築主義は、客観主義や実証主義からの「差分」によって認識利得を得てきた。とりわけ社会問題の構築主義アプローチは、クレイム申立て活動を分析対象とすることで、単なる認識論的な構築主義とは一線を画そうとしてきた。しかし、まさにそれゆえに（近年の、私がみるかぎりまっとうな）構築主義は、社会問題や現実が、人びとの活動や相互行為によって組織化される場面を、より精緻に記述する方向に進まざるをえない。たとえばインタビューを調査者と被調査者の共同制作と捉える「対話的構築主義」（桜井［2002］）や、社会問題を人びとの活動の糸として捉える「エスノメソドロジーの洞察に学ぶ構築主義」（中河［2001：33］）は、分析の素材を、歴史などというだだっ広いマクロな現象ではなく、よりミクロな相互行為場面に限定しようとする。そこでは「権力」や「支配」や「資源」や「心性」や「実態」などの怪しげな説明変数を外挿しがちな言説史は、「速記にすぎない」と評されることになる。

そうした指摘を一〇〇％認めざるをえない。ミクロな相互行為に関心を絞った構築主義――ここでは「ミクロ構築主義」と仮に命名したい――と、言説の歴史社会学は、認識論的には多くの前提を共有しながらも、社会記述の作法としては無視できない違いがある。たとえばミクロ構築主義は、分析場面をミクロな相互作用に移せば移すほど、分析者が現実構築に関与する局面を排除できず、したがって、現実を構築し分析する自己への再帰的反省性を伴わざるをえない（好井［2003：97］）。これに対して言説の歴史社会学では、分析者が現実の構築に関与する可能性がほぼ排除されている。もちろん分析者が、社会や歴史について観察し記述するという意味での構築なら、いついかなるときでも起きている（いうまでもなく、あらゆる社会学でそれは起こる）。しかし言説の歴史社会学では、分析対象はあくまで「歴史的」な言説である。つまり、人間の活動の痕跡としての言説が、当事者不在か、分析者が直接関与できない状態でのみ分析者の眼前に残されている。そうした環境下で研究しなければならないことこそ、言説史に固有な、資料と研究主体との関係である。であるがゆえに言説の歴史社会学は、ミクロ構築主義とは異なる作法で、分析を進めざるをえないのだ。

その作法がどのようなものかを一律に論じるのは、難しい。なぜなら言説という歴史史料と研究主体との関係そのものが、多様な形態をとりうるからである。しかし、少なくともセクシュアリティの歴史を描くためには、「なぜ、ある時期に、ある領域において、他でもなくこの言説が語られ、残存しているのか」という問いを立てざるをえない。具体的には、①明治期以降日本に輸入された性科学（セクソロジー）の言説のうち、なぜあるもの（オナニー有害論）だけが流通し、他のものはそれほど広がらなかったのか、②オナニー有害論が、「オナニーは万病のもと」という「強い」有害論から、「大害はないが、なるべく避けたほうがよい」とする「弱い」有害論へ、さらに、「性発達上必要不可欠」という必要論へと変遷していくのは、いかなる過程を経てなのか。その背景には何があったのか。

こうした問いを設定して、「なぜ」に対する推理をほどこし、たとえ暫定的であろうと一定の解明を行うこと、それが私にとっての歴史社会学の実践であった。そのためには、眼前に残された痕跡としての言説から過去の言説空間の全体を復元（=再構成）し、その空間的配置や時間的変容に着目することが必要になる。もちろん別の問いに対して別の仕方で言説分析を行うことは、あくまで可能である。しかし歴史社会学の作法の応用問題としていうならば、資料と研究主体との関係がいかなるものか、また歴史社会学の問いとして何を設定するか（=何を明らかにしたいのか）に応じて、研究の手続きも分析の内実も、変化せざるをえない。どこまでその変化を許容するか、あくまで標準的な手法の確立を目指すべきか、それとも一人一芸的な言説分析を目指すべきなのかは、判断がわかれるところであろう。しかし少なくとも、どのような資料を扱おうと同じような結論を導けてしまう研究は、そもそも歴史社会学と呼ぶにふさわしくない。そこには、研究資料と研究主体の関係性——分析素材と解きたい問いの関係性——が欠落しているからである。余談だが、「データ対話型理論」という言葉の意味も、この観点から再構成する必要があるように思われる。

3　言説分析と言説の歴史社会学

言説分析に関してもさまざまな流派がある。言語を単なる記号のシステムとしてではなく、人びとの行為ないし社会的実践として捉える点で共通了解があるが（Wood & Kroger［2000：3-4］）、フーコーを源流としつつも、社会心理学の質的研究として捉えられることもあるし（Burr［1995＝1997］Willig［2001＝2003］）、ラクラウ＆ムウフェなどマルクス主義的言説分析を受け継いだ「批判的言説分析（CDA）」も流行している。言語学的な談話分析や、エスノメソドロジーの会話分析との連携を望む声も少なくない。もっともCDAの場合、言説というテクストの背後に、権力や支配というコンテクストを読み込むことをためらわない。これは、ファン・ダイクやノーマン・フェアクラウらのCDAが、「誰が語るのか？（その背後にある利害関係は何か？）」と問うたマルクス主義的イデオロギー分析の伝統下にあることを考えれば、不思議ではない（Fairclough［2003］van Dijk［1999］）。一部のフェミニズムやポスト・コロニアリズム、メディア・リテラシー、カルチュラル・スタディーズにもみられるように、言説の政治性や、言説の背後に権力・支配関係を強調する一連の潮流は、いわば労働価値説なきマルクス主義なのである。

しかしフーコーが問うたのは、「誰が語るのか」よりはむしろ、「誰が語っても、似たような語りになるのはなぜか」という問いであった。その問いかけは、後期フーコーの権力論でも見失われていない。通説的な理解とは異なり、フーコーがみようとしたのは、知＝権力の背景に権力（社会的諸集団、諸主体の力関係）が存在することよりはむしろ、知＝言説が、権力（家族や精神医学などの諸主体）が作動する歴史的な条件になるということであった。たとえば子どもの自慰について語るときフーコーは、夫婦中心の近代的核家族が形成された結果、子どもの自慰が弾圧されたとは論じない。むしろ「自慰する子ども」という言説（イメージ）が作られ、それに基づいて自慰が狩立てられることで、近代家族とそれに介入する権力（今の場合、医学的言説）が構成されたというのである。同様に、精神医学が「幼少期」という観念を付加的に作り出したのではなく、幼少期という観念こそが精神医学（という権力）の一般化を可能にしたという、いい方もする。ここで問題になっているのは、ある観念や知識の体系（＝言説）が、社会的な諸主体（＝業界や集団や個人）を構成していく側面であり、同時に、言説が一定の同形性や秩序をもって立ち現れることである。私はかつて、フーコーの言説分析は、構築主義におけるレトリック分析や、井上章一氏が提唱してきた「思想の風俗史」に似ていると論じたことがあるが、それはこうした側面に着目したからである。

言説の同型性や秩序に注目することは、その背景に、諸主体や諸集団の利害や権力・支配の関係をみいだすこととは同値ではない。さまざまな言説が、ある配置や分析をとりながら、人びとの活動や認識や相互行為を規制する（おそらくは歴史的な）条件として作動することに、目を向けなければならない。言説の秩序が、言説を語る人びとの活動や相互行為の束には還元できないという意味では、デュルケイムの社会的事実に近いとさえいえるかもしれない。また言説の集合である言説空間は、次第に変容していく。しかもそれは、権力や支配関係の結果として生じているのでも、個々の行為の集積として変わるのでもなく、それ自体がもつ固有の力学によって変転していくようにみえるのである。ここにこそ、解くべき課題があったはずである。

もっともフーコーは、「なぜ言説が変容するのか」の問いにきちんと答えていない。しばしば「権力」という説明項でお茶を濁しているとさえいえる。子どもの自慰に関しても、オナニー有害論が近代の家族とそれに介入する医学的言説という権力を構成したという。ではなぜ、自慰に関する言説が二〇世紀後半に有害論から必要論に変容したのか。それは権力のテクノロジーのいかなる変化と、どう対応しているのか。権力による説明では、これらの問いに対して十分な説明を与えることができない。

私が『セクシュアリティの歴史社会学』で行ったことは、近代日本におけるオナニー有害論の輸入・定着とその消滅を、性や性欲に関する意味づけの変化によって説明することであった。あえて概略を示すならば、①オナニー有害論が定着する背景に近世以来の養生訓パラダイムが存在したこと（オナニー有害論の内発的発展）、②オナニー有害論は「性欲＝本能論」によって基礎づけられると同時に、「満足しえない性欲を、どの性行動によって充足させるべきか」という個人的かつ社会的統制の対象となり、その過程で「買春するよりはオナニーのほうがまし」という形で規制緩和されていったこと（性欲のエコノミー仮説）、③「弱い」有害論から必要論への変化の背景には、性欲＝本能論から性＝人格論へという性に関する意味づけの変化があること、④現在主流の性＝人格論も、フロイト式とカント式に分離されることで、セックス至上主義とオナニー至上主義の対立につながっていることなどを論じた。また、⑤近代家族（新中間層）的な規範とされがちな純潔（処女性・童貞性）規範を批判し、食い破ったのは、近代家族を体現する社会層に属する人たちだったこと、⑥「誰もがオナニーを行う」という医学統計的な「事実」がオナニー有害論の時代には「だから性欲教育が必要」とする啓蒙の言説として使われ、必要論の時代には「誰もがやっているから自然、無害」とする規制緩和のレトリックとして、異なる形で解釈され利用されたことなども、興味深い事実であった。

重要なのは、これら言説の拮抗や対立は、すべて言説空間の内部で生じているということである。その変化を説明しうるのも、やはり言説内部の要因である。たとえば、恋愛結婚や近代家族やナショナリズムといった言説外在的な諸変数の変化を持ち込んだとしても、少なくともこの変化をうまく説明できないはずだ（イデオロギー的な批判ならば、可能であろうが）。「量的／質的」を問わず、社会学的説明といえば、意識や行動を社会的諸変数によって説明するのがひとつの定番である。しかしそうした社会学的諸変数に頼らなくても、言説内部の力学にこそ言説を変容させる要因があると考える。これが「言説至上主義」という標語で意味するところである。

4　内容分析と言説の歴史社会学

言説の歴史社会学は、眼前に残された言説の断片から、言説空間や社会の復元（再構成）を目指す。このとき、どうしても言説空間や社会の全体性を想定せざるをえない。言説分析を、全体性を拒絶する試みとして活用しようとする人もいるし、それはそれで結構である。ただ「全体性を拒絶する」といった時点ですでに、どこかで全体を想定（密輸入）せざるをえない。ならば言説分析が、社会学（社会調査）の手法として、大規模な質問紙調査や生活史などの手法とくらべたときに、どのような全体を想定しているか。それを明示的に示すことのほうが、より重要だと思われる。(2)

ところで近年、歴史社会学の領域では、内容分析的な手法をとる研究が増えてきた。ジェンダー論の文脈では、奇しくも一九九〇年に落合恵美子氏、上野千鶴子氏、牟田和恵氏が後世に残る重要な内容分析的研究を行っており、近年では、渋谷知美氏の『日本の童貞』（[2003]）が突出している。私の研究も、内容分析的な手法にある程度まで依拠している。

ただ言説の歴史社会学は、内容分析的な手法と一定の親近性を有するものの、原理的には異なる方法的前提に立っていることを、このところ自覚するようになった。というのも、内容分析が想定する「全体」は、世論調査や大規模社会調査で想定される母集団とほぼ同質のものだからである。たとえば歴史社会学的な内容分析でも、多くの人に読まれた「代表的な」媒体を分析対象として選択し、「サンプリング」を行い、特定のカテゴリーの量的「分布」を明示することが標準的な手法となっている（依然として主流は、大宅壮一文庫の検索システムである）。これは、内容分析が、標本調査や大規模な社会調査をモデルとしつつ成立してきたことと無関係ではない。ところが社会学的な標本調査では、被説明変数と説明変数を同時に調査することが可能なのに対し、内容分析は、なぜ特定のカテゴリーが特定の割合で分布するか（＝特定の表象が突出して表現されるか）、なぜ地域的・時代的な差異が存在するのかといった問いに、原理的に答えられない。分析される表象の内部に説明変数がないからである。それゆえ内容分析は、あらかじめ特定のイデオロギーによって表象を批判するか、表象の分布と現実の分布が一致しないことを批判するか（メディア・リテラシー）、表象の分布をあらかじめ解答の決まった社会学的変数（たとえば家父長制や階級）を外挿して説明した気になるかのいずれかに陥る傾向が強い。極端な言い方かもしれないが、内容分析は、出来の悪い標本調査でしかありえない。

こうした内容分析的な擬似客観性を乗り越えるには、どうしたらよいか。これが今後の言説史にとって重要な課題として浮上せざるをえない。私自身も、ようやく気づいてきたところである。たとえば『セクシュアリティの歴史社会学』を書評していただいたとき、広大な言説群を整理するにあたってどのような検索キーワードを用いたのか明確でない、とか、「あなたの資料は、古本屋の棚からひっぱってきただけではないか」と批判されたこともあった。こうした批判に対抗するためには「たくさん集める」という作業を強調しすぎたかもしれないと反省してもいる。しかし今にして思えば、たくさん調べる過程で、何をどう探せばどこに言説＝資料が行き当たるのか、どこに言説が残存しているかを探り当てる日々の推理と工夫こそが重要だということに気づいた。なぜなら資料を発掘し、次なる資料を探し求め、資料の出所来歴をたどるという日々の推理活動そのものが、歴史社会学にとってのフィールドワークたりうるからである。(3) これは、大宅壮一文庫の検索目録でヒットすることを「客観性」の指標とするような営みとは対極に位置するといえるかもしれない。

言説の歴史社会学が復元しようとする言説空間の全体は、分析者の眼前に残された言説が、どのような形で分布しているかに応じて異なってくる。そのことは、言説分析の「客観性」に傷をつけるとさえいえるかもしれない。しかし歴史社会学の実践としては、その限界を積極的に活用すればよいのではないか。「どこに、どの程度、言説が残存しているか。誰がどういう学問枠組みに基づいて言説を生産したか」といった問題意識は、たとえば、①ある領域で発生した言説が、他の領域に転移・増殖していくとき、どのような流通経路をたどり、どう変異していくか、②ある時期ある媒体では頻繁に出現する言説が、別の時期・別の媒体では出現しないのはなぜか、③ある言説空間における特定の言表だけが人びとの意識や社会的規範に影響を与える（かのようにみえる）のはなぜかといった次なる問題構成につながりうるのである。(4)

5　おわりに

私が構想する歴史社会学は、言説の分布とその歴史的変容を解明しようとする言説史の営みである。それは、「いま・ここ」の相互作用を分析の対象にしえない点で、ミクロ構築主義とは一線を画し、権力や支配という説明項なしに言説の分布や変容を説明しようとする点で、イデオロギー分析や批判的言説分析とも異なる。更にいえば、フーコー研究の王道の人たちからは白眼視されてもいるだろう。つまり二重三重に、「肩身が狭い」歴史社会学なのである。しかしそんな批判に縮こまる以前に、すべきことがあまりにも多いと感じる。特に、社会調査の何でも屋と化しつつある今日この頃は、大規模社会調査やインタビューの社会学の方法的手続きに比肩しうるような、歴史社会学における社会学的資料批判の手法を、少なくとも自らが納得できる形で工夫していきたい。それは、史料を一級／二級／…と価値づけるような歴史学的な史料批判ではなく、資料（言説）の存在／不在、言説の分布・残存の様態そのものが、社会関係の記述を可能にするような、社会学的な資料批判であるはずである（さらに個人的な好みでいえば、自らの歴史認識や社会記述を変容させてしまうような、〈他者〉としての言説・資料との出逢いを大切にしたいと思うのである。もっともそれは、あらゆるデータ分析で起りうることだが）。そうした快楽を味わえるように、日々の資料探索に邁進したいと念願する次第である。

注

（1）近年ジェンダー論では、旧来の「セックス／ジェンダー」二元論に代えて、「セックスもジェンダー」論が強調されている。「自然なセックス」という観念も、社会的に構築されるしかないことの認識としてなら了解可能であるし、ジュディス・バトラーのジェンダー概念もそのような含意をもっていた（もっともフーコーのセクシュアリティ概念を借用したにすぎないが）。しかし今日、一部のフェミニズムにみられるように、「セックスもジェンダー」というスローガンが再び社会的「決定」を強調するならば、従来の二元論以上に硬直したジェンダー一元論になりかねない。さらにバトラーのジェンダー概念や「ジェンダー・トラブル」という発想が、歴史記述の作法としてどれだけ使えるものかは、未定といわざるをえない。むしろバトラーに追随する構築主義が、現実が構築されることの可変性や恣意性を強調しつつ、他方で分析者が前提とする権力や支配、利害関心といった変数を自明視する傾向が強いことに注意すべきだろう。いわば「批判のゲリマンダリング」（批判対象の被構築性・恣意性を指摘しつつ、自らの被構築性・恣意性を問わない）が起き易いのだ。「構築されたものでありながら、恣意的でないものとして（必然）として認識され、主張されるのはいかにしてか」を問わねばならないにもかかわらず、である。

（2）たとえば世論調査や質問紙調査で想定される全体とは、仮想母集団の全体性であり、標本という「部分」から母集団という「全体」の変数分布を確率的に推測するわけである（質問紙調査が焦点をあてる変数は、人びとの生活世界の一部でしかない）。他方生活史などの「質的」調査では、それ自体は個別的でしかありえない一人一人の生に関する記憶や語りの分析を通して、そこに刻印される社会や歴史の普遍性を掘り起こそうとする。事例研究や参与観察が目指しているのも、同じことと考えてよいだろう。つまり量的方法は「一般／特殊」という軸でものを考えるのに対し、質的方法は「個別／普遍」という軸で分析を構想する。個別を通してみいだされる普遍、これが質的調査の全体性といえる。では、資料に向かい合う作法としての歴史社会学が想定する全体とは、何か。これが、問われるべき課題となりうるが、暫定的には、眼前に残された資料（言説）群から、その資料（言説）を産みだした社会関係を、天下りでない形で復元すること、と考えておきたい。

（3）たとえば最近、信州大学総合図書館の書庫に、性欲学者・羽太鋭治『性教育の研究』（一九二七、初版、文書堂）や児童学者・寺田精一『児童の悪癖』（一九一七→一九二三、三版、中文館）ほか、何冊かのオナニー関連著書をみつけた。これは、松本女子師範学校の図書室にあった本を移管したものである。つまり地方の旧制師範学校の図書室に存在するくらいには、羽太や寺田がメジャーだったことがわかる。決して猟奇的なアングラ書物だったわけではない。こういう作業をできるかぎり続けたい。

（4）私が尊敬する近世史家の山本［1999］は、一六四九（慶安二）年に幕府が発令したとされる「慶安の御触書」が、甲斐・信濃の旧徳川領内で発令された藩法を源流とし、のちに一六四三年の幕府法令として解釈されるようになったという仮説を提示している。その仮説を支えているのは、慶安の御触書に類似する文書がどこまで遡及可能か（一六六五年まで）、どこで発見されるか／どこからしか発見されないか（甲府徳川領内からしか発見されない）ということの粘り強い探求である。史料批判の精密さもさることながら、「どこに資料があるか（＝どこにないか）」という事実そのものが、彼の仮説を支えている。こうした問題意識を歴史社会学にそのまま応用するのは、まだ困難かもしれない（少なくとも、私にはまだできない）。しかし「この言説が、このような形で分析者によって発掘されるのはなぜか。それはいかなる社会的配置に由来するのか」という問いそのものは継受可能であると思われる。いささか文脈は異なるが、佐藤健二氏が、池内流言資料の出所来歴を推理した論文で述べているように、「『残存』はけっして偶然や天恵にのみ帰せられるべきものではなく、構造的な効果の接合をまた読み取りうる」（佐藤［1995：75］）という問題意識を取り込んだ

第四章　言説の歴史社会学・序説

歴史社会学を、いつの日か実践してみたいものである。

2008年 6月の新刊

勁草書房

討議と承認の社会理論
ハーバーマスとホネット

日暮雅夫

A5判上製272頁定価3570円

ISBN978-4-326-10182-5

90年代以降のフランクフルト学派。『事実性と妥当性』、『承認をめぐる闘争』、『正義の他者』を中心に、批判的社会理論を分析する。討議と承認の論理。

教師の専門性とアイデンティティ
教育改革時代の国際比較調査と国際シンポジウムから

久冨善之 編著

A5判上製336頁定価3990円

ISBN978-4-326-25057-8

教員制度や教師教育の改革の中で問われる「能力・専門性」とは何か。３年間の比較・調査実証・歴史研究と、締めくくりの国際シンポジウムの内容を収録。

パブリックアート政策
芸術の公共性とアメリカ文化政策の変遷
文化政策のフロンティア3

工藤安代

A5判上製328頁定価3990円

ISBN978-4-326-30175-1

アメリカ文化政策の歴史的推移をふまえ、世界のパブリックアート政策を牽引するアメリカの70年にわたる実践を公益・公共・芸術から検証した基礎的研究。

〒112-0005 東京都文京区水道2-1-1
営業部　03-3814-6861
ＦＡＸ　03-3814-6854
http://www.keisoshobo.co.jp

勁《けい》草《そう》書房

http://www.keisoshobo.co.jp

2008年 6月の重版

紛争の戦略

ゲーム理論のエッセンス
ポリティカル・サイエンス・クラシックス4
トーマス・シェリング 著
河野 勝 監訳

2005年ノーベル経済学賞受賞・シェリングの主著をついに完訳！核戦略の意思決定の仕組みを解明する、ゲーム理論の必読文献。

A5判上製340頁定価3990円
ISBN978-4-326-30161-4 1版2刷

責任と自由

双書エニグマ④
成田和信

本書は「動機付け」の哲学的分析である。ある行為を行うべきか否かという価値判断と当の行為との関連を問い、責任と自由を考える。

四六判上製276頁定価2940円
ISBN978-4-326-19907-5 1版2刷

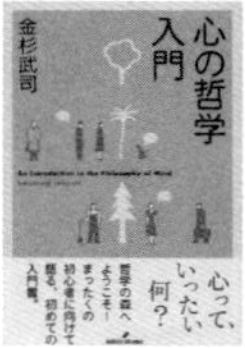

心の哲学入門

金杉武司

心って、いったい何？ 心の哲学の概念や考え方を解説し、哲学的に考えるとはどういうことかを道案内する初心者向け入門書！

四六判上製240頁定価2100円
ISBN978-4-326-15392-3 1版2刷

知識資源のメタデータ

谷口祥一・緑川信之

図書館やそれ以外の場で必要な情報を組織化する方法や、分類・索引作業について具体的に解説する。図書館関係者必読の書。

A5判上製260頁定価2940円
ISBN978-4-326-00031-9 1版2刷

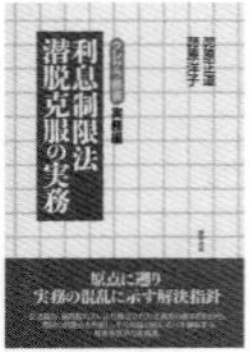

利息制限法潜脱克服の実務

クレサラ叢書 実務編
茆原正道・茆原洋子

立法趣旨及び最高裁判決による確立した法適用の基本原則から、潜脱の問題点を看破し、克服の道！

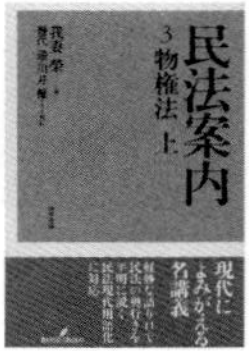

民法案内3 物権法 上

我妻 榮 著
幾代 通・川井 健 補訂

現代によみがえる名講義。大家が、軽妙な語り口で初学者向けに民法の奥行きを平易に説いた不朽の名

民法 第八版

我妻 榮 著
遠藤 浩・良永和隆 補訂

日常生活に重要な作用を営む場面で、関連する制度と横断的な知識を集約し、わかりやすく民法全体

日本の医療と法

インフォームドコンセント・ルネッサンス
R・B・レフラー 著
長澤道行 訳

アメリカの法文化を背景に日本の医療現場での体験から、医師・患者関係、医療訴訟等の分析を通じ

ISBN978-4-326-49891-8　1版2刷

ISBN978-4-326-49829-1　1版2刷

ISBN978-4-326-45082-4　8版2刷

ISBN978-4-326-45060-2　1版3刷

「少女」の社会史

双書 ジェンダー分析⑰

今田絵里香

「子ども」でも「少年」でもない「少女」は近代に生み出された。日本における「少女」イメージの変遷を、少女雑誌を題材に分析。

Ａ５判上製272頁定価3465円

ISBN978-4-326-64878-8　1版4刷

アジアの家族とジェンダー

双書 ジェンダー分析⑮

落合恵美子・山根真理・宮坂靖子 編

韓国・中国・台湾・タイ・シンガポールの子供と高齢者に対するケアを中心に現地調査。変化の只中にあるアジアの家族の今を見る。

Ａ５判上製336頁定価3675円

ISBN978-4-326-64874-0　1版2刷

ルーマン／社会の理論の革命

長岡克行

20世紀後半における思想の最大の冒険の一つであったルーマン理論を、総体的、徹底的、詳細に解説した労作である。

Ａ５判上製712頁定価9975円

ISBN978-4-326-60195-0　1版3刷

防災の経済分析

リスクマネジメントの施策と評価

多々納裕一・髙木朗義 編著

災害発生―復興期―平常期に至る災害サイクルで社会経済の復興過程を分析し、次の災害に備え災害リスクマネジメントを考える。

Ａ５判上製384頁定価3885円

ISBN978-4-326-50264-6　1版2刷

快読・西洋の美術

視覚とその時代

神原正明

ピラミッドはなぜあの形なのか？遠近法は何を意味しているのか？…時代の意志を形に探る、読んで楽しいアート・ストーリー。

四六判並製256頁定価2520円

ISBN978-4-326-85171-3　1版3刷

日本人の子産み・子育て

いま・むかし

医療＝福祉シリーズ33

鎌田久子・宮里和子・菅沼ひろ子・古川裕子・坂倉啓夫

出産・子育ての習俗を尋ね、先人の祈りと知恵を学ぶ。医療化・管理化されてしまった現代のお産を産む側の手に取りもどすために。

四六判上製288頁定価2940円

ISBN978-4-326-79866-7　1版10刷

医療経済・政策学の視点と研究方法

二木立

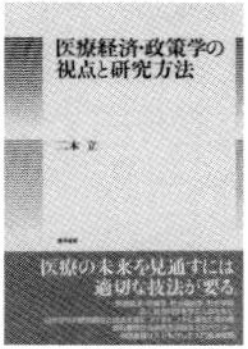

資料検索のコツやディベート技法、統計の読み方から調査の方法等、医療経済・政策学分野の基礎知識と学習方法が身につく入門書。

Ａ５判上製224頁定価2520円

ISBN978-4-326-74837-2　1版3刷

ひとつではない女の性

リュース・イリガライ 著

棚沢直子・小野ゆり子・中嶋公子 訳

母に還元されえない女、人間＝男にもならない女とその属性である〈女性的なもの〉。現代フランスにおける女性解放思想の極地。

四六判上製312頁定価4095円

ISBN978-4-326-65075-0　1版4刷

表示価格には消費税が含まれております。

II

第五章　フェミニズムに期待すること

1　はじめに

「フェミニズムは終わったか」というテーマで何か書けというのが、編集部（二〇〇二年当時の『大航海』（新書館）編集部のこと）からの依頼である。だが正直言って、途方に暮れている。そもそも「フェミニズムは終わったか」という問いそのものが、かなり無謀である。先刻ご承知のとおり「フェミニズム」といっても、さまざまな流派があり、論者がいる。いささか言い古された常套句に頼るなら、フェミニズムは「ひとつではない」。それぞれの流派や論者の力量や個性を無視して、「フェミニズムは終わった」とか「終わってない」という結論を一般的に導き出せるはずがない。

次に男性社会学者であり、フェミニストでもない私が、フェミニズムに対して外在的に物申すとの「政治的な効果」とやらも、少しは考えてしまう。いくら自らのことをフェミニストとみなしていない私であっても、女性が不平等や差別を被ることなく、自由に生きられる社会を構築する作業の重要性は認識しているつもりである。その作業に水差すようなことは、書きたくない。

だがここ数年、フェミニズム（と呼ばれる学問）から、私が知的刺激を感じなくなりつつあることは、素直に認めなければならない。個人的な事柄で恐縮だが、私が社会学徒を志した十数年前には、フェミニズムはとてつもなく大きな存在であった。私の学問的履歴は、おおむねフェミニズム理論との格闘の中で形成されてきたとさえいえる。共感するにせよ反発するにせよ、それは少なくとも「格闘」に価する、知的な強さと骨太さを備えていた。だが近年は、知的に興奮するような議論にとんとめぐり合わない。単に私の頭が硬化しつつあるだけのことなら、わざわざこんなことを書き記す必要もないのだが、どうしてもそれだけが原因とは思えないのである。

したがって今回、私に何か書けることがあるとすれば、フェミニスト的な実践がこの社会で依然として必要であることを承知しつつも、なぜ私がフェミニズムに対して知的な刺激や興奮を感じなくなったのか、そして社会理論としてのフェミニズムにどういう展開を密かに期待しているかという、ごく個人的な問題関心に過ぎない。そのことを予めお断りしておく。

2　性支配の要因分析

先に、「フェミニズムはひとつではない」と述べたが、実は「何がフェミニズムなのか」という定義づけ自体、論争的である。もっとも「何がフェミニズムでないのか」という問いならば、意外と簡単に答えられるように思う。端的にいって家族、市場、組織、性、恋愛などさまざまな社会現象の中に、男性による女性に対する差別、抑圧、暴力、権力、力関係、支配‐服従等の関係を読み解かない理論や思想は、通常、フェミニズムとは呼ばれない。とすれば逆に、フェミニズムにおいては次の問題関心が共有されているといってよい。すなわち「男性による女性の支配、すなわち性支配が、どのような要因によって生じており、それはいかにして解決可能なのか（あるいは不可能なのか）」という理論的関心である。性支配の原因を何に求めるかに応じてフェミニズムが、リベラル・フェミニズム、ラディカル・フェミニズム、マルクス主義フェミニズム、ポストモダン・フェミニズム、ポストコロニアル・フェミニズム等に分類されることは、よく知られている。

ところで八〇年代後半以降公刊され、邦訳され、話題となったフェミニズムの理論的著作には、江原由美子『フェミニズムと権力作用』（1988）、上野千鶴子『家父長制と資本制』（1990）、ジョーン・スコット『ジェンダーと歴史学』（1992［1988］、［　］内は原著刊行年）、トリン・ミンハ『女性・ネイティヴ・他者』（1995［1989］）、永田えり子『道徳派フェミニスト宣言』（1997）、藤目ゆき

『性の歴史学』(1997)、ガヤトリ・スピヴァック『サバルタンは語ることができるか』(1998［1988］)、ジュディス・バトラー『ジェンダー・トラブル』(1999［1990］)、岡真理『彼女の「正しい」名前とは何か』(2000)、江原由美子『ジェンダー秩序』(2001)などがある。このうち性支配の要因分析という観点からみてもっとも自覚的な考察を行っているのは、上野千鶴子と江原由美子である。上野は『家父長制と資本制』(一九九〇)において、家父長制――権威と規範の性と世代による不均等配分――には「物質的基礎」があるとした。近代における家父長制と資本制の二元論的システムのもとで、女性は生産労働から排除され、再生産労働(家事・育児労働)に従事する。このとき「女性の抑圧には物質的基礎がある。それは、家事労働という不払い労働の家長男性による領有と、したがって女性の労働からの自己疎外である」(上野［1990：66］)とされ、層としての女性に課された家事＝不払い労働こそが、女性階級形成の物質的基盤になるという。つまり「男性＝生産労働＝賃労働＝基幹労働者、女性＝再生産労働＝不払い労働＝主婦」という性別役割の成立そのものが、性支配とされるのである。

また江原は上野の「唯物論的分析」に満足せず、ある特定の場面で発せられる問いの中に、構造的な権力作用をみいだそうとする。たとえば「男と女は差異があるか」という問いが女性に向けて発せられるとき、女性はダブルバインドの状況に置かれる。なぜならその問いは「女性と男性の処遇の差異を認めるか否か」という問いと同時に呈示されるからであり、「ある」と答えれば「では女性と男性は平等な取り扱いはできませんね」と判断され、「ない」と答えれば「では女性は何でも男性と同様にできますね」と判断されてしまう（江原［1988：16］）。現象学的社会学から出発し、エスノメソドロジーやギデンズ、ブルデューの社会理論に親近感をもつ江原が発見してきたのは、かような日常的な相互作用場面や言説編制において生じる性支配であり、このスタンスは近著『ジェンダー秩序』でも変わっていない。

上野と江原は九〇年代初頭、家父長制の基盤をめぐって「文化‐物質論争」を繰り広げたこともあるし、また個人的な感慨で恐縮だが、当時若き大学院生だった私は、この二人の著作や論争から多くのことを学び、自らの理論的スタンスについて試行錯誤を繰り返していた。今回ほぼ数年ぶりに両者の著作を読み返してみたが、やはり両者とも、この時期の著作には、他者＝読者を巻き込む迫力があった。いまでもフェミニズム社会理論家としては最良の二人であることは間違いない。

だが今回の再読でそれ以上に気づかされたことは、当時、家父長制の基盤をめぐってあれだけ対立していたかにみえた上野と江原が、性支配を記述し説明する作法については、実はよく似ていたということだ。おそらく彼女たちは、以下の手続きにより「性支配」の存在を理論的に説明しえたと考えている。まず第一に、観察可能な男女の行動や規範や権限上の差異（非対称）の存在を指摘する。上野であれば、近代資本制における性別分業の成立、特に女性が家事＝不払い労働に従事することであり、江原であれば、男性のほうが女性より権力を行使する度合が高いこと、日常会話において女性は男性から話に割り込まれたり、もっぱら聞き役に回ることなどである（山崎・江原［1993：57-8］）。第二に、そうした男女の差異が生じる原因として、ある特定の理論枠組み（たとえばマルクス主義フェミニズムや会話分析）を用いてなんらかの性支配の存在を推論（ないし解釈）するのである。要約すれば、「観察可能な男女の差異が存在するならば、そこには性支配が存在しているはずだ」という推論様式がここには共有されている。

こうした論法は、上野や江原に限らず、現存するフェミニストにも広く共有されている。一般に理論は、観察された現象を説明する役割を期待されているから、こうした論法がそれ自体として誤っているわけではない。にもかかわらず、なにがしか不満を感じざるを得ないとすれば、結局のところこれらの論法が、「測定なき公式・綱領主義」に陥っているからである。

「測定なき公式・綱領主義」とは何か。具体的に説明しよう。たとえばここに、フェミニズムの理論になんら幻想や共感を抱かない一傍観者がいたとする（フェミニズムにとっての〈他者〉と言い換えてもよい）。この傍観者の目からみれば、男女の間に観察可能な差異が存在すること自体は、なんら性支配には関係ないと感じられるかもしれない。なぜなら仮に性支配が存在しなくても、たとえば男女で生得的な傾向が異なれば、観察可能な男女の差異は存在しても不思議ではないし、また個々の男女が完全に自発的な選択を積み重ねた結果として、（層としての）男女差が生じることも、十分に想定可能であるからである。数土直紀が論じるように、男女の差異という観察可能な事実は性支配以外の要因によっても生じる可能性がある（数土［1998］）。

こういう一傍観者に対して、上野や江原が反論するとすれば、観察可能な男女の差異が性支配以外の要因によっては説明できず、ほかならぬ性支配によってのみ説明可能であることを実証的に示さざるを得ないはずだ。そもそも両者ともに性支配とみなしている性別分業の成立ひとつとっても、①なぜ女性は、（上野によれば）自らの労働の搾取・自己疎外であるはずの再生産労働を自発的に選び取ったようにみえるのか、女性が家父長制のイデオロギー装置に「騙されている」からなのか、②しばしばフェミニストは「女性が自発的に選択しているかのようにみえることも、実は予め行為選択肢が限定されている」とか「女性を再生産労働にしむける微細な権力作用が存在する」とか弁明することが多いが、要するにこれは、「この社会、どこまでいっても性支配が存在する」と後づけで説明しているにすぎないのではないか、③このような認識様式は、「世界は特定の人間たちに支配されており、世界史はそうした人間たちの策謀によって決まっている」といった類の陰謀史観とどれほど異なるのだろうか、などさまざまな疑念が湧きあがってくる。少なくともこうした「素朴な疑問」を封殺しうる論理構成でなければならないはずなのだ。さらに観察可能な男女の差異の要因として、性支配以外の要因と性支配が複合的に作用しあって成立している可能性を認めるとすれば、それらの差異のうち、どの程度が性支配によって生じており、どの程度がそうでないのかを説得的に示す必要もでてくる。

このように観察可能な男女の差異を、他の要因による説明の可能性を排除しながら、他ならぬ性支配という要因のみによって説明を試みること、あるいは男女の差異を構成する要因のうち性支配に基づく部分と基づかない部分を明確に論じわけること、こうした姿勢こそがフェミニズムにとっての〈他者〉を味方にひきこむ最善の道だと思うのだが、上野・江原以降、こうした作業が順調に積み重ねられてきたとは言い難い（フェミニスト志向を有する計量分析の一部は除く）。あるのは、とある現象を性支配としてみいだす「まなざし」のみであり、そのまなざしを同じまなざしを共有しない〈他者〉に対していかに説得的に提示できるかという問題意識は軽視されてきた。こうした事態が生じてしまったのは、いったいなぜなのか。いくつかの理由が考えられるが、私が重要だと思う理由は、三つある。以降、節を改めて論じる。

3　測定なき公式・綱領主義

第一の理由は、上野・江原を含めてフェミニズム理論の多くが暗黙のうちに想定している背後仮説、すなわち「性差より個人差」とか「性差は社会的・文化的に作られる（だから変えられる）」というスローガンが、先のような推論を生んでいるからではなかろうか（ところで現在の行動遺伝学は、「遺伝か環境か」ではなく「遺伝も環境も」の立場から、遺伝と環境が個体の特質に与える影響の度合、遺伝と環境の相互作用に関して、明晰な議論を展開している）。

たしかに「性差より個人差」というスローガンは、いっけん男女の本質的な違いとみえるものが実は個人差にすぎないことを指摘しうる点では意義があった。さらにこの命題の真偽は、分散分析やχ^2検定などの統計的検定の手続きに基づけば、検証可能である。この手続きのもとで、「性差より個人差」というスローガンがあてはまる現象は少なくない。また他方、「性差は社会的・文化的に作られる（だから変えられる）」という発想も、生物学的宿命論に対抗して、「もし性差が社会的、文化的、歴史的に作られるものであるなら、それは「宿命」とは違って、変えることができる」（上野［1995：1］）という希望を与える言説として意義をもった時代はある。

実はこの二つの前提こそが、先に上野・江原に共通すると指摘した、「観察可能な男女の差異が存在するならば、そこには性支配が存在しているはずだ」という推論様式を下支えしているのではないか。たしかに性差が社会的・文化的に構成されており、「性差より個人差」が真実ならば、個人の行動はランダム化されて、たとえばある量的な変数の分布をみたときに、男女の級間分散が級内分散を十分に上回ることはないはずだ。もし先の前提が正しいとすれば、男女の差異が観察される以上そこには性支配が介在しているはずだという推論にも、それなりの合理性が生まれてくる。

だが、観察可能な男女の差異が存在するかいなか、また男女の観察可能な差異がどういう要因によって生じるかは、原理的にはあらゆる説明に対して開かれている。性支配だけが男女の差異を説明するわけではないし、逆にいえば観察可能な男女の差異が存在しないところにも「性支配」は存在するかもしれない（たとえば「もし性支配が存在しなければ観察可能な男女の差異が存在する。にもかかわらず性支配が存在することで観察可能な男女の差異がなくなる」というパタンの因果関係を想起せよ）。大切なことは、論理的に可能な複数の推論のうちから、どれがより妥当かを検証するための実証的・科学的な測定の積み重ねである。それ以外に、学問や推論が進歩する途は存在しない。

実のところこれまでのフェミニズム理論は、観察可能な男女の差異の要因分析どころか、それを測定するというもっとも基礎的な作業に対してでさえ、十分真摯に取り組んできたとはいえない。これまたいろいろな事情――科学的な思考法そのものを男性的とみなして嫌悪するようなフェミニスト内の雰囲気――があった気がしないではないが、理論的な営為における測定の役割に十分に自覚的でなかったことも、一つの要因として挙げられるように思われる。

たとえば江原の先の分析――「男女には差はあるか」という問いが女性に対して向けられるときの権力作用――に対して、盛山和夫は「実は、似たような問いはいくらでもある」とする。「A銀行の経営状況は本当に大丈夫ですか」と質問された大蔵大臣、「どうこの服、似合うかしら」と聞かれた男性もまた、同じようなダブルバインドに晒されることになるし、調査票を用いたインタビュー調査を行う社会学者は回答者に対して日常的に「権力」を行使している。「ある前提をもった問いに答えることはその前提を容認することになる」という「問いが発する権力」は、誰がその問いを投げかけたかとは無関係に存在する「観念図式の一つの作用」であり、ことさらそれを男性側の権力と同定する必然性はない（むしろその問いは女性自身のものである）というのが盛山の結論である（盛山［2000：158-9］）。

この批判に対して江原は、「しかし観念体系は、それ自体制度的に産出されている。したがって、個人として別の観念体系を構築することができても、それは、流通している言説や語彙そのものにふくまれている観念体系を別のものに置き換えることにはならない。その間には、天と地の相違がある」と反論している（江原［2001：391］）。ここでは盛山の批判、江原のリプライの妥当性を直接問題にはしないけれども、江原の応答が有意味であるためには、現象測定に関わる下記の条件がクリアされる必要があると思われる。

第一に、観念体系がすべて「制度的に産出された」ものであるなら、「制度的に産出された／されていない」という区別は無効化され、事実上、「制度」という概念を用いる意味がなくなる。そのリスクを冒してまで、「観念体系それ自体が制度的に産出されている」と述べる意義を積極的に提示すること。第二に、「流通している観念体系」とそうでない観念体系を、どのような手続きにより区別しているのか、その測定基準を明確化すること。第三に、流通している観念体系も、それが流通しているからといって即、支配する側の言説ということにはならない。すでに支配する側にいる者が特定の観念体系や言説を頻繁に利用するからこそ、支配者の言説とみなされるようになるのであって、その逆ではない。そもそも江原によれば、相互に権力を行使しあう関係において、一方が首尾よく権力行使する度合と他方が首尾よく権力を行使する度合に著しい相違があるような社会関係が「支配」と定義されており（江原［2001：107］）、だとするならば、どちらが支配する側でどちらが支配される側なのかは、精密な測定の事後にしか確定されないはずである。ここで「男性は支配者、女性は被支配者」という図式を無根拠に密輸入するのがフェミニズム理論の常ではあるが、男が頻繁に利用する言説だから支配する側の言説であるとは単純には言えないことに、十分に自覚的であること。以上の三条件である。

無論私が言いたいのは、「男性と女性の間には差異があるか」という問いが権力作用を孕んでいないということではない。ただそれが制度的に産出されているかいないか、流通している観念体系かいないか、支配する側の言説かいなかが経験的・実証的に測定されないかぎり、（科学者としては）いかなる判断も留保せざるを得ないということなのである。瑣末に思えるかもしれないが、測定の手続きは、経験科学にとっての生命線であると私は思う（実証主義・客観主義の標準された手続きのみならず、いわゆる「質的な研究」においても妥当な研究手続きは存在し得る）。いかなる測定方法によっていかなる質のデータが収集されたか、眼前のデータに対してどのような分析手法を施し、その分析の妥当性はいかに保証されるのか。こうしたことの地道な検証ぬきに理論構築はありえない。なぜなら社会科学にとってはデータ——集合的データ、参与観察、歴史史料、何であっても構わないが——こそが、理論家の思い込みや偏見を正し、理論の誤りを教えてくれる〈他者〉になりうるからである（赤川［2001］本書第一章）。自らの予期を裏切る〈他者〉は、わざわざ「異国」や「異文化」に出向かなくても、いたるところに出現しうる。そうした〈他者〉に出会うためにこそ測定という営みが必要となるのであり、逆にいえば、測定の方法論を欠いた理論は、政党の綱領まがいの無味乾燥な文言か、反証可能性を欠いた公式主義に堕落する危険性が高い。

4 「女の視点」「女の立場」の一枚岩性の瓦解

第二の理由は、かつて女性学の一大キャッチコピーであった「女の視点」や「女の立場」の一枚岩性を安易に前提できないことが、九〇年代を通してほぼ明らかになってきたことである。「女の視点」や「女の立場」を強調するフェミニズムにおいては、女性は性支配社会の被害者という社会的位置を共有するがゆえに、女性ならば同じ抑圧を経験しているはずだと前提されていた。だが八〇年代中盤、黒人で、南部労働者階級出身のフェミニスト、ベル・フックスが指摘したように、「皮肉なことに、『被害者』とみなされることを熱望し、被害者の役割を強調する女性たちこそが、私たちの社会における大多数の女性よりはるかに特権や権力を有している」(hooks［1984］)。つまりアメリカで主流のフェミニズムはあくまで白人中産階級のフェミニズムであって、フェミニズムの内部にも人種的、階級的マイノリティが存在することを指摘したわけである。九〇年代後半になって日本語圏でも注目を浴びるようになったトリン・ミンハ、ガヤトリ・スピヴァック、岡真理らポストコロニアル・フェミニズム、さらに歴史学の手堅い業績ではあるが、藤目ゆきの『性の歴史学』もまた、同様の問題関心を共有している。たとえば岡は、いわゆる西洋フェミニズム、先進国フェミニズムが「第三世界」の女性に対する自らの植民地主義に無自覚であったり、植民地主義に荷担していることを痛烈に批判する（岡［2000］)。

ところでここで共通に問題になっている事象は、ある社会関係において劣位にある者が、別の社会関係においては優位の側に立つことがあるというものである。これは社会学的には、「地位の非一貫性」と呼ばれており、格別に目新しい現象とはいえない。というのもマジョリティ／マイノリティに関する社会理論がしばしば前提とするように、ジェンダーにおいて女性は自動的にマイノリティであり、階級関係において労働者は自動的にマイノリティであり、人種関係において有色人種は自動的にマイノリティであり、植民地主義のもとで第三世界の人間は自動的にマイノリティであり、性愛関係において同性愛者は自動的にマイノリティであるとすれば、ほとんどの人間はどこかで地位非一貫性の問題に遭遇せざるをえないからである。たしかにある関係のもとでは被害者であり、別の関係のもとでは加害者でもあるという状況において、どういう生き方を模索するか――立場の相克を超えて連帯の道を探るか、特定のイシュー（たとえばジェンダー）の解放のみに自己限定するか（つまり別の社会関係において優位であることは等閑視するということでもある）――という問題は、実践的には実に重要である。おそらく誰もが、一生のうちに何度かはこの問いの前に立ちすくまざるをえない。

ところが他方、これらの議論においては「暴力」、「抑圧」、「力関係の不均衡」、「特権」といった概念が濫用され、支配-服従の関係が固定的、かつ、わかりやすすぎる形で捉えられているようにも危惧される。その一例を、岡真理『彼女の「正しい」名前とは何か』にみてみよう（ただし岡の分析は、ポストコロニアル・フェミニズムとしては最良の部類に属する）。一九八六年はじめてエルサレムを訪れた岡は、ふとしたことから、とあるパレスチナ人女性と一晩宿をともにする。再三パレスチナの手料理を勧める彼女の誘いを疲労を理由に断った岡は、後日、その誘いが民族抹消の危機に晒されている彼女たちにとって「私たちパレスチナ人は存在する」という証言行為ではなかったかと思い至る。そして岡はこの女性に、「女であることの痛みと民族であることの痛みを不可分のものとして生きる、ジェンダー化された民族的抵抗の主体たる一人」の姿を見出すことになる〔岡［2001：27］〕。しかも岡は、この女性をジェンダー化された民族的主体として翻訳し、書き記す作業そのものが暴力的なふるまいにほかならないと自己反省するのである。

だが、彼女を「サバルタン」と名づけることは、彼女を他のいずれの名前で呼ぶことと同様、暴力である。（中略）人を何者かとして名づけること、たとえ名づけるのが彼女自身だったとしても、それは暴力であるのだ。彼女の表象と彼女自身とのあいだには、つねに、すでに、ズレがある〔岡［2000：29-30］〕。

このエピソードで岡が、暴力という概念で指示している現象には、

①他者による名づけの行為＝人を何者かとして名づけること

②自己による名づけの行為（アイデンティティの自己決定）＝名づけるのが彼女自身

③岡によるパレスチナ人女性に対する翻訳行為＝「女であることの痛みと民族であることの痛みを不可分のものとして生きる、ジェンダー化された民族的抵抗の主体たる一人」

④名づけの否認行為＝「パレスチナ人は存在しない」という民族抹消の言説

など幅広い事象が含まれる。少なくとも私には、上述した四つのレベルに分類可能と思われるが、仮にこれら四つの行為すべてを暴力と呼ぶことを認めたとしても、これらはあまりに水準や程度を

異にする「暴力」ではなかろうか。後述するように、私は①や②のような名づけの行為まで「暴力」という概念で包摂することにはあまり意味がないと思う。だが③のように、一晩宿をともにしただけ、しかもろくに話してもいない女性のことを「ジェンダー化された民族的抵抗の主体」と意味づけてしまうことは、たしかにかなり無茶である。少なくとも聞き取りや対面インタビューを重視する社会調査屋であれば、本人に確認をとることなく、勝手にその人の存在を意味づけるような行為に対して、もっと慎重であるにちがいない。そもそも③の行為が本当に暴力であると岡自身が認識しているならば（そして暴力の根絶を岡が目指すならば）、なぜ、わざわざそれを論文という形で書き記し、公表する必要があるのか、理解に苦しむ。

もっとも私は、岡を非難しているのではない。③のような、かなり無茶な名づけの行為（暴力！）さえも、④のごとき圧倒的な「言説的暴力」の前にして許されうる場面は存在するかもしれないと思うからだ。いみじくも岡が、サバルタンを「自らが被っているその苦難（赤川注：④のこと）が、この言説的暴力（赤川注：③のこと）を被ることなくして表象されえない者たちに与えられた名」と定義しているように。おそらくこの自覚が存在するからこそ、岡はこの女性のことをあえて翻訳し、公表したのではないのか。

この推測の是非はともあれ、私は、①から④のようにさまざまな水準の差異や程度差が存在する現象を、同じ「暴力」という概念で括ってしまうことには賛同しかねる。端的にいって、①、②のような普遍的な名づけの行為まで暴力と呼ぶとすれば、暴力でない行為などこの世に存在しない。

こうした概念化は、さまざまな暴力に存在する水準の差異や程度差に対する敏感さをかえって衰弱させてしまいかねない。

だが他方で、岡に限らずポストコロニアル・フェミニズムは、非常にわかりやすい形で暴力や支配という現象をイメージしているようにも思われる。帝国主義とその植民地という関係性が、圧倒的な力関係の不均衡を簡単に想起させるからだ。たとえば、①から④のうち、暴力としての悪質度が高いと思われるのは、④の行為（＝「パレスチナ人は存在しない」という言説実践）である。スピヴァックならば「認識の暴力」と呼ぶであろう、この種の言説実践とても、もし孤島で他人から相手にされてない人間が行うならば、大した暴力にはなりえない。この暴力が圧倒的にみえるのは、その言説を利用する人びとが、パレスチナ人に対して物理的な暴力をふるえる蓋然性が高かったり、権限を行使するチャンスに圧倒的な差異が存在しているからである。はっきりいってサイードの『オリエンタリズム』にも、同じような「わかりやすすぎる」権力観が跳梁跋扈している。もちろん「わかりやすすぎる」からといって植民地主義の暴力が問題でないことにはならない。だが少なくとも社会理論の問題としては、「すべては暴力である」と概念的な区別を無効化するのでもなく、わかりやすすぎる権力・暴力観に依拠するのでもなく、さまざまな暴力現象にかいまみえる水準の差異や程度差に敏感になることこそが、真の意味で分析的なふるまい、理論的な営為を可能にするのではないかと思う。

5　理論の政治性・研究者の立場性と価値自由

第三の理由は、近年フェミニズムにおいて、カルチュラル・スタディーズの政治主義的傾向とも連動しながら、理論や科学を軽視する傾向が強まりつつあることである。理論の内容や現象測定の方法を普遍化・精緻化するよりは、「誰のための理論か」、「理論の政治的効果は何か」という問題、すなわち理論の政治性、研究者の立場性という問題が中心的な関心を構成するに至っている。こうした政治主義の前提には、「同じ言説・理論でも、誰がどのような状況で用いるかによってその意味（政治的効果）が変わる」という、それ自体はきわめてまっとうな現状認識がある。この認識を最初に示した人間はたしかに偉大だったと認める。だがこうした「お約束」が機械的・公式主義的に濫用されれば、結局、競争的環境のもとで理論の内実や質を論理的に評価し、高めあうエートスは希薄にならざるを得ない。「誰のための理論か」について語る人たちはほとんど同じ文言の繰り返しに陥るので、引用するのも嫌になるけれども、申し訳ないがもう一度、上野千鶴子にご登場願うことにする。

言説分析は、そう語るおまえは何者なのかという問いを発することによって、研究者をも分析の対象から例外に置かない。赤川の言う言説分析の切れ味は、「何のための」「誰のための」切れ味か？という問いに直面する。それが研究者集団におけるエンターテイメント性というような自己韜晦に解消されないとすれば、研究者の拠って立つ位置、すなわち立場性 positionality が問われることになる。（上野［2001：281］）。

政治主義の典型というべきこの言説は、奇しくもこの私に対して向けられたものらしいから、いちおう応答しておくけれども、研究（の質）至上主義をモットーとするこの私でさえ、実際には「研究者の立場性」なるものに無関心でいられたことはない。人は誰でも、とある社会的位置や利害関係や党派性を背負って言説生産に携わるのであり、いったん生産された言説が本人の意図に関わらず、さまざまな政治的効果を有してしまうことは当然である。完全に価値中立的な研究など、論理的に存在し得ない（お望みならば、こんな私ですら、自らの理論や言説が社会をよりよくするためにお役に立てればと願っているとでも所信表明しておこうか）。

だがだからといって、理論の政治性や研究者の立場性が、その理論の内実や質を圧殺するまでに重視されてよいということにはならない。そもそも理論や言説を「誰にとって政治的に正しいのか」というメタ・レベルのみで評価するべきであるならば――だが「誰にとって正しいのか」を一義的に決めることはそもそも可能なのだろうか――それは論理的に無限の自己言及ゲームを惹起する。なぜなら、「これは誰にとって正しいのか」という一階の問いは、「「これは誰にとって正しいのか」は誰にとって正しいのか」という二階の問い、「「「これは誰にとって正しいのか」は誰にと

って正しいのか」は誰にとって正しいのか」という三階の問い、「「「これは誰にとって正しいのか」は誰にとって正しいのか」は誰にとって正しいのか」という四階の問い、……（以下同様）……と、問いの無限背進に至らざるを得ないからである。

「誰にとって正しいのか」こそ重要だという政治主義者が、こうした無限の自己言及を本気で行うつもりがあるのなら、それはそれで一向に構わない。だが実際のところ彼ら／彼女らは、決して無限の自己言及に従事しているわけではない。無限の自己言及を中途半端に勝手に途絶して、何ごとかを言い得たつもりになっているだけのことだ。もちろん私は、無限の自己言及を遂行しなければダメと言っているのではない。むしろその逆である。私自身は、理論のメタ・レベルへの回帰に至ることなく、経験的な社会的現実というデータに踏みとどまって分析することの重要性を強調してきた（赤川［2001b］）。

またそうした無限の自己言及をわざわざ持ち出さなくても、「学問と政治」の関係をめぐる究極の問いは、次のような形でも行い得る。「なるほど政治的な正しさが重要であることはわかった。では政治的に正しくありさえすれば、理論や言説の内実は嘘八百でも構わないのか」と。もしかしたらこれに「然り」と答える人がいるかもしれないが、少なくとも私はその立場をとらない。理論的実践には政治的実践とは異なる真理の様式と評価の基準がありうるのであって、ここではマックス・ウェーバーの「知的廉直」——事実の確定と、文化的価値すなわち「人はいかに行為すべきか」という問題の異質性をわきまえること——の概念こそが導きの糸となる（『職業としての学問』

岩波書店　一九九三、四九頁）。さらに「ではおまえは、誰のために、何のために学問をやっているのか」と問われるかもしれないが、簡潔に、真理を愛するすべての人のために、そして自らの内側から湧きあがる「謎」を解明したいと欲する自分のために、私は学問をやっているとお答えしておく。究極的には、それ以外に理由はない。

要するに、研究者の立場性や理論の政治性を殊更に問題化する最近の風潮は、かつてウェーバーが価値自由論で問うた「学問と政治」の関係に関する議論を、ウェーバーよりはるかに低いレベルで再燃させているだけだ（それしかやることがないからだろうか）。価値自由の捉え方に関しても、彼ら／彼女らはことごとく曲解する。つまり学問の客観性・価値中立性は偽装されたものにすぎず、実際のところ学問だって政治性を排除しきることはできないという、それ自体は当たり前すぎる事柄を延々と述べているだけだ。

だが「価値自由」は、異なる社会的位置を占め、利害関係が背反し、価値観を異にせざるを得ない者たちが、そうした隔たりを越えて学問的対話を可能にする作法として再構想される必要があるのではないか。そのときにもっとも必要となるのは、「都合のわるい事実、たとえば自分の党派的意見にとって都合のわるい事実のようなもの」（同書、五三頁）に対して、どれだけ開かれた態度をとることができるかであるはずだ。本章で長々と述べてきた論点——理論構築における測定の重要性、理論に対するデータの〈他者〉性、自らの理論の妥当性に対する反省といった事柄——は、実はすべてこの態度に関わってくる。政治主義的な言説の当否を評価する基準もまた、ここに存するのではなかろうか。

さて紙幅も尽きた。フェミニズムにとっては外在的な一人の男のたわごとであり、誤解・曲解も少なくなかったかもしれない。もし何らかの誤解があれば、ご批判願いたいと思う。ここで述べてきた問題意識を共有してくれる人がいてくれれば嬉しいが、しかしそれも究極的にはどうでもいいことである。本章で「フェミニズムに期待すること」として述べてきたさまざまな注文は、実はすべて自分自身の研究に対しても跳ね返ってくるからだ。性支配の問題にしても現象測定の精度にしても、フェミニズムがやらない（やれない）のなら、自分でやればよいだけのことだ。私は私の中の「謎」に向かい合う作業を、淡々と今後も継続していく。*

＊たとえば拙著『セクシュアリティの歴史社会学』（赤川［1999a］）では、近代日本の性・性欲に関わる言説の分析において、ジェンダーという変数がどういう場面で有効で、どういう場面で無効であるかについては考えてきたつもりだ。この際、男性が女性に対して差別的・抑圧的な言辞を弄している場合はある（逆の場合もある）が、それを言説が直接もたらす権力効果と捉えることには、慎重な態度を取っている。
また観察可能な男女の差異と性支配の問題に関して、私自身の見込みを述べておくならば、ことさら性支配とか権力とかいった説明変数をもちださなくても、生物学的決定論に回帰しなくても、男女の差異や非対称のかなり多くの部分は説明可能であると考えている。そうした要因ではどうしても説

明がつかないという状況が発生した場合においてのみ、性支配とか権力という概念導入が有効になるだろう。

第六章　ジェンダー・フリーをめぐる一考察

一九九九年六月、男女共同参画社会基本法が公布・施行された。男女の人権の尊重、社会における制度または慣行についての配慮、政策等の立案及び決定への共同参画、家庭生活における活動と他の活動の両立、国際的協調を五つの基本理念とする同法は、地方自治体に対して国に準じた施策の遂行を責務として課したため、二〇〇〇年以降、県・市町村レベルで男女共同参画に関連する条例の成立が相次いでいる（二〇〇一年四月の時点で一三都道府県、一七市町村）。その数はさらに増加するだろう。

この時期、私もある地方都市で、男女共同参画関連施策がらみのお仕事を、少しだけお手伝いする機会を得た。フェミニズムやジェンダー研究が世間に浸透しきった先に浮上する問題、あるいはそれらが世間に浸透するがゆえに隠蔽されてしまう問題を自らの社会学的課題としている（つもりの）私としては、これら施策の末端に加わることには、いささか複雑な思いが伴った。なるほどたしかに一市民としては、男女の自由と平等を実現しようとする政策を積極的に支持し、支援したいという思いはある。男女共同参画基本法いうところの五つの基本理念にはいずれも賛同するし、セクハラ・DVの防止、リプロダクティブ・ヘルス／ライツの尊重など個々の施策についても、性表現に対する過剰な規制がなされない限りは（このことには一〇年来こだわってきたつもりだ）、おおむね賛成である。

しかし社会学徒の眼で観察するとき、言葉の上では反対すべくもないものの、内実を探っていくと、それがなさんとしている潜在的な効果に危惧の念を抱かざるをえないものもある。それは、男女共同参画施策の思想的根拠としてしばしば取り沙汰される、「ジェンダー・フリー」という思想・スローガンである。以降、少し話があっちにいったりこっちにいったりするが、あくまで雑感として述べる。

1　「性別・性役割からの自由」としてのジェンダー・フリー

「ジェンダー・フリー」という言葉、英語としてはいささか意味不明だが、この国の男女共同参画の文脈では、「女らしさ・男らしさにしばられず、人間として、自分らしく生きること」、「性別にとらわれず、こだわらずに行動すること」というほどの意味で用いられている。なるほどたしかに、「男だから、こうしろ」とか「女のくせに……」という性役割や性規範を強制されることを拒否し、自由に生きる権利を、男女ともに否定されるべきではない。また自ら望む「自分らしさ」が、他人や社会が押しつける性役割に合致しない場合、そうした役割を拒否することによっていかなる不利益をも被るべきではない。ここで問題になっているのは、望まない性別や性役割を他者から強制されない権利であり、いわば「性別／性役割からの自由」である。この原則の重要性は、少なくとも私にとっては自明である。

ところで、「ジェンダー・フリー」という言葉が頻繁に使われているのは、一つは学校教育分野であり、いま一つは行政分野である。教育分野では数年前から、家庭科男女共修や男女混合名簿を実現し、「隠れたカリキュラム」の是正が目指されている。一生懸命こうした教育に携わっている方々には申し訳ないが、正直言って家庭科の男女共修や、男女混合名簿や、男女別持ち物（体操着やランドセルの色別など）の廃止や、たとえば「生徒会長は男で、副会長は女」といった常識へ疑義を提示したりする意識啓蒙程度のことで、簡単に「ジェンダー・フリー」な社会が実現するとは思えない。実際、高等教育ではすでに男女混合名簿が実現しているし、性に基づく持ち物区別もないが、だからといって大学生の間で男女の優劣関係が完全に解消されているとはいえないからだ。ただしどんな瑣末な施策にせよ、やらないよりはやったほうがいい場合があるから、特に反対する気もない。ただ、たとえば体操着を性別で色分けするのがジェンダー・バイアスだというのなら、体操着を色分けしないで「ユニ・フォーム」（単一の形式）にするのではなく、「ユニ・フォーム」を採用しないことが、真のジェンダー・フリーでないかと思ったりもするけれども。

しかしこの「ジェンダー・フリー」が公教育や公共政策の中で具現化し、たとえば「ジェンダー・チェック」のように、行政が奨励する特定の性役割に正当性を認め、そうでない思想を否定するとなれば、いささか違和感を感じる。もちろん一般に国や地方自治体が、特定の思想にコミットすべきでないとは思わない。現実問題として国や地方自治体は、特定の思想を採用しつつ営まれている（たとえば現在の国や地方自治体は、天皇制を否定していないし、共産主義を前提ともしていない）。少なくともこれまで「生産（市場）労働する夫、再生産（家事）労働する妻、未婚の子ども」という特定の性役割・家族モデルを前提とした税制や社会保障政策がなされ続けてきたことは、多くの論者が指摘してきたことである。こうした状況が存在する以上、ジェンダー・フリーな政策とは、特定の性役割や家族モデルを採用することで誰かが利益を得、誰かが損をしている状況を改めることであるはずだ。

この観点からすれば、たとえば専業主婦に対する税制上・社会保障上の優遇などは、即刻撤廃すべきである。ただしそれは、専業主婦や「一家の大黒柱」という生き方を選択することを、国や地方自治体が否定することにつながってはならない。個々人がどのような思想や信条をもち、どのような家族モデルを前提とした生活を営もうとも、そのことによる不平等が生じないようにする必要があるからだ。特定家族モデルへの優遇をやめてなお、個々の国民・市民がその家族形態を選択するのだとしたら、そのことに対して国や地方自治体は口を挟むべきではない。しかし「ジェンダー・チェック」がなそうとしていることは、明らかにそうした非関与以上のことである。

試みにとある地方自治体で現に実施されている「ジェンダー・チェック」を行ってみる。「家庭生活」、「職場生活」、「生活場面」の領域ごとに、「夫のことを『主人』と呼ぶのは普通である」、「妻は夫を立てて、控えめな方がよい」、「子どもの友人の親とのつきあいは、妻の役割と思う」、「女性が上司になるとやりにくいと感じる」、「出勤や出張の仕度は、自分でする」、「妻が研修などに出席する時、夫が家事をするのは抵抗がある」（男性の自立度）、といった質問項目に次々と答えていく。結果、「いいえ」と答える数が多ければ男女共同参画への理解度が高いと誉められ、少なければ反省を促される。

実際にやってみて、これを担当した方には失礼だが、失笑した。ここで登場する質問項目は、あまりにも配偶者や子どもや家族の存在を前提にしすぎているのである。無論これらは、行政が一般市民向けに作成したものであり、こうしたHPを閲覧するであろう人びとの最大公約数的な項目なのだろうが、たとえば「家庭生活編」ではすべての項目で、夫か妻か子どもがいることが問いの前提になっている。「生活場面編」では、パートナーとの対等な関係が問われ「男性の自立」度合が測られるが、たとえば単身で生活している男性にとって「出勤や出張の支度は、自分でする」、「自分の着るものは、自分で選んで買う」、「家族の洗濯物を干す」、「妻や友だちや近所の女性と世間話をする」といった項目は、ほとんど意味をなさない（好意的に解釈すれば、男性は独身時には当たり前にこなしていたことさえ、結婚後には妻に頼るようになる現状を、指摘したいのかもしれないが）。

さらに本来、配偶者や子どもの存在とは無関係であるはずの「職場生活」でさえ、ときおり家族や子どもの話題が絡んでくる。こうした項目に対してパートナーがいない人、結婚していない人、子どもがいない人は、どう答えればよいのだろうか。たとえば私は子どもがいないが、子どもがいることを前提にした質問項目には、素直に答える気にならなかった。この質問項目自体が、パートナーのいない人、結婚していない人、子どものいない人を軽視しているように感じられた。単身者もいずれは結婚するかもしれないし、子どもがいない人もいずれは子どもをもつようになるかもしれないから、これらの項目を「チェック」する意味はあると反論されるかもしれないが、それは言い訳にはならない。なぜならこうした物言いもまた、人はいずれは結婚し、子どもをもつという特定の家族モデルを前提にしているからである。質問項目とその配列自体が、ジェンダー・チェックを行う人たちが有する特定の家族観や性役割観を、問わず語りに表明してしまってはいないだろうか。

また個々の質問項目にどう答えるかによって、その人の「ジェンダー・フリー度」が測られる構成になっていることも、違和感がある。数年前「育児をしない男を、父と呼ばない」という旧厚生省のキャンペーンが話題になったが、個人的にはこの考え方に反対ではないにもかかわらず、国家がこうしたスローガンをお説教くさく打ち出すことに感じた違和感とよく似ている。たしかに個人的には、ジェンダー・チェックの項目にすべて「はい」と答えるような人間にはなりたくない。しかしたとえば「家事や育児は、女性の仕事である」とか、「父親は、いざというときだけ育児に参加すれば良いと思う」という考えを個人の思想信条として保持したり、男性が「食事の献立を考えて買物」しなかったり、「役所への届出や公共料金の支払を自分で」できなかったりすることまで、行政から否定（注意？）される必要があろうか。はっきりいって、余計なお世話である。「余計なお世話をしなければ男は変わらない」という反論があるかもしれないが、それは行政が行うべき施策の範囲を逸脱している（後述する）。もちろんこれからは、こうした信条や生活様式を保持している男性・女性は、もてない、離婚されかねない、世間から非難轟々等、さまざまな困難に遭遇するかもしれない。だがそのことを甘受した上でなお、そういう信条をもつこと自体は、個人の自由として保護されなければならない。少なくとも行政が、そういう信条を「公定イデオロギー」に反するものとして貶める必要はない。

2 「性別・性役割への自由」としてのジェンダー・フリー

このように書いてくると、自分がとても「保守的」な男性と思われやしないかと不安になる（たしかに私は「男らしさ」のすべてを否定しているわけではないし、中には保守的な側面もあるのだろう。それは否定しない）。しかも男女共同参画施策の中にも個々には必要と思えるものもあるだけに、男性たる自分が、批判めいたことを述べることには躊躇が生じてしまう。だがここで言いたいのは、特定の性役割や家族モデルに依存しない形で制度をデザインすることであり、現行制度が特定の性役割や家族モデルを前提にしているからといって、それに替えて「ジェンダー・フリー」という名の、特定の性役割や家族モデルを採用することでは、問題の解決にならないということである。これでは、「固定的な性役割」を撤廃するといいながら、他方で「固定的でない性役割」を固定することになってしまう。

　ところでジェンダー・フリーについては、もう一つ考えてみなければならない問題がある。それは、現在言われているジェンダー・フリーが「性別・性役割からの自由」だけを問題にしているのに対して、実は「性別・性役割への自由」とでもいうべきジェンダー・フリーの位相が存在するということである。まず考えてみたいのは、トイレ・更衣室のジェンダー・フリーである。

　こう書くと「ジェンダー・フリー」擁護派の人からは、いやな顔をされそうな気がする。というのも「ジェンダー・フリー」への反発の中に、「ジェンダー・フリーとは性差を解体することである。ならば、トイレや更衣室も男女共用にするのか」という意見がしばしば存在するからだ。これに対して「ジェンダー・フリー」擁護派の人は、「トイレや更衣室は、ジェンダー・フリーとは関係がない。なぜならジェンダー・フリーが問題にしているのは、合理的な理由のない男女区別だからである」と反論したりする。

　実はここには、どういう男女区別が「合理的」で、どういう区別が「非合理的」かという定義をめぐる闘争が存在している。なぜなら「ジェンダー・フリー」を擁護する人たちの間でも、「合理的な区別／非合理的な区別」という差異自体は抹消されたわけではないからだ。実際その人たちの間では、家庭科の男女共修や男女混合名簿には賛成しても、トイレや更衣室の男女別についてはむしろ当然のことと考えている人が多いと思われる（違っていたら、ごめんなさい）。「合理的／非合理的」の区別が、誰によって、どのような基準でなされるのかは重要な問題だが、しかし男女共用トイレの問題がジェンダー・フリーとまったく無関係であるとは言い切れない。たとえばアメリカ合衆国の人気テレビドラマ『アリー・myラブ』では男女共用トイレが登場し、ドラマを動かす必須の社交場として機能している。その意味では、「ジェンダー・フリー社会になったらトイレも男女共用になるのか?」という懸念は必ずしも的はずれではない（アリーの世界が、ジェンダー・フリーかどうかはともかくとして）。なぜならジェンダーとは、社会的に作られた性差（意識）と定義されているのだから、「トイレの男女共用に違和感を感じるのは、社会的に作られた性差（意識）であり、したがって変えることができる」というロジックも流通可能だからである。

ところでトイレに関しては、ずっと「ジェンダー・フリー」を実現させられてきた人びとがいる。身体障害者である。ご存じの通り、これまで公共機関や民間デパートなどでも、身体障害者用のトイレは男女共用がほとんどだった。近年ようやく障害者用の男女別トイレ（男性トイレにも女性トイレにも障害者用トイレを設ける）が公共機関を中心に設置されつつあるが、こうした改善の背景には、「身体障害者にも男女別トイレを」という切実な要求があったと聞いている。ここで社会に求められているのは、障害者が自らの性別を尊重されることである。そうであるならば、同じ論理を敷衍して、障害者が自ら望んだ性役割（男らしさ／女らしさ）やセクシュアリティを生きることもまた、尊重されなければならないだろう。障害者のこうした切実な願いを、「彼らも既存の女性／

しい。
男性の枠組みに囚われている」と「ジェンダー・フリー」の立場から非難したところであまりに空

たしかに障害者用のトイレを男女別にすることによって、異性介助者に「異性トイレには入りにくい」という、別の抵抗感が発生してしまうという問題はある。しかしこれとても、先と同じ論法を用いるならば、異性トイレに入りにくいと感じる介助者も「既存の女性／男性の枠組みに囚われている」として批判されることになるだろう。私は、そうした批判の応酬に意味があるとはまったく思わない。

こうした語り口には、ジェンダーという概念を用いることに伴う独特の前提、すなわち、『ジェンダー』という用語は、性差を『生物学的宿命』から引き離すために、不可欠な概念装置としての働きをした。もし『性差』が、社会的、文化的、歴史的に作られたものであるなら、それは『宿命』とは違って、変えることができる」（上野［1995］）という、いわば「ジェンダー概念という神話」がまとわりついている。

話を戻そう。要するにここでは、「性別／性役割／セクシュアリティへの自由」が問われているのである。これは、障害者のトイレ問題には限られない。近年ようやく性別適合手術が行われるようになった性同一性障害者と「ジェンダー・フリー」の関係にも、似たような問題が存在する。「性同一性障害」とは、生物学的性別＝からだの性（sex）と性の自己意識・自己認知＝こころの性（gender）の不一致を感じることであり（それを「障害」として疾病扱いするかどうかは議論の余地がある）、その不一致に耐えることが不可能になった人たちは、最終的には性別適合手術を行って、自らの身体を自らが意識・認知している性別に合致させようとする。

これに対して一部の「ジェンダー・フリー」論者が、「性役割を解体して、『男（女）らしさ』にとらわれることの少ないジェンダー・フリーの社会が実現すれば、あなたたちの苦しみも軽減し、性転換も必要でなくなるのではないか」と発言したこともあったそうだ（一九九九年一〇月三日朝日新聞記事）。「ジェンダー・フリー」がこうした使われ方をするなら、単に無意味どころか有害である。性同一性障害者の少なからぬ人びとにとって重要なのは、女性／男性という性別・性役割を抹消することではなく、女性／男性という境界を維持したまま、それを越境することだからである。「男でも女でもない性」を生きることではない。現在この議論がどうなっているのか詳しくは知らないが（佐倉智美［1999］のように、ジェンダー・フリーとの共闘を模索する動きもあるようだ）、少なくとも「ジェンダー・フリー」が、性同一性障害者の切実な願いを封殺するものであってはならない。

「それとこれとでは話は違う。障害者用トイレと性同一性障害の性別転換、性自認への違和感と社会的性役割での違和を問題にするフェミニズムとでは次元が異なる」という反論があるかもしれない。だが、そんなことはない。「性別／性役割／セクシュアリティへの自由」を保障する制度をどうデザインするかという問題の構図は、基本的に同じである。ちなみに私は、障害者用トイレに関する理想的な解決は、男女別トイレと男女共用トイレを同時に同数設置し、どちらを選択するかを障害者自身の意志に任せることだと考えている（障害者用トイレに限らず、すべてのトイレについて同様の措置がとられてよい）。性同一性障害者にとって必要なのは、自らの性別を、自らの意志で選ぶ自由であり、その選択によって、不利益を被らないことである。

こうした原則に愚直なまでに忠実であろうとすれば、個々人が女らしさ／男らしさにこだわることも、特定の家族モデルを採用して生きることも（専業主婦・主夫として生きることを含めて）、「自分らしさ」の一部として尊重されてよい。つまり自己の性別／性役割／セクシュアリティにこだわろうとこだわるまいと、囚われていようとそうでなかろうと、そのことによっていかなる社会的不平等をも被らないのがジェンダー・フリーであり、そうした制度をデザインすることがジェンダー・フリーな行政なのである。「ジェンダー・フリー」という言葉があまりに手垢にまみれているのなら、ジェンダー・イレリバント（gender irrelevant）という概念を提唱してもよい。あまり流行らないだろうが。要するに、「性への自由」と「性からの自由」を等価に選択可能であること、これが理想状態だ。

「しかし……」と「ジェンダー・フリー」擁護派は言うかもしれない。「それでは、社会は何も変わらないではないか」と。特に「個人的なことは政治的」というスローガンを信奉する人びとは、私的領域における男女の関係こそ是正されるべきだと言うかもしれない。とりわけ性別分業や異性愛そのものに女性抑圧の根源をみいだすフェミニストならば、そう反論してくるかもしれない。私は、そうした仮説が巨大な「思いこみ」にすぎないのではないかと最近考え始めているが、それについて詳述するのは後日を期すとして、そうした「思いこみ」に依拠せずとも、他者を抑圧・搾取する「男らしさ／女らしさ」が、社会的公正の原理に反しているとは指摘できる。その意味では、有無を言わさぬ暴力としてのドメスティック・バイオレンスや、組織上下・権限関係を利用したセクシュアル・ハラスメントを防止する施策には、仮に「ジェンダー・フリー」や「男女共同参画」の理念に反対であろうとも、賛同できるはずである。

私自身、個人の生き方の問題としては、他者も自己も抑圧しないジェンダーのあり方を再定義していくべきだと思う。しかしそれは、性差を解体することとイコールではない。まして国や地方自治体が、既存の性役割や家族モデルに替えて、「ジェンダー・フリー」という名の特定の性役割や家族モデルを優遇するような政策を行うことでは、まったくない。現実の制度設計はさまざまな制約があり必ずしも理想通りにはなされないとは思うが、少なくともジェンダー・イレリバントであろうとする節度を失うべきではない。

3　男女共同参画社会の「隠れた家族モデル」

もっとも反論はありうる。これまでの政策があまりにも特定の性役割・家族モデルを前提としており、そのことによって不利益を被ってきた人びとがいる以上、それを変革するための思想やスローガンにケチをつけるのは、戦略的にまずいのではないかと。実は私自身、半分以上はそう思っている。そもそも専業主婦への優遇撤廃や、夫婦同姓・別姓の選択制など特定の家族モデルを前提にしない政策設計には大賛成である（「夫婦別姓は家族の絆や秩序を壊す」という反論があるが、これはまず予想として間違っているし、仮にその予想があたっているとしても、夫婦別姓程度で壊れる程度の家族の絆ならば、壊れるに任せておけばよろしい）。しかしここ数年間、男女共同参画施策の末端にいながら感じたことは、「ジェンダー・フリー」を思想的根拠とし「男女共同参画」を標榜する政策においてさえ、特定の性役割や家族モデルが前提にされているということである。少なくとも私が理想とする、特定の性役割や家族モデルを前提にしない制度デザインと呼ぶにはほど遠い。

男女共同参画社会が想定している「隠れた家族モデル」とは、標語風にいえば、「男も、女も、仕事も、家事も」というものである。仕事と家事・育児の両立支援、子育て支援事業、父親の家事・育児参加など、カップルを構成する男女がともに、仕事と家事・育児の適正バランスをとることが目指されている。これまでの施策が想定してきた「男性基幹労働者＋専業（兼業）主婦」という家族モデルより大幅に自由度が増していることはたしかである。他方、生活の中で仕事と家事・育児が占める比重をどう配分するか、カップル間で仕事と家事をどう配分するかに関して、「仕事一〇〇・家庭〇」「仕事〇・家庭一〇〇」という配分がだめという以外のことは、何も語っていない。仕事と家事・育児の完全男女平等を求める「半分こイズム」をよしとする人ならば、この点を不満に思うかもしれない。

しかしそれでも男女共同参画社会とは、特定の家族モデルに依拠する社会だと言わざるをえない。

第一に、あえてパートナーを作らない人、排他的な異性愛カップルを構成しない人、結婚しない人にとっての「男女共同参画」がどのようなものであるかが男女共同参画社会の構想においては、ほとんど語られない（少なくとも現実のところは）。第二に、既存の「男性基幹労働者＋専業・兼業主婦」体制を眼の敵にするあまり、もしかしたら今後ありえたかもしれない「女性基幹労働者＋専業主夫」という組合せさえ、事実上排除している。

第三に、男女共同関連施策とりわけ働く母親の子育て支援が、もっぱら少子化対策の文脈で語られていることには、何重もの意味で留保をつけざるを得ない。ここ数年、男女共同参画社会を推進する文書・パンフレットの類には、女性労働力率が高く、男性の家事時間が長く、婚外子の割合が高い先進社会では出生率も高く、したがって男女共同参画社会の実現は少子化対策として有効であるといわんばかりの言説が目立つ。また合計特殊出生率の低下や人口の少子高齢化の進展が明らかになるたびに、保育所の充実、働く母親の育児支援、子どもを産み育てやすい環境整備など男女共同参画施策が、少子化対策の切り札として取り沙汰される。そのたびにさまざまな統計資料や分析結果が提示されるが、これらの資料の中には、実証的根拠が薄弱なものが相当数含まれていると私は考えている。これはまず計量社会学徒としての疑念だが、世論調査や統計資料に対するリサーチ・リテラシー教育の観点からも、この問題については改めて論じる必要がある。

仮にこれらの言説にそれなりの実証的根拠があったとしても、男女共同参画施策を少子化対策の文脈でのみ強調してよいのかという疑念は残る。こうした文脈上での議論では、子どもをもたない、パートナーをもたないという選択をしながら生きている人には、何の関わりもない話になってしまうからだ。その意味では、「産む／産まないは女の自由」として女性の自己決定権にこだわってきたはずのフェミニストが、「少子化対策に有効だから男女共同参画社会の実現を」というロジックに毅然・公然と反対の声を挙げたという話を聞かないことを不思議に思っている（中には、苦々しく思っている人もいると信じたいものだ）。そんなことはありえないと思うが、仮に「結果として年来の悲願である男女共同参画社会が実現するのだから、まあいいではないか」と考えているのだとしたら、単なるご都合主義である。

もろちん共働きの親に対する子育て支援の政策が、まったく不要とはいわない。少なくとも、これまで専業主婦・主夫として生活していた人を労働市場に引っぱりだすための代償的措置として必要とされる局面はあり得る。しかしその政策は、税金を使ってなされる以上、共働きの夫婦という特定家族形態に対してだけでなく、専業主婦・主夫を抱える家族に対しても同等になされる支援でなければならない。さらに子育て支援政策にはまったく無関係な人びと（子どもがいない人、カップルを作らない人）に対する配慮も忘れてはならない。そもそも、子どもを産み育てることを国家が支援したり報償したりすることの是非が、もっと論じられてよいのではなかろうか。子育て支援をとりわけ少子化対策の文脈で推進する人の中には、「子どもは社会の宝」という考え方が根強く存在すると思われる。だが、この考え方をよりシビアに煮詰めれば、将来、労働力・納税者として国家財産を支える子どもだけが「社会の宝」であり、結果としてそうした子どもを育てた親にだけ、報奨金を支給するような社会を構想することすら不可能ではない（私は、そんな社会はまっぴらごめんだが）。「子どもは社会の宝」という考え方と、共働き夫婦に対する子育て支援は、現在のところそこまで徹底した形で結びついているわけではないが、そのような思想を背景に子育て支援策をとることに対しては、もっと慎重であってよいと思う。

また余計な話かもしれないが、少子高齢化対策を呼び水にして男女共同参画施策を推進しようとする政治的姿勢は結果として、労働市場における男女の賃金格差、その最大要因としての年功賃金制度の存在を、手つかずのまま放置することになりかねない（男女の賃金格差が、年齢・勤続年数・学歴など労働生産要素の男女差ではなく、年齢要因の経済評価の男女差から生じていることを明らかにした、中田喜文「日本における男女賃金格差の要因分析」『雇用慣行の変化と女性労働』一九九七、はきわめて示唆的である）。また山田昌弘が『結婚の社会学』（[1996]）で指摘したように、女性が自分より社会的地位の高い男性と結婚するハイパガミー婚の構造が崩れないかぎり、社会的地位の高い男女同士がカップルを形成することによって、これまで以上に世帯間の階層格差が拡大する可能性もないとはいえない（それは、「機会の平等」を整備した上での格差拡大とはあまり関係がない）。さらには、目先の少子化対策にこだわることが、少子高齢化によって生じる社会保障負担の、巨大な世代間不公正の問題から目を背けさせることにもなりかねない。

話が拡散した。それぞれの問題に固有の言説の磁場というべきものがあり、もっと丁寧に考える必要があることは、わかっている。しかしいずれにしても男女共同参画は、子どもをもつ共働きの夫婦だけの問題ではない。働かない人も、子どもをもたない人も、カップルを構成しない人も、異性愛でない人も、障害者も、高齢者も、誰もがどういう生活形態・家族形態を選択したとしても、そのことで不平等を被ることがないような制度をデザインすることが真のジェンダー・フリーである。そのことだけは、早めに声にしておきたかった。いつかそうした意味でのみ、ジェンダー・フリーという用語が用いられるようになる日が来ることを願ってやまない（まあ、不要な誤解を招く言葉にこだわる必要もないのだが……）。

第七章　性差をどう考えるか
――本質主義／構築主義論争の不毛をこえて――

1　話を聞かない男・地図を読めない女

もう五年くらい前になるか、アラン・ピーズ、バーバラ・ピーズというジャーナリストが書いた『話を聞かない男、地図が読めない女』という本が、ベストセラーになった。「男と女はちがう。どちらが優れている、劣っているということではなく、ただちがう。両者に共通しているのは、種が同じということだけ。住んでいる世界もちがえば、価値観やルールもちがう」（ピーズ他［2000：一］）という前提に立つこの本は、男女の性差に関するさまざまな文献を渉猟しながら、たとえば次のように書く。

郵便はがき

恐縮ですが切手をお貼り下さい

112-0005

東京都文京区
水道二丁目一番一号

勁草書房
愛読者カード係行

(弊社へのご意見・ご要望などお知らせください)

・本カードをお送りいただいた方に「総合図書目録」をお送りいたします。
・HPを開いております。ご利用下さい。http://www.keisoshobo.co.jp
・裏面の「書籍注文書」を弊社刊行図書のご注文にご利用ください。より早く、確実にご指定の書店でお求めいただけます。
・近くに書店がない場合は宅配便で直送いたします。配達時に商品と引換えに、本代と送料をお支払い下さい。送料は、何冊でも1件につき200円です(2005年7月改訂)。

愛読者カード

65319-5　C3036

本書名　構築主義を再構築する

お名前《ふりがな》　　　　　　　　　（　　　歳）

ご職業

ご住所　〒　　　　　　　お電話（　　　）　　－

メールアドレス（メールマガジン配信ご希望の方は、アドレスをご記入下さい）

本書を何でお知りになりましたか
書店店頭（　　　　　　　書店）／新聞広告（　　　　　　新聞）
目録、書評、チラシ、HP、その他（　　　　　　　　　　）

本書についてご意見・ご感想をお聞かせ下さい（ご返事の一部はHPに掲載させていただくことがございます。ご了承下さい）。

◇書籍注文書◇

最寄りご指定書店			
市　町（区）	（書名）	￥	（　　）部
	（書名）	￥	（　　）部
書店	（書名）	￥	（　　）部
	（書名）	￥	（　　）部

※ご記入いただいた個人情報につきましては、弊社からお客様へのご案内以外には使用致しません。詳しくは弊社HPのプライバシーポリシーをご覧下さい。

・女性は精巧な感覚能力、男性は距離を測る空間能力に優れる。
・男の話し言葉は短く、論理的な構造がしっかりしている。単刀直入に話がはじまり、要点を押さえて、結論をはっきり述べるので、何が言いたいのか、何を望んでいるのかわかりやすい。しかし一度にたくさんの話題を出すと、男は混乱する。
・女の脳は左右の連絡が非常によく、発話を担当する区域もはっきりしているので、いくつもの話題を同時に語ることができる。

この本は人口にとても膾炙したようであり、いまでもタクシーに乗って、たまに運転手と話がはずんだときには、軽く話題にのぼるくらいである。

今読み返してもこの本は、取材の行き届いた好著だと思う。「取材が行き届いている」というのは、たとえばドリーン・キムラという自然科学者が書いた『女の能力、男の能力』（キムラ［2001］）をネタ元にしたと思われる記述が多いからで、少なくとも現在の自然科学の常識に照らしたときに、「トンデモ本」とはいえないということである。

この本の中に、社会学の観点からみても興味深い統計がある。イギリスにおける職業、教員の男女比をしめす表である（表7―1〜7―3）（キムラ［2001：132, 133］より引用）。これをみるかぎり、言語能力が求められる教科（外国語など）を教える教員の比率は女性が圧倒的に高いが、空間能力を必要とする職業や教科では男性の比率が高くなる。この事実に対してこの本は、「この種の職業

表7－1　言語能力が求められる教科の教師男女比

（1998年、イギリス）

科目	教師数	女性（%）	男性（%）
スペイン語	2700	78	22
フランス語	16200	75	25
ドイツ語	8100	75	25
演劇	8900	67	33
その他の外国語	1300	70	30

表7－2　イギリスの教師の男女比（1998年度）

科目	教師数	男性（%）	女性（%）
生物	5100	49	51
ビジネス	6400	50	50
歴史	13800	54	46
地理	14200	56	44
社会学	11000	52	48
音楽	5600	51	49
キャリア教育	1900	47	53
人間形成・社会教育	74200	47	53
一般教養	7900	53	47
古典	510	47	53
体育	20100	58	42
宗教	13400	56	44
美術	9400	44	56

に女がいないのは、養成コースを受けないからだ。脳の作りがもともと向いていないから、女たちはそのための勉強をする気にならない」と解釈している（キムラ［2001：134］）

これはまぁ、ジャーナリストが書いた一般向けの書物だからと、笑い話で済ませる人もいるだろう。しかし社会的に重要な地位にある人が、この種の発言をすると、急速に政治問題化する。記憶に新しいところでは二〇〇五年三月、ハーバード大学の学長が講演で、優秀な科学者に女性が少ないのは「生まれつきの性差による」と語ったり、「数学や科学のテストで、いい点を取る女子学生（の数）は男子学生より少ない」などと話したことに端を発して、人文科学部教授会が不信任決議を採択するに至ったそうである（『毎日新聞』二〇〇五年三月一六日付記事）。この種の新聞記事だけでは、この学長がどのような文脈でどのように発言したか、学長を批判する人たちが、どのような背景で何を問題にしたかまではわからないので、慎重に取り扱う必要はある。だが、性差についてどのように発言するかが、大きな政治問題になりうることはたしかだ。

二〇〇四年、スティーブン・ピンカーの『人間の本性を考える』（ピンカー［2004］）が翻訳刊行されて、かなり話題になった。この本も、自身が一級の認知科学者である上に、他分野についてもよく調べられた好著であるが、この中にも合衆国の科学者が、性差の原因（要因）として生まれや遺伝をもち出したときに、いかに烈しい政治的攻撃にさらされたかが記されている。

どちらにせよ、「生得的な性差」に対して、男女共同参画やジェンダー論に携わる人たちは、強い警戒心を示す。無視したり、話をはぐらかしたり、過剰反応したり。もちろんそれは、現在のジ

表 7－3　空間能力が要求される職業の男女比（オーストラリア、ニュージーランド、イギリスのデータを集計　1998年）

職種	従事者数	男	女	男の占める割合	情報提供
航空機関士	51	51	0	100%	アンセット・オーストラリア航空
エンジニア	1608	1608	0	100%	エンジニア協会
レースドライバー	2822	2818	4	99%	オートレーシングクラブ
原子力技術者	1185	1167	18	98.5%	原子力技術者協会
パイロット	2338	2329	9	99.6%	カンタス・オーストラリア航空
	808	807	1	99.9%	アンセット・オーストラリア航空
	3519	3452	67	98%	英国航空
航空管制官	1360	1274	86	94%	民間航空局
ドラッグカー／バイクレーサー	250	234	16	93.6%	ドラッグレーサー協会
建築家	30529	27781	2748	91%	建築家協会
運行乗務員	19244	17415	1829	90.5%	政府統計
保険数理士	5081	4578	503	90%	保険数理士協会
ビリヤード／スヌーカー選手	750	655	95	87%	ビリヤード協会
会計士	113221	93997	19224	83%	会計士協会

ェンダー論のなかに、「性差は、生物学的に決定されているのではなく、社会的・文化的に構築されており、したがって変えることができる」とする「構築主義」的な前提が存在しているからであり、生得的な要素を強調する「本質主義」と鋭く対立してきたことの結果である。しかし、そろそろこうした不毛な論争は終わりにしたい。なぜなら性差があろうとなかろうと、性差が生得的であろうと獲得的であろうと、男女平等に立脚した制度設計を考えることはいくらでも可能だからだ（後述）。本質主義vs構築主義という対立にこだわること自体、ジェンダー論の枠をかえって狭めているように思えるのである。

2　戦略的本質主義は有効か

とはいえ、その思いは半分以上、セクシュアリティやジェンダーの社会学を志し、そのなかで「性差や性的指向（性的な欲望のありよう）の社会的構築」というテーゼに共感しつつ学問的履歴を積み重ねてきた、自分自身に対する反省である。もっといえば、「ジェンダーの社会的構築」というテーゼが、当初の想定を超えて暴走することを止められなかった不見識に対する自己批判でもある。

私が、セクシュアリティやジェンダーを社会学的な研究課題としたのは、一九九〇年頃のことである。ちょうどこの頃、「性差より個体差」というスローガンがよく語られていた。小倉千加子が、ジョン・マネーの『性の署名』を援用しつつ、「ジェンダーはセックスによっては規定されません」、「セックスはジェンダーを説明してはくれません」と書いたのは一九八八年のことである（小倉［1988］）。

私自身は、性差や性的指向が日常のふるまいの中で意識的ないし無意識的に演じられ、再生産されるという知見を、アービング・ゴフマンの相互作用論、エスノメソドロジーの「doing gender」論、性行動を「社会的台本」の産物とみなす性科学者ガニョンらから学んだ。いまでもジュディス・バトラーのパフォーマティビティ概念など、これらの議論を超えていないと判断している。また、性差があるかないか（一階の差異）ではなく、他にもあまたある差異のうち、なぜ性差のみが言及されるのか（二階の差異）こそが問題であるという重大な示唆を、先輩である浅野智彦（東京学芸大学）から得たりしていた。

ただこの頃は、「生物学的・解剖学的に決まる性差」（セックス）と、「社会的・文化的・歴史的に構成される性差」（ジェンダー）という二元論が自明視されていたように思う。荻野美穂が引用しているアン・オークレーの言葉など、その最たるものである。

〈セックス〉は男と女の間の生物学的性差、すなわち目に見える性器の違いとそれに関連した生殖機能の違いを指す。だが〈ジェンダー〉は文化の問題であり、〈男らしさ〉と〈女らしさ〉への社会的分類を指す。……人が男であるか女であるかは通常、生物学的根拠によって判断される。男らしいか女らしいかは、同じ方法では判断できない。その基準は文化的なもので、時代と場所によって異なる。セックスの不変性は認めなければならないが、同時にジェンダーの可変性も認められねばならない（Oakley［1972：16］荻野［2002：11, 12］）。

ここでは、「セックスの不変性／ジェンダーの可変性」が二項対立となっている。ゆえに「ほとんどの性差といわれるものはジェンダーのレベルに属するもの、すなわち文化的構築物であり、したがって可変性を持つと主張するためには、非常に有用であった」（荻野［2002：12］）と総括されることになる。

私自身、修士論文を書き上げる頃までは、ジェンダーやセクシュアリティの可変性というテーゼを信奉していた。しかしその甘い考えは、とある同性愛解放運動の人たちと議論したときに、あっさり打ち砕かれた。彼らは、「同性愛は生まれつきのものであり、変えられない」という本質主義的な言説を、声高に語るのだ。彼らの前では、「性差や性的指向は社会的に作られたものであり、変えることができる」という構築主義的な論法は、まったく通用しなかった。現在ではサイモン・ルベイの『クィア・サイエンス』（ルベイ［2002］）などが翻訳されて、そういう事情もある程度知られるようになってきたが、同性愛解放をめざす人々にとっては、性的指向が遺伝的に決定されるという「生物学的決定論」は、運動を支える主要な論拠の一つだったのである。

むろんそれは、「同性愛が社会的に作られたものであるのなら、変えることができる（異性愛者になるべきである）」とする社会的プレッシャーのなかで、彼らが戦略的に選んできた言説だったのかもしれない。ルベイが紹介するデータによると、同性愛は「人々が自ら選んだもの」（自己選択説）と考える人と、「自分ではその性向を変更できないもの」（非選択説）と考える人とでは、非選択説をとる人の方が、ゲイの職業選択や同性愛関係の合法化に対して好意的であるらしい。「同性愛が何か自ら望んだもの、進んで受け入れたものではないということを納得しました。それは生まれながらのものなんですね。そして、もし生まれながらだとすると、罪であるはずがありません」（ウィリアム・チェシアー、保守系新聞の編集者）というわけである。

こういう状況は、「性差は生得的ではなく、社会的に作られる」とする、狭い意味での「構築主義」だけでなく――これを仮に「構築主義1」ないし「社会・文化的構築主義」となづける――、人びとが有する観念も、科学的知識も、あらゆるものが権力や利害関心に基づいて社会的に構築されており、したがって言説がもたらす政治的効果や有効性こそ重要だと考える別種の構築主義――これを仮に「構築主義2」ないし「政治的構築主義」となづける――にとっても、躓きの石となる。この立場に近い人たちは、「同性愛は生まれつきだ」と語る言説のことを「戦略的本質主義」とみなしたがる。つまり、いっけん本質主義的な言辞を吐く彼らも、本当は構築主義者なのだが、自らの政治的立場や主張のために「戦略的」に本質主義者のようにふるまっているに過ぎない、と考えたがるのである。

たしかに「戦略的本質主義」が、一定の政治的目標を達成するために有効になる瞬間があることは認める。しかし政治的構築主義や戦略的本質主義は、学者の態度としても、人間の生き方としても、最終的には、やはりまずいと言わざるを得ない。

第一に、政治目標達成のために、自ら信じていないことを信じているかのようにふるまうことは、他者に対して不誠実である。他者を欺く態度は結局、自己欺瞞につながることになる。第二に、解放運動の戦略としても、他者を欺く態度は、運動の内部に、「欺く人（戦略的にふるまう人）／欺かれる人（素朴に本質主義を信じる人）」という非対称な関係を持ち込まざるをえない。でなければ運動のエネルギーを動員し続けることは困難だからだ。こうした態度は結局、前衛党のエリート主義につながる。第三に、どれだけ戦略的にふるまっても、自らの言説の政治的効果を隅々まで見通すことは、原則的に不可能である。極端にいえば、自分の死後に自分の言説がどう他者に受け取られ利用されるかを、自分で統制することはできない。

したがって、戦略的な本質主義に戦略的な反本質主義を対置し、その往還を説いたとしても、根本的な解決にはならない。むしろ「性差が生得的か獲得的か」という問いへの応答が本当に必要であるのなら、言説の政治的有効性ではなく、愚直にその科学的・経験的妥当性を問題にするしかないのだ。そしてもっと大事なことは、性差が生得的であろうと獲得的であろうと、男女平等という理念に基づいた社会や制度を設計することは、依然として可能であるということだ。話はそれるが、私がここ数年来、「男女共同参画は出生率回復策としては有効ではないし、男女共同参画は、仮に少子化を進めるとしても必要だ」と主張してきたことに対し、「そういう物言いは、男女共同参画に対するバックラッシュ派を利することになる」とご忠告（ご批判）を、複数のジェンダー論の方からいただいた。だがこれも、戦略にこだわりすぎる悪しき態度だと思う。卑近な言い方をすれば、「戦略、戦略」と語る人ほど「策士、策に溺れる」というやつで、実はまっとうな政治理念をもっていないことが少なくない。

3 ジェンダー・フリーの失敗

話がそれた。

「性差は生得的か獲得的か」という文脈のもとで、性差の獲得性、社会文化的被構築性を強調する「構築主義1」（社会・文化的構築主義）。生物的な性差という観念もまた人間の活動の所産であり、政治的な利害関心に沿って構成されているから、それを逆手をとって、政治的に有効な言説介入こそが重要だと考える「構築主義2」（政治的構築主義）。

これに対して私自身は、構築主義という言葉を、「社会問題を経験的に研究する社会学上の方法論・プログラム」というほどの限定された意味あいで使いたく思っている。いわば「構築主義3」（方法論的構築主義）であるが、この立場は、実に肩身が狭い。特に現在のフェミニズムやジェンダー論では、哲学者ジュディス・バトラーの影響が非常に強く、その場合はたいてい「構築主義2」の意味で使われており、構築主義3の立場など、その存在を認めてもらえているかどうかさえ、定かでない。

　そして現在、バトラー風の構築主義は、さらに過激に進もうとしている。特に「セックスの自然な事実のように見えているものは、じつはそれとは別の政治的、社会的な利害に寄与するために、さまざまな科学的言説によって言説上、作り上げられたものに過ぎないのではないか。セックスの不変性に疑問を投げかけるとすれば、おそらく『セックス』と呼ばれるこの構築物こそ、ジェンダーと同様に、社会的に構築されたものである」という一節が頻繁に引用される（バトラー［1999：28］）。この視点によって、従来の「セックス／ジェンダー」二元論は乗り越えられ、「ジェンダーはセックスに先行する」「セックスもジェンダー」という一元論に進化したとされるのである。

　しかし、「ちょっと待った――！」（©ねるとん紅鯨団。古いか……）と言いたくなってくる。なるほどセックス（自然な性差）という観念が、人びとの活動の成果として共同的に生み出されてくることはたしかだ。それは、科学的知識と言われるものも、人間の実践によって生まれるという、自明のことを指摘しているにすぎない。そして人間が行う実践である以上、当然のことながらそこには、権力や利害関心がつきまとう。だが科学は、それを実践する者が、どれくらい自らの利害関心をこえて、万人が納得しうる妥当性をもった理論・命題を構築できるかを問うて来たはずだ。仮に一〇〇％の真理といえなくても、反証可能性などの基準を用いて、相対的に妥当な知識とそうでない知識を区別してきたはずだ。だがバトラーの物言いに従うなら、「相対的に妥当かいなか」という線引きは、もはや無意味なものになってしまう。

しかも科学的な言説を、政治的・社会的利害関心という形で一緒くたに批判するわりには、「セックスの自然な事実のように見えているものは、じつはそれとは別の政治的、社会的な利害に寄与するために、さまざまな科学的言説によって言説上、作り上げられたものに過ぎない」という自説の妥当性が問われることは、めったにない。要するに、言いっぱなしだ。おそらくそうした物言いは、性差の生得性に関して証拠をつきだす本質主義者の批判をかわすための言説的防御装置となっているのだろう。

それだけではない。「セックスはジェンダーに先行する」というテーゼは、二〇〇二年頃には、奇怪な「ジェンダー・フリー構想」につながってしまった。その典型例が、これである。

「男女共同参画」は、"gender equality" をも越えて、ジェンダーそのものの解消、「ジェンダーからの解放（ジェンダー・フリー）」を志向するということ、これである。（中略）ジェンダーはまぎれもなく男か女かの二分法になっており、しかも前述のように両性のあり方は対称ではなくタテの階層性をもつ。そのようなジェンダーが基盤でセックスまでも規定するようになったのである。（中略）セックスに根ざす（とされる）男女の特性は是認しつつ、不合理な男女格差を解消する、というスタンスの実践では、女性差別を解決できないというのが、その含意となる。（大沢［2002：14-5］）

ジェンダーが階層制（非対称な権力関係）であるというのは、かつてのフェミニズムにおいては「常識」である。しかしこの「常識」に、フェミニズムにとっての〈他者〉を十分に納得させる妥当性があったとはいえない（このことについては『大航海』第三九号（本書第五章）でもすでに論じた）。しかも、「ジェンダーが基盤でセックスまでも規定するようになった」という議論は、「生物学的性差も、社会的性差によって規定される」という「ジェンダー決定論」に、再び回帰しているのである。こうした「ジェンダー・フリー」観が、現在、地方自治体の現場で男女共同参画事業に関わっている人たちに共有されているとは、私は思わない（このことについても、何度も論じてきた）。しかしこうした前提に立つ限り、男女平等は、性差を強制的・制度的に解消することによってしか達成できないという結論になってしまう。これでは「バックラッシュ」を受けて当然だ（もちろん「バックラッシュ派」の批判がすべて正しいわけではない。男女共同参画を批判する側は、その代わりに、性差に関してどのような制度を構想するかを提示すべきだ）。

しかし『大航海』第四三号（赤川［2002］本書第六章）でも論じたことだが、自己の性別／性役割／セクシュアリティに拘ろうと拘るまいと、囚われていようとそうでなかろうと、そのことによっていかなる社会的不平等をも被らないことこそが、真の「ジェンダー・フリー」なのである。「ジェンダー・フリー」を「性差の解消」という意味でしか使えないなら、もうこの言葉を使うのはやめにしたい。なぜなら本当に重要なのは、「性差があるかないか」「性差は生得的か獲得的か」という問いではなく、私たちが、「性差に関して、いかなる状態を平等と考えるのか、どのような制度設計を望ましいと考えるか」という理念の問題だからである。

4 真の社会正義のために

さて、性差の問題に戻る。「性差は遺伝か環境か」という問題を純粋に学問上の論争と考えたとき、「一〇〇％遺伝」とか「一〇〇％環境」という極論を吐く学者はそれほど多くない。いろんな学問領域を渉猟してみると、双生児研究を通して、人間の行動や心の個人差に対する遺伝と環境の寄与率を求める行動遺伝学は非常に面白いと、かつて私は思った。だが行動遺伝学は、性差のどこまでが生得的でどこからが獲得的であるかを論じることに対して抑制的だし、「遺伝も環境も」という両論併記が、落としどころのようである。またジョン・マネーの「ジェンダー決定論」を批判したミルトン・ダイアモンドさえ、決して遺伝決定論者ではなかった。

実際、性差や性的指向といっても、変わりやすいものと変わりにくいものがある。出産行動や性別役割分業など、数年から数十年の単位でみれば、激変している性差がある。これに対して空間能力、言語能力などは、何世代・何十世代かかっても、そんなに変わらない。性的指向にしても、異性愛／同性愛といった根本的な指向はなかなか変わらないが、それでも一生のなかで変化を経験する人はいるし、性行動の側面でみれば「社会的台本」の存在を疑いえないものも、たくさん存在する（ポルノグラフィなど）。

要するに、現存する性差や性的指向の、どこまでが生得的・遺伝的で、どこからが獲得的・学習的・文化的か、決定的な議論・論拠はいまだ提出されていないのである。「男は空間能力に優れているから、そういう職業に就く男性が多いのは一〇〇%、生得的だ」とか、「男が空間能力に優れた職業に就く人が多いのは、男性が女性を支配しているからであり、すべて社会や文化の影響だ」というのは、どちらも極論である。少なくとも、実証的に言明可能な範囲の推論を逸脱している。

それでも構築主義的ジェンダー論者が、性差の生得性に対して異様なまでに警戒感を示してきたのは、「男女に差異はあるか」という問いが、「性差があるなら、違った処遇がなされて当然だ」という前提を伴ってしまうことが多かったからだ。このことは、江原由美子が『フェミニズムと権力作用』（江原［1988］）で指摘しており、この指摘の正当性は、いまでも失われていない。そして言説分析や構築主義が社会学の道具として有用なのは、言説がこうした形で機能する水準を問題にしうるからである。

もう少し敷衍していえば、「性差や性的指向は生得的か獲得的か」という問いが、「生得的なら変えようがない。獲得的なら変えられる（変えるべきである）」という前提を伴ってしまうことを、（社会問題の経験的プログラムとしての）「構築主義3」は積極的に主題化しうるのだ。この立場からみると、「差異はある。ゆえに異なる扱いをすべきである」という本質主義者は、論理学の言葉を使えば、「自然主義的誤謬」に陥っている。しかし実は、「性差は社会的につくられたものであり、変えられる」とする構築主義1もまた、「差異はない。ゆえに同じ扱いをすべきである」と推論しているわけであり、本質主義者と前提（誤謬）を共有しているのである。

しかし、他のマイノリティ問題に目を転じてみれば、この種の議論の馬鹿馬鹿しさがよくわかる。たとえば有色人種。先の構築主義1の主張は、有色人種が白人に対して劣等な地位に置かれているときに、「有色人種は白人と同じである。だから同じ処遇を要求する」と主張するようなものだ。たとえば障害者。先の構築主義1の主張は、障害者が健常者に対して劣等な地位に置かれているときに「障害者は健常者と同じである。だから同じ処遇を要求する」と主張するようなものだ。どちらも、論理的にはありうるが、運動のありかたとしては、やはりおかしい。なぜならここでは、有色人種と白人、障害者と健常者には違いがあるとして、その差異を認めてなお、どの点において異なる処遇を受けることが正当であり、どの点においてそうではないのかという問いこそが、問われているからだ。本質主義／構築主義という対立の土俵に乗るかぎり、この問いに答えることは難しい。

実は、人文社会系で飯を食っている人間としては内心忸怩たる思いがあるが、性差について自然科学の観点から研究してきた研究者のほうが、環境決定論者やバトラー流の構築主義者などより、はるかにまともに性差と社会正義との関係について考えていることが多い。たとえばドリーン・キムラは次のように言う。

ある職業で成功できるかどうかは、純粋な計量的心理学テストの成績だけによって決まるわけではなく、知性と動機に関わる多様な要因によって決まる。したがって、あるテストの結果に一貫して大きな性差がみられるからといって、ロケット工学者になれるのは男性だけであるとか、主婦になれるのは女性だけであるなどと解釈してはならない。（キムラ［2001：226］）

一部の数学や空間能力テストで女性の平均点が男性ほど高くないからといって、あるいは言語の記憶や一部の流暢さのテストで男性の平均点が女性ほど高くないからといって、それがいったい何だというのか。それは私たちの日常生活にとって本当に意味があるのだろうか。（中略）大部分の場面では、答えは否だろう。私たちは平均的な男女の行動を基準にして人生の選択をするわけではない。自分自身の能力、興味、経歴を基準にして選択するのだ。男女に平等に機会が与えられ、人選や合否が客観的で適切な基準にもとづいて行われるならば、平均的な性差には意味がないだろう（キムラ［2001：228］）。

教育と仕事へのアクセスのために伝統的に用いられてきた基準に疑問を投げかけ、それを詳しく吟味するのは、健全な態度である。しかし、個人や集団の間に、自然に備わった能力や興味の違いが存在すること、そしてそうした違いが一部の職業における男女の人員構成比に影響していることを否定するのも、無意味である（ibid）。

いずれも、もっともな指摘だ。大切なのは「平等な機会」が保障されたり、「人選や合否が客観的で適切な基準に基づいて行われる」という制度が設計され、実現しているかいなかであって、その問題を考えるときに、性差が生得的であるか獲得的であるかは、どうでもよいことなのである。しかし構築主義的なジェンダー論はしばしば、現存する性差は男性が女性を支配するために、彼らの利害に則して取り上げられたものであり、女性に不利な現状や社会構造が存在する以上、女性を優遇する政治的介入は許されると考える。アファーマティブ・アクション（AA）やポジティブ・アクション（PA）を主張する人に、しばしばみられる見解である。

しかしAAやPAは、機会の平等や公平な選抜が実現したあとでなお、その理由はなんであれ、劣位に置かれざるをえない人びとに対して、ライフチャンスを与えるための制度と考えるべきだろう。たとえば現在の一般大学入試は、性・人種・出身による制限はないし、選抜もおおむね公平に行われていると考えられる。しかしそうした選抜の結果、収入の高い親の子どもは有利になり、そうでない子どもは不利になる。三浦展は『下流社会』［2005］のなかで、親の所得の低い家庭の子どもには合格点数を下げる「低所得者下駄履き入試」を提唱しているが、これは賛否両論あるにしても、その事実があるとすれば納得のいく提案である。しかし現在のジェンダー論では、「現状の不公平に対して、不公平に介入する」という復讐の論理を使ってAAやPAを推進する傾向が強い。これではまずい。

『人間の本性を考える』で「ブランク・スレート理論」を徹底的に批判したスティーブン・ピン

カーでさえ、次のように述べている。

生物学的な差異と社会正義という概念は本当に両立できるのだろうか？　まちがいなくできる。哲学者のジョン・ロールズは、有名な正義論のなかで、自分が生まれつき受け継ぐことになる才能や地位について何も知らない、「無知のベール」をかぶった利己的な行為主体（中略）の交渉によってできる社会契約というものを想像してみなさいといった。公平な社会とは、それらの肉体をもたない魂が、社会的あるいは遺伝的に不利な札を配られるかもしれないことを承知の上で生まれてくることを同意するような社会であると彼は論じたのである。もしあなたが、これが妥当な正義の概念であることに同意し、その行為者が幅広い社会的安全保障や、（暮らし向きをよくしようという各人の動機をそぐほどではない程度に）再分配効果のある課税を主張するだろうということに同意するなら、あなたは、たとえ社会的地位の差は一〇〇パーセント遺伝性であると考えていても、社会補償政策の正当性を示すことができる（ピンカー［2004：卄33］）。

長々と引用して恐縮だが、要するに、生物学的な性差があろうとなかろうと、ロールズがいう意味での正義に立脚した社会は可能であると、ピンカーはいうのである。言葉を換えれば、性差という事実（が何に由来するのか）と、性差に関する社会制度設計の原理とは、まったく別の話なのである。われわれが目指すべきなのは、「差異がある。だから異なる扱いをすべき」という本質主義でも、「差異はない。だから同じ扱いをすべき」とする構築主義でもなく、「差異はある。だからこそ、同じ扱いをすべき」という、別の形の平等論なのである。求められるのは、そのときにいかなる原理を用いて制度設計すべきなのか、ということなのである。機会の平等か、格差原理か、潜在能力の平等か。こうした問いを、制度設計の場において議論することなのである。

はっきりいってバトラーの言説で武装し、言説の戦略性と「セックスもジェンダー」という一元論をふりかざす構築主義は、社会正義という、人文社会系学問の本分というべき領域においてさえ、キムラにも、ピンカーにも負けている。まずはロールズあたりを読んで出直してこい、と言いたくなる。だが、「隗より始めよ」で、この言葉は自分自身に投げかけることにして、本章を終える。

III

第八章　恋愛という文化／性欲という文化

1　「性愛」という概念

近年、人文・社会科学では「性愛」という概念が頻繁に使われるようになっている。代表的なものとしては、ジャック・ソレ『性愛の社会史』（一九八五年）、定方晟『インド性愛文化論』（一九八八年）、大沢昇『中国の性愛テクノロジー』（一九九二年）、赤松啓介『夜這いの性愛論』（一九九四年）、田中貴子『性愛の日本中世』（一九九七年）などがある。わが社会学の領域でも、上野千鶴子『性愛論』（一九九一年）、橋爪大三郎『性愛論』（一九九五年）、大澤真幸『性愛と資本主義』（一九九六年）など、「性愛」を直接のテーマとする単著が公刊されるようになった。これらの著作では、「性愛」という概念によって、狭義のいわゆるセックス（性行為）から男女間・同性間の恋愛感情

図8-1　性欲・性愛文献

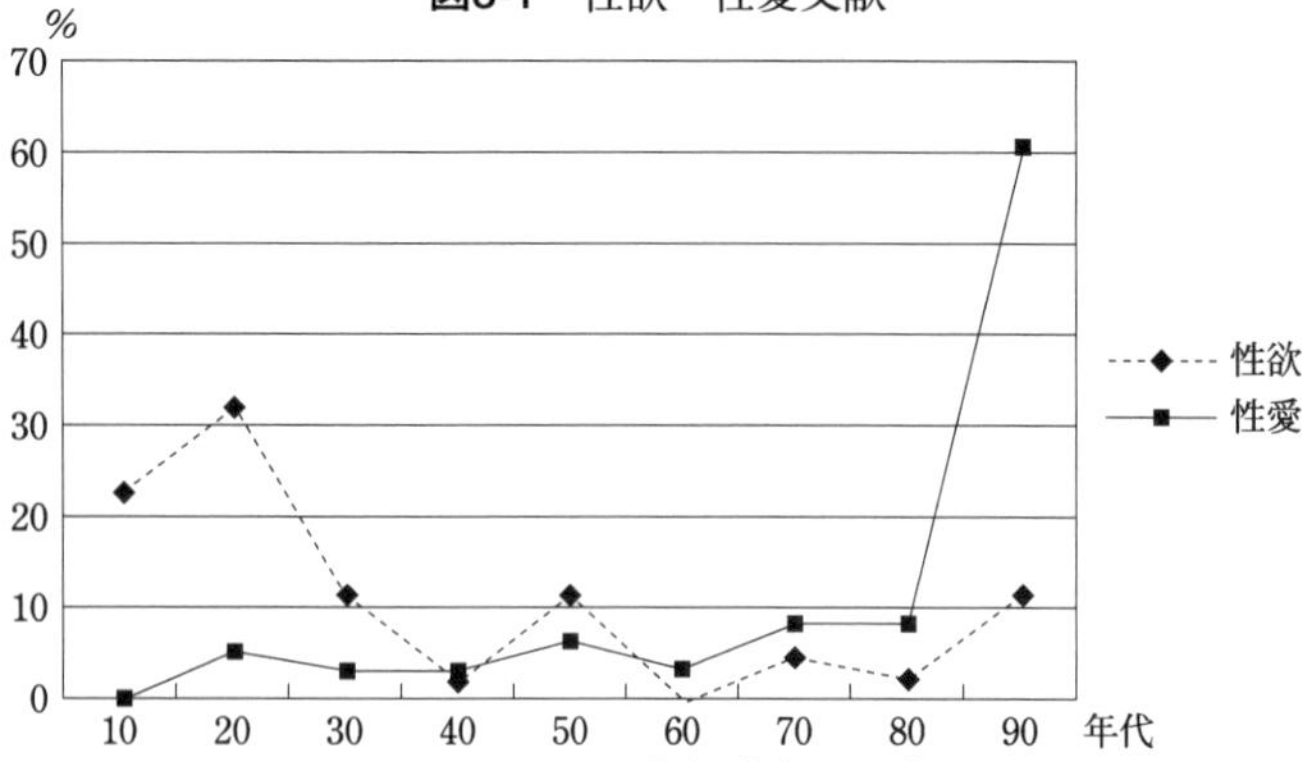

NACSIS Webcat，100分比，検索日2002年3月4日

にいたるまでの、かなり広い行為領域・心的状態がカバーされている。

ではいつ頃から、この「性愛」という概念は、頻用されるようになったのだろうか。一つの目安として、文部科学省学術情報センター・NACSIS Webcat (http://webcat.nii.ac.jp/) という検索システムを利用する。先刻承知のとおり、この検索システムでは、日本の各大学・公立図書館に収蔵されている学術文献情報が検索可能である。ここで、全図書のうち、タイトルに「性愛」を含むものを検索したところ、五九件がヒットした(重複文献除く)。刊行年代別に整理すると、一九二〇年代三件、三〇年代二件、四〇年代二件、五〇年代四件、六〇年代二件、七〇年代五件、八〇年代五件、九〇年代三六件となる。同様に「性欲」で検索を行ったところ、該当文献四三件。年代順には、一九一〇年代一〇件、二〇年代一四件、三〇年代五件、四〇年代一件、五〇年代五件、六〇年代〇件、七〇年代二件、八〇年代一件、九〇年代五件となる(図8―1)。このデータだけから確たることを述べることはできないが、「性欲」を冠する学術文献が三〇年代以降さほど増加傾向を示さないのに対して、「性愛」をタイトルに掲げる文献が九〇年代になってから急増する印象を受ける(1)。

ではなぜ、ここへきて「性愛」という概念が頻繁に使われるようになったのだろうか。一つ考えられるのは、現在、'Homosexuality/Heterosexuality' の訳語として「同性愛／異性愛」が定着していることである。この訳語との類推から、'sexuality' の訳語として「性愛」が選ばれ、それが学術上あるいは日常生活上の用語として定着しつつあるかもしれない。

いまひとつ考えてみたいのは、「性愛」という概念の頻用化が、現在の日本社会における性や愛に関わる事柄の、何らかの変容を体現している可能性である。結論を先取りしていえば、これまで日本社会において成立していたと思われる、性（性欲）と愛（恋愛）の二元論が、現在では十分に成立しえていない状況を、「性愛」という概念は象徴的に示しているのかもしれない。少なくともこれまで、近代日本の言説空間においては、「性（性欲）」と「愛（恋愛）」は、異なる二つの行為領域として設定されてきた。「性（性欲）」と「愛（恋愛）」は二元化され、時には対立・拮抗することもあった。文化人類学者クリフォード・ギアツにしたがって、「文化」を、「人間の行動に意味を与えるコンテクスト」、「意味の織物」と定義するならば、性（性欲）と愛（恋愛）は異なる二つの文化である、といえるかもしれない（Geertz［1973］）。こうした「異文化」が、ある局面では分離・対立し、また、別のある局面では融合・統合されているというのが、現代の日本社会の状況ではなかろうか。

2　「色・淫・恋」から「恋愛／性欲二元論」へ

性と愛は異なる文化であると述べたが、必ずしも昔からそうだったわけではない。今日、「性」や「愛」という記号によって指し示されている事柄は、かつては「色」や「淫」や「恋」という言葉によって編制されていたというのが、近年の通説である。佐伯順子は、「愛」という観念を近代的なものと規定し、それ以前から日本社会に存在する男女あるいは同性間の好意を「色」と捉えている（佐伯［1998］）。佐伯によれば、為永春水『春色梅児誉美』や柳沢淇園『ひとりね』などで論じられる「色」とは、単なる肉欲ではなく、「物の哀れ」や人間の感情の機微をしるための重要な契機であり、書画、香、花、茶といった風雅の道と同列に論じられるものだった。これが次第に、西洋キリスト教的な男女平等と一夫一婦制を基調とする「愛」の観念に取って代られていくという。また小谷野敦は、文学史上において、中世後期以降、仏教や儒教の影響下にある女性蔑視に基づく恋愛観があらわれてきて、女房文化における「男の恋」が圧殺されるようになったとする（小谷野［1997］）。

柳父章によると、「恋愛」という言葉が'love'の訳語として導入されたのは一八七〇年代のことである。近代小説の嚆矢とされる坪内逍遥の『当世書生気質』（一八八五—八六）では、「ラブ」の訳語として「愛」、「恋愛」の言葉が宛てられている。これ以降、北村透谷、巌本善治、平塚らいてうらによって、「恋愛」は語られ、論じられる対象となっていく。特に透谷の恋愛論は、男女の人格的対等と一夫一婦制の前提としての恋愛を強調するキリスト教型恋愛論に比して、相当に異彩を放っていたといえよう。一八九二（明治二五）年に『女学雑誌』上に掲載された「厭世詩家と女性」では、「恋愛は人生の秘薬なり」と定義され、恋愛について日本で初めてというべき思想的な考察が展開された。特に実世界（浮世または娑婆）と想世界（無邪気の世界）を対置し、「想世界と実世界との争戦より想世界の敗将をして立籠らしめる牙城となるは、即ち恋愛なり」と説いたことが特徴的である。透谷にとって恋愛は、浮世や世間から撤退した反社会的・非社会的な出来事であり、結婚などによって実世界と関わりをもつとき、恋愛はその妙味を失なわざるをえない。さらに、「抑も恋愛の始めは自らの意匠を愛する者にして、対手なる女性は仮物なれば」といわれるように、透谷にとって恋愛は、男女間の相互的な出来事というより、透谷の、男性としての個的な想念世界が男女関係に投影されたものであった。

一方、「性欲」という概念が生れるのは、さらに後のことである。斎藤光の調査によれば、「性欲」という概念が、現在わたしたちが用いているような意味、すなわち「男女両性間における肉体的な欲望」（『広辞苑』第五版）という意味で使われる嚆矢は、一八九六（明治二九）年、森鷗外の『月草』序文である。斎藤によれば、もともと一五世紀くらいには「淫慾」と「色慾」という観念が存在していたが、近世にいたって「情慾」、「色情」という観念が登場し、さらに近代に入ってから、西洋的な自然科学的ものの見方、性科学・性思想の圧倒的な流入の中で、「性欲」「肉欲」「獣欲」といった概念による〈性〉の近代的な再編制が行われたという（斎藤光［1994：161-167］）。たしかに二〇世紀前後から、鈴木大拙「性慾論」（『日本人』一九〇〇年）、森鷗外「性慾雑説」（『公衆医事』一九〇二―一九〇三年）、小栗風葉『青春』（一九〇五―六年）、二葉亭四迷『平凡』（一九〇七年）、田山花袋『蒲団』（一九〇八年）、石川啄木『ローマ字日記』（一九〇九年）、森鷗外『ヰタ・セクスアリス』（一九〇九年）といった具合に、医学・文学・哲学が交差する場所で、「性欲」という概念が頻用されるようになっていく。そしていったん生れいづるや否や、「性欲」という概念は一気に「淫慾」や「色慾」、「情慾」といった概念を駆逐し、現在わたしたちが「性的」や sexual という言葉で指し示している事柄を包括的に指し示す概念となっていった。

図式的にいえば、かつて「色」や「淫」によって編制されていた事象は、近代（明治期以降）の日本において「愛（恋愛）」と「性（性欲）」に分化していった、といえるかもしれない。もちろん「色と淫」から「性欲と恋愛」へという変化は、単に、ある事柄を指し示す記号が変化しただけではない。「色」という言葉で指し示される事柄の内実と、「性欲と恋愛」という言葉で指し示される事柄の内実とは、大いに異なっている。特に「色」については、その外延は、性と愛より広く、他方で愛的な要素と性的な要素は必ずしも排除しあわず、同時並存的に存立しえたと思われる。だが、「性欲と恋愛」という二元論的な世界では、しばしば両者は相互に背反し、対立しあう。また「色」や「淫」にとっては、結婚・婚姻制度との関係は基本的には独立（無相関）であるが、「性欲と恋愛」の二元論的世界においては、性と結婚、愛と結婚の関係がしばしば重要な問題系となっていた。

記号の意味論の世界に立ち入るとき、「色／淫」と「性欲と恋愛」は、相当に異なる内実を指し示しているというほかない。

3 〈恋愛至上主義〉と〈通俗性欲学〉

ところで大正期以降、昭和前期にいたるまで、性欲と恋愛の関係について頻繁に論じ、言説を生産したフィールドとしては、(1)厨川白村『近代の恋愛観』（一九二二年）を中心とし、平塚らいてう、与謝野晶子ら『青鞜』系の人脈にまで広がる、文学・思想的な意味での〈恋愛至上主義〉と、(2)羽太鋭治や澤田順次郎によって担われた、「性欲」概念を核とする通俗的な性科学、すなわち〈通俗性欲学〉のフィールドを挙げることができる。

大正期の思想界・文芸界では、性欲と恋愛の関係が、盛んに論じられた。性欲と恋愛はどちらが始原的なのか。両者は質的に異なるのか、それとも同一現象の他側面なのか。そして、両者の関係はいかにあるべきか。なかでも、厨川白村の『近代の恋愛観』は、〈恋愛至上主義〉というパラダイムを構築したといってよいほどに大きな影響力を与えた。〈恋愛至上主義〉のもとでは、性欲と恋愛は二元論的に分離されるのみならず、恋愛に霊的・精神的意味が、性欲に肉的・身体的意味が付与される。白村自身は、アルバート・モルやハヴェロック・エリス、エレン・ケイ、精神分析学、性欲学などの知見を受け容れており、はじめから性欲を満足させたり、生殖を行ったりする欲望そのものを否定したわけではない。しかし白村にとって恋愛とは「人格的関係」であり、「単なる生殖の為に在る肉欲は、動物的なものであって人間的でなく人格的のものではない」。そこで「性欲を浄化して、真に人間らしき性的結合となすものは、性欲の人格化であらねばならぬ。そこに尊き恋愛関係は成る」とされた（一五六頁）。白村にとって、恋愛の伴わない性欲や性的関係（結婚を含む）は、売淫生活・強姦生活に等しきものであり、逆に、「たとひ一夜の契と雖も、そこに恋愛が存在して居たならば、夫れは確かに一種の結婚であって売淫ではない」（一五六頁）とされた。恋愛を、すべての価値を律する至上の原理に据えたこと、ここに白村の〈恋愛至上主義〉の特色がある。

白村の思想にみられる「性欲＝動物的、恋愛＝人間的・人格的」という図式は、大正期の知識人、土田杏村『恋愛論』（一九二五年）、宇高寧『恋愛か性欲か』（一九二四年）、平塚らいてう、与謝野晶子らにまで広く共有されるものである。たとえば与謝野晶子は、「性欲は動物的の低級な欲求であり、恋愛は人間的の高級な欲求」（与謝野［1980：16巻-124←1917］）という前提に立った上で、「性欲から恋愛が生じると云ふのは生理学的、心理学的の真理であって、婦人の実際生活とは相違して居ります。却て、結婚から、若くは恋愛から性欲を自覚すると云ふのが婦人の実感であるのです」（与謝野［1980：15巻-489←1917］）と述べていた。女性においては性欲よりも恋愛が先に立つ、というのである。また倉田百三は「恋愛は性欲と質を異にするものでなく、より高き形に於ける性欲である。その意味に於ては、如何なる天的なる恋愛も性欲を拒絶したものではなく、精錬されたる、高められたる性欲である」として、性欲の精錬・理想化された形態を恋愛と定義する（倉田［1924

: 2巻-188])。論者によって濃淡の差はあるものの、恋愛を性欲の上位に置くという点では共通するといえよう。

いっぽう大正期は、「性欲」を科学的な観点から一般大衆向けの科学、すなわち〈通俗性欲学〉が一世を風靡した時代でもある。羽太鋭治、澤田順次郎、田中香涯ら市井の性欲学者によって高唱された通俗性欲学は、性を卑しむべきもの、秘匿されるべきものと捉える一般的風潮を批判した。そして性欲を、人間にとって自然で必要不可欠な本能と捉え、それに対する正確な知識と社会的統制の必要性を強調した。〈恋愛至上主義〉の文脈では、性欲は、「道徳化」「人格化」「崇高化」などのスローガンのもとに恋愛の下位に位置付けられることになったが、〈通俗性欲学〉は、性欲の存在をある程度まで前提とした上で社会制度や人々のふるまいの規制を構想する。そうした立場をとる以上、「恋愛/性欲」という二分法は維持しつつも、性欲の価値上昇が図られることになる。たとえば羽太鋭治は当初、「恋愛は性欲に立脚したもので、性欲の衝動に依つて起るものである」という性欲先行説の立場を採っていた(羽太[1921 : 1, 5, 也])。しかしやがて、「要するに霊と肉とは恋愛上の二大要素であって、肉のみの恋愛は下等で、動物的で、堕落したものであると同じく精神的のみの恋愛は未だ皮相で、形式的で、幼稚なものである」(羽太[1928 : 95-96])というように立場を変える。ここでは霊的要素である恋愛と、肉的要素である性欲との一致統合が主張されている。これがいわゆる「霊肉一致」である。

「霊肉一致」の思想は、やがて〈恋愛至上主義〉のなかでも広く共有されるようになる。特に石原純『恋愛価値論』（一九二五年）は、白村への批判を通して「霊肉一致」の思想に近接する。石原によれば、「恋愛は性欲の浄化である」という白村の説では、性欲が恋愛によって純化・浄化されるべきものとして位置付けられている。しかし「生物が自然的に所有する純粋衝動には、私はその不純さや不浄さを帰する要素を求めることは出来ない」（石原［1925：26］）。ここでは、〈恋愛至上主義〉にひそむ性欲否定の傾向がズバリ指摘されている。そして石原は、恋愛にも性欲にも価値を認めた上で、「人間の性欲が卑しむべきものとして存在し得る可能性のある所以」は、「人格的なひとりの人間がその人格を自ら無視し、併せて彼と対立する他の人格をも考慮しない行為をなすとき」であるとした。つまり本来、自然であるべき性欲が卑しむべきものとなりうるのは、強姦や買春のように「相手を人格とせずして物として取り扱ふ意識」があるからというわけだ。これはカント的な人格観念の応用であり、現代的な性の語り口においてもじゅうぶん通用するものであるといえよう。

ただし一方で、石原の恋愛論は、異性愛中心主義的であると同時に、排他的なカップル中心主義でもあった。これは、「性欲に於いては、之が遂行に際して異性の肉体を必要とすることを常態とするものですから、人格対立による極めて重要なる思慮を費やさなくてはならない」［ibid：20］という前提から生じる。つまり、「恋愛が全人格的に異性を愛するものであるとする以上、より多くの異性に対して同時に恋愛することは不可能」［ibid：70］とされるわけである。つまり、男女の関係が人格的な関係を保持するためには、一対一の対関係が必要条件とされたのである。

このように、〈恋愛至上主義〉においても〈通俗性欲学〉においても、「霊肉一致」という落しどころが共有されるようになっていった。ただしここでも、「霊肉一致」を担うべき存在が、恋愛によって結ばれた夫婦に限定されていたことは注意しておいてよい。婚前の男女、特に女性に対しては純潔と処女性が強調され、婚前の男女が性欲を発動させることは、「自由恋愛」を主張したといわれる〈恋愛至上主義〉においてすら、一般的に認められたわけではなかった。

4　性欲のエコノミー仮説

ところで通俗性欲学や性欲教育の世界では、性欲は個人の内側から発動するもので、完全になくすことはできないが、何らかの社会的統制が必要な本能と考えられていた。このような考え方を、「性欲＝本能論」と名づけることにしよう。いったんこの前提が成立すると、今度は「性欲をどの性行動によって満足させるべきか」という問いが、社会問題と呼ぶべきレベルで論じられることになる。わたしはこれを「性欲のエコノミー問題」と名づけている。たとえば一九二〇―三〇年代には、夫婦間における性的生活の重要性が強調されるようになる。ヴァン・デ・ヴェルデ『完全なる夫婦』（一九三〇年）やマリー・ストープス『結婚読本』（一九三四年）が邦訳され、少なくとも言説上は、夫婦生活における性的要素（性の技巧）の重要性が説かれた。前者は刊行当時発禁処分となり、その代替テクストとして『結婚読本』が刊行されたという経緯が存在するが、性愛の技術が説かれる前提として、『結婚読本』では、「吾々は、決して、性的享楽を家庭外に求めてはならない」と宣言されている。また『完全なる夫婦』においても、「結婚は一夫一婦制の愛の結合の永久形態」とされ、「肉体的合致といふ成分なくしては、満足な精神的愛が殆ど与えられないのと同様、精神が愛に属することなしには、理想的交合といふものは殆どあり得ません」と性愛一致・霊肉一致の理念が説かれることになる。つまり「霊肉一致」を具現するものとしての性愛技術は、婚姻内の性欲に限って、その利用価値を認められたわけである。

いっぽう、夫婦間の性行動がエロス化される背景には、夫婦外・婚姻外で発動する性欲に対する規制強化が存在したと思われる。第一に、婚前男女の性欲、特にオナニーは、精神・身体に多大な害を与えるものとして、厳しく禁圧された。医学においても性教育においても、オナニー有害論が強調されることとなった。第二に、公娼という国家公認の制度が存続していたとはいえ、公娼制度の是非を論じる「公娼/廃娼論争」の過程で、売買春そのものは悪いことである、公娼制度は「必要悪」であるという認識が、立場の左右を問わず共有されるようになる。第三に、同性愛が「変態性欲」として扱われるようになる（古川［1993：218-222］）。かつて「色道」「衆道」の範疇に属し、「男色」と呼ばれていた男性同士の色恋も、女性同士の恋愛も、「同性愛」として、性欲の「変態」として、糾弾される。性欲が「男女両性間に働く本能」と定義される以上、同性間に働く性欲は「変態」性欲として扱われるしかなかった。第四に、「貞操」や「純潔」や「一夫一婦」の価値が称揚され、特に、一九一二年『青鞜』誌上における処女論争や、二〇年代婦人雑誌における貞操言説を通して、婚姻前の純潔が、女性自らが追及すべき価値として浮上した（牟田［1996］）。女性のみならず男性においても「貞操の男女平等」が主張され、少なくとも言説上は、男女平等に基づく相務的貞操が主流となる。

このように、夫婦外・婚姻外で働く性欲に対しては、一九一〇―二〇年代にかけて、明らかに規制強化の傾向が認められる。この時期を、西洋出自の性に対して抑圧的な規範すなわち「セクシュアリティの近代」が導入・定着された時期と仮定するならば、夫婦間の性行動に対しても規制が強化されたと考えてしかるべきであろう。しかし、実際に起きたことはそうではなかった。夫婦間の性行動だけは、「霊肉一致」「性愛一致」の掛け声の下に、規制緩和され、エロス化されたといってよいのである。

なぜ、こうした事態が生じたのだろうか。それはおそらく、日本社会の言説空間においては、性欲が宗教的理由や倫理的断罪によって、絶対的に否定されるべきわけでも、唾棄されるべきわけでもなく、何らかの形式のもとで満足させるべきものと考えられていたからだろう。たとえば当時の性科学者や日常世界を生きる人々の間では、「オナニーするくらいなら結婚してセックスを充実させよ」「買春制度をなくすためには早婚が必要だ」、「オナニーと買春は、どちらがましか」といった形式で、性欲のエコノミー問題の解消が図られていた。性欲内での行為がより詳細に分節化され、性欲そのものを否定するのではなく、その社会的配分（エコノミー）が問題となったのである。こうした形での問題解消の一環として、夫婦間性行動のエロス化があったのではないか。つまり夫婦間の性行動は、他の性行動の規制強化に伴う代補としてエロス化されたのではなかろうか。

実は同じことは、第二次世界大戦後の性規範についてもいえる。特に、オナニーと売買春の関係は、しばしば問題となった。一九一〇―二〇年代にかけて大流行した、「オナニーは精神・身体に悪影響を与える」というオナニー有害論は、三〇年代後半から四〇年代にかけて「オナニーの有害性は限定されたものであり、さほど大害はないが、なるべくなら慎むべきである」という、より微弱な有害論へと変化していく。わたしは前者を「強い」有害論、後者を「弱い」有害論と名づけているが、この、「強い」有害論から「弱い」有害論へという、オナニーの規制緩和の背景にも、性欲のエコノミー問題が存在していたと思われる。

一九三〇―四〇年代の未婚男性をしばしば悩ませていた問いは、「オナニーすべきか、しからずんば女を買うべきか」という問いであった。性科学者ですら、この問いに容易に結論を出せていない。たとえば阿勝信正は、戦後直後に出版された『性の科学』(一九四七年)の中で、若者の性行動として「禁欲か、自瀆か、買娼か、私通か」という四つの選択肢を提示しながらも、「思春期から結婚にいたるあひだの性の煩悶をいかなる方法で解決するのが一番よいか、それは本書を通じて読者諸賢がそれぞれ判断していただきたい」と解決策を提示できない(阿勝[1946:111])。

だが次第に、「買春するよりはオナニーのほうがまし」という言説が主流になっていく。このときに用いられたのが、売買春に対する道徳的非難・悲惨さの強調であり、婚前純潔の大切さの強調であった。たとえば荒垣恒政は、「結婚前の男が、性欲を押えることが出来ないからといって、商売女に交渉をもつということは、人道上決して正当化することの出来ないことである」として、「性欲衝動をおさえる禁欲を、異性の身体から自分自身に向けて解決する」自慰を奨めている（荒垣［1952：62-63］）。また六〇年代の性啓蒙書のベストセラーといえる、謝国権の『性生活の知恵』（一九六〇年）では、「自慰は、その利用如何によっては、未婚の男性および女性にとって、むしろ健全な性的はけぐちであると著者は考える。少なくとも、自慰を抑制するあまり不健全な性交に依存したり、童貞や処女の価値を必要以上に無視したり、あまつさえ強姦その他の性的犯罪に走ることよりは、本人にとっても社会にとっても、自慰のほうが遥かに合利的であり、また合目的的でもあるはずだ」（謝［1960：220-221］）とされている。ここでも、買春や強姦や婚前性交の利害得失と比較される形で、オナニーに対する規制が緩和されているのである。

このように「性欲＝本能論」という言説パラダイムの内部においては、性欲をどのタイプの性行動によって充足させるべきかが、重大な社会問題となっていた。そして夫婦間性行動、同性愛、売買春、オナニー、婚前セックスという形で分節化された性行動は、道徳性や医学的有害性を相対的に比較衡量されることによって、社会的規制が強化されたり、緩和されたりしていたわけである。

5　性＝人格論

だがやがて、「性欲＝本能論」に対抗し、凌駕するような新しい性の意味論が登場する。それは、性は本能ではなく、人格を構成する中核的な要素であるとする「性＝人格論」である。性＝人格論の源流は、「性欲の人格化」を唱えた厨川白村や、他者の人格に配慮しない性のあり方を退けた石原純ら、〈恋愛至上主義〉に求めることが可能である。ただ「性＝人格論」は、仔細に眺めれば、二つの異なる要素から成り立っている。一つは「性は人格の中核にある」とする、ジグモント・フロイト流の精神分析理論をベースとする性＝人格論であり、いま一つは、「人格である性を道具（モノ、商品）のように取り扱ってはいけない」とする、イマヌエル・カントやグリーンの人格目的説に基づく性＝人格論である。前者を「フロイト式の性＝人格論」、後者を「カント式の性＝人格論」と読んで区別することにしよう。

北村透谷が恋愛について論じたことを嚆矢として、大正期には〈恋愛至上主義〉が知識人の間を席巻したが、社会全体の中でみれば、〈恋愛至上主義〉はまだまだ一部知識人によってのみ高唱されるマイナーな思想であり、実際に、恋愛至上の生き方を選択する男女はそれほど多くなかった。また実際にそうした生き方を選択しても、社会の側からさまざまな非難を浴びることになった。だが第二次世界大戦後、アプレ・ゲールの掛け声とともに、恋愛は、歌謡曲、小説、映画、テレビ・ドラマといったマス媒体において謳歌される理想となり、また次第に現実世界を生きる人々にとって、よりリアルな「生きられた経験」となっていった。こうした事情に関しては、藤井淑禎（藤井[1994]）が詳しい。

このように生きられた経験としての恋愛を、後追い的に追認しつつ、かつ警鐘を鳴らした装置として、戦後の純潔教育を挙げることができる。たとえば、一九五五（昭和三〇）年に、純潔教育分科審議会より文部省に提出された「純潔教育の普及徹底に関する建議」では、「個人生活、社会生活において人々の思考や行為に深くつながる、いわば人間性の本質につながるところの『性』」という表現がみられる。性が人間性（＝人格）の中核に位置するという、フロイト式の性＝人格論が述べられている。また文部省社会教育局が一九五九（昭和三四）年に一般向けに作成・配布したパンフレット『性と純潔』では、「近ごろ、若い人々の間には、自由や平等や、人間的であるということのはきちがいから、ともすると人格のうちの性の尊厳を忘れて、これを単なる享楽の道具としか考えない人が、ときどきある」として（傍点引用者）、相手の立場を考えないセックス（強姦など）や恋愛を伴わない合意ずくのセックスを、「お互がお互を道具のように考える。これは人間同士の関係ではないと思います。それは一種の取引です」（文部省社会教育局［1959：12］）として否定する。ここでは男女の関係は取引関係でのみ満足できるものではなく、恋愛関係、「幸福な人間的結合」を有していなければならないとされる。このように純潔教育の言説においては、「人間性の本質、人格としての性」というフロイト式の性＝人格論と、「性を道具として利用されてはいけない」というカント的性＝人格論が接合されているということができる。

だがこの二つの性＝人格論は、七〇年代を迎える頃から、次第に分裂の様相を呈するようになる。フロイト式の性＝人格論においては、「性を通して自己自身を知るべし」という性的自認の側面が強調され、たとえば「オナニーは、セックスとは異なる想像力の世界であり、それを通して自己の性的指向を確認できる」という〈オナニー至上主義〉的な言説が生産されることになる。一方カント式の性＝人格論においては、愛やコミュニケーションが至上の原理となり、「愛があればどんな性行動もＯＫ」「愛とコミニュケーションを欠いたセックス（たとえばオナニーや売買春）には価値がない」といった、〈セックス至上主義〉が語られることになる。

実は、性＝人格論が登場してくるときには、もう一つ重要な特徴があった。それは「性欲」とは区別された「性」こそが議論の中心なのだ、という発想である。それはまずは「性」が「性欲」とは異なり本能ではない、という議論として現れる。たとえば大島ほか編『学校における性教育』（一九五三年）では、性教育の必要性を力説する際に、「人間の性行動は本能ではない」、したがって「なにも教えなくてよいというのは、誤りである」という形で使われている。「性」と「性欲」は明確に分離され、性なしでは人間とはいえないほどに、性は人間性と関連づけられる。「性」は「性欲」ならざる「人格」として構成されたわけである。

6　親密性パラダイムと「性欲／恋愛二元論」の消失

「性欲＝本能論」から「性＝人格論」へ、という大きな意味づけの変化の過程で、「性欲をどのような性行動によって満足させるべきか」という性欲のエコノミー問題は、さまざまな性行動に対する社会的規制の強弱を決定する審級としての位置付けを喪失させていくことになる。その代りに登場したのが、「性は人格であり、性的な関係は、男女平等・人格対等に基づく恋愛に裏打ちされたものでなければならない」という思想である。特に、性的な場面における愛やコミュニケーションの重要性を強調する言説、すなわち〈親密性のパラダイム〉が、六〇—七〇年代にかけて、あらゆる性行動を正当化する最終的な審級となっていく。たとえば婚前純潔規範が婚前性交を容認する規範へとって代られる際、多用されたのは「愛し合っているなら婚前性交もいいのではないか」というレトリックであった。同様に、同性愛に正当性を与えようとする言説においても、「同性愛は、当人同士の合意と愛があれば問題はない」といった言説が語られた。逆にオナニーは、「他者とのコミュニケーションを欠いた、ひとりよがりの性」、売買春は「愛のないセックス」として否定されるようになる。

「買春は女の体を使ったオナニーである」とするフェミニズム的な言説など、その最たるものである。さらにいえば、かつて「霊肉一致」の実現可能な場所として「性愛技術」の導入が説かれた夫婦間の性行動は、もはやそれのみが特権的にエロス化されるというにはほど遠い。婚姻という制度の枠を離れた場所に、エロス化された性は散在するようになっている。このように、〈親密性のパラダイム〉が、性欲＝本能論によってもたらされた〈性欲のエコノミー秩序〉を凌駕し、駆逐しつつあるというのが、現代の言説状況であると思われる。

〈親密性のパラダイム〉は、基本的には、恋愛によって性欲を人格化しようとした〈恋愛至上主義〉や性＝人格論の後継者と呼びうる言説群である。性欲＝本能論の側からみれば、それらは自らの外部に存在するパラダイムであったはずである。あえてレトリカルに表現すれば、隠匿され卑下されてきた性欲は、自らのステイタスを上昇させるために、恋愛という世間的な価値のほうへ、わが身を摺り寄せていったといえるかもしれない。もっとも〈恋愛〉の側も、はじめからその存在を社会的に肯定されていたわけではなかった。〈恋愛至上主義〉は、恋愛を世間的に認められる価値とすべく、性欲を卑下し、否定項としていたフシも、なくはない。これが萌芽的な統合をみたのが、一九三〇年代の「霊肉一致」の思想であり、その実現形態として、戦後におけるヴァン・デ・ヴェルデ『完全なる結婚』（一九四六年）、謝国権『性生活の知恵』（一九六〇年）などのベストセラー化があったと考えられる。橋爪大三郎は『完全なる結婚』を、結婚における霊肉一致を称揚する「戦後民主制の性愛観」に同調するテクスト、『性生活の知恵』における男女のオーガズム一致の理想を、「高度成長期に、都市核家族の主婦層にあまねく行きわたった性愛観」と評している（橋爪[1995]）。

結果的に、「恋愛」と「性欲」の蜜月戦略は、ある程度の成功を収めたといえる。恋愛は戦後一貫して、その価値づけを上昇させ、いまでは「恋愛せざるもの、人にあらず」といった、ある種苛烈な状況を生じさせてすらいる。他方、性欲は、「性愛一致」という旗印のもと、恋愛の価値上昇のおこぼれにあずかる形で、自らの社会的正当性を主張していった。だがそれは同時に、性欲に固有の作動法則を喪失させてしまうことでもあった。「性欲」は、かつて身体の内部にありつつ外部的であるような両義的な存在、個人的な事象でありながら社会的な統御が目指される存在、恋愛という関係とは相対的に独立に作用する存在として意味づけられていた。性欲には性欲固有の作動法則が存在するとされ、その個人的・社会的統御が目指されていた。だが、性＝人格論や〈親密性のパラダイム〉においては、愛とコミュニケーションが、あらゆる行為の正当性を裁断する基準となり、性欲に固有の作動法則は存在しなくなったかのようにみえる。恋愛の側に擦り寄っていった性欲は、結果的に恋愛にとりこまれることになり、性欲ならざる性、本能ならざる人格にとって代られていったわけである。

その意味では、わたしたちが生きる現在においては、すでに「性欲」という固有の意味の領域、すなわち「文化としての性欲」は存在しなくなっているのかもしれない。性欲に煩悶する若者、性欲と恋愛の調整に苦慮しながら駆け引きをくりかえす男女、といった表象は、すでに昔物語となってしまった。「性欲」という概念があまり用いられなくなり、かわって「性愛」という概念が頻用されるようになったと、冒頭で述べたが、その背景には、「文化としての性欲」の意味喪失という現実が横たわっているのではなかろうか。それは、性の意味論の変動がもたらす、必然的な結果であるのかもしれない。ただ、「性欲／恋愛」の二元論が失効し、「性愛」の一元論的な世界が訪れたといえ、恋愛と性、ココロとカラダの二項対立までもが完全に失われたわけではない。言説分析の範疇を超えて述べることが許されるとするならば、問題は、恋愛と性欲の二元論が失効した、その先にある。

現代の若者たちにとって、難易度が高いのは、恋愛だろうか。それともセックスだろうか。あえて最後に、この問いを呈しておきたい。婚前の純潔が問題になった時代、少なくとも七〇年代の中盤頃まで、男性にとっては、恋愛関係にある女性をいかにセックスに持ち込むか、女性にとっては、男性とセックスに入るのをいかに引き延ばすか、が恋愛をめぐる問題の中心的位置を占めていた。このような状況下では、少なくとも恋愛関係に入ってはじめてセックスの問題が発生するのであり、明らかに、恋愛よりもセックスのほうが、難易度が高いものと認識されていた。だがいまや、この順序は逆転している。いまやセックスをすること自体は、さほど困難ではない。結婚が前提となるわけでもなく、恋愛の要素すら、実はさほどに重要な契機ではない。彼ら・彼女らにとって問題なのは、セックスを経由した後で、いかに相思相愛の恋愛関係に入ることができるかなのである。近年人気を博した若者向けテレビドラマにおいても、もはや主題は、すでにセックスを経験した男女が、いかに「ほんとうの」恋愛関係を結ぶか、にあるように思われる。九〇年代初頭、「ね、セックスしよ」と女性から男性に誘いかけて大人気を博した『東京ラブ・ストーリー』（鈴木保奈美・織田裕二主演、フジ、九一年）、「一回寝たからって、恋人気取りしないで」と女が男に言い放つ『ふぞろいの林檎たちPart 4』（中谷美紀・長瀬智也主演、TBS、九七年）、セックスしていても恋人への不安と不信が消え去らない『ラブ・ジェネレーション』（木村拓哉・松たか子主演、フジ、九七年）、『パーフェクト・ラブ』（福山雅治・木村佳乃主演、フジ、九九年）、「とけ合うほど体を重ねても何ひとつわかりあえない」と電子メールで詠嘆する『WITH LOVE』（竹野内豊・田中美里主演、フジ、九八年）などなど、九〇年代の代表的テレビドラマはすべからく、セックスを経験しながら、それに安住できず、真の恋愛を求めてさまよう男女の姿を描いている。テレビドラマの表象を、現実社会の趨勢と同一視することはできないが、少なくともここに、性と愛をめぐる現代的な様相の一局面をみてとることは可能だろう。

「恋愛から結婚してセックス」あるいは「恋愛からセックスを経験して結婚」というライフコースが一般的でなくなるにつれて、恋愛と性欲、あるいは恋愛とセックスの関係も一様ではありえなくなってきた。そして、セックスよりも恋愛が困難な時代の到来……。このような時代に、わたしたちはいかなる「性愛の倫理」を築きあげることができるのだろうか。

注

（1）学術情報の整備が八〇年代後半から九〇年代にかけてなされた以上、それ以前のデータ遡及入力が手薄になっていることは避けられず、上記データをそのまま「性愛」を冠する学術文献の量的増加と捉えることはできない。ただ同じ検索方式で、「性欲」をキーワードとした場合と比較することによって、キーワード間の相対的比較は可能である。

第九章　性をめぐる言説と身体

1　『性教育読本』（一九四八年）

一九四八（昭和二三）年七月一五日、読売新聞社から、『性教育読本』という書籍が刊行された。監修者は、慶應大学医学部教授の林髞（生理学専攻）。木々高太郎という名の探偵小説家としても知られる人物である。厚生省予防局長・濱野規矩雄が序文を執筆しており、それによると、「性の何物たるかを知らせる性病の恐るべきことを熟知して貰う事が、封建時代より民主時代への転換の一つの大きな回転である」という濱野の願いを読売新聞社が取り上げ、東京大学、慶應義塾大学医学部の教授たちに執筆を求めることになったという。「電車の中でもオフィスの机の前でも、何処で読んでも、子供に読ませても、誰に読ませても自然である性教育読本が出来る事」が第一の目標とされ、全一〇章中、林が五章にわたって執筆している。

ここで注目してみたいのは、終戦の混乱が収まりきらぬこの時期に、性病予防という明確な目的で書かれた一般向けの性教育読本が、性病、純潔、オナニーといった性にまつわる事項同士をいかに関連づけているか、ということである。性病とその予防は通常医学的問題として取り扱われ、社会的衛生の観点から論じられる事象である。それが結婚前の性交やオナニーといった性的行動に与えられる社会的規範、道徳のあり方にどう関連し、相互に作用しあっているかを確認したい。

まず性病については第八章「性病は増えているか」（濱野規矩雄）で、終戦に伴う公娼廃止政策のもとで私娼、パンパンガールが増加したとされている。また性病の予防については第七章「性病の予防」（田村一・慶應大学教授）で、「夫婦以外の性交は相手の如何によらず病毒感染の危険があるものと思わなければならない」という立場から、「人を見たら泥棒と思え」という諺以上に、性病感染に対する警戒が必要とされる（田村［1948：138］）。

このとき性病予防の対処法として提示されるのが、「純潔」である。「現在の如くに敗戦によってあらゆるものが荒廃し、道義が退廃し、性的刺激が露骨となっては、性道徳も紊乱しがちである。（中略）純潔が保たれて、健康な結婚に入り正しい生活が営まれる以上は、性病など全く問題外である。従って吾々は国民特に青年諸君が好ましくない環境に誘導されることなく、毅然たる態度をもって、性道義に則った純潔を保つように努めて欲しいと念願するものである」（田村［1948：132］）。この本が刊行される頃には、一九四五（昭和二〇）年一一月に公布施行された花柳病予防法特例、GHQによる公娼制度廃止に関する覚書（一九四六年一月）を受け継いで、厚生省が新しい性病予防法制定の準備を進めていた。(1) また文部省純潔教育委員会が「純潔教育基本要項」を策定するのは、一九四九（昭和二四）年のことだが、ここでは純潔という婚前男女の性規範が性病予防という観点から提起されていることが確認できる。

他方、オナニー（自慰）についてはどうか。第五章「性教育の順序」では、「自慰は子供たちの間で男女ともごく普通に行われる。（中略）それは局所の炎症を稀れにおこす以外にはさしたる害はない。人が聞かされている様な例えば、眼が悪くなるとか、その他如何なる種類の精神の病気にもならぬ」と、その医学的有害性が明確に否定されている（宮田［1948：79］）。第九章「オナニイと性的神経衰弱」では、より率直に、性欲問題の解決方法としてオナニーが登場する。曰く、性欲は人類の有する神聖にして、しかも強い二大本能である。教養の力によって、性欲を抑制し、浄化して禁欲生活を守り続けることがもっとも望ましいが、それは必ずしも容易ではない。となると、「その選ぶ道はオナニイと異性を求めるとの二筋道であると思う。そして多くの者はオナニイを誰れに教わることもなく経験するようになる。之は決してほむべき行為ではないが、或る程度はやむを得ないと云わざるを得ない」（田村［1948：166］）。

宮田重雄はオナニーには医学的な害がないと述べ、田村一はオナニーを「ほむべき行為ではない」が「或る程度はやむを得ない」としぶしぶ認めている。論理的に考えれば、この両者の態度は矛盾しているようにも思える。なぜなら、もし本当にオナニーが医学的に無害であるのなら、どれだけやっても構わないという処方箋が書かれてもおかしくないからだ。少なくとも現在の私たちならば、そう考えてもまったく不自然ではない。

だが一九四〇年代当時においては、医学的に無害であるにもかかわらず、できることなら回避すべき行為というのが、オナニーに与えられた意味づけの最大公約数であった。実際、オナニーは医学的には無害だと断言したはずの宮田も、「自慰をする子供には、興味のある仕事、運動、遊びを一杯に持たせて、友人か家族たちと愉快に暮らすように仕向けるのが最良の方法である」と、オナニーをなるだけ回避するよう勧めているのである。

繰り返すが、医学的に無害なら、なぜ好きなだけやってよいと開き直ることができないのか。なぜ「ある程度はやむを得ない」としぶしぶ認められるにとどまっているのか。答えを解くカギは、第十章「性教育と産児調節」にある。執筆者は林髞。林は、ある高等学校に招かれ、若い学生たちと行った座談会の模様を紹介している。やや長くなるが、主要部分を引用する（林［1948：175-179］、引用は適宜現代仮名遣いに改めた。以下同様）。

学生「オナニイは害があるといわれますが、それはどんな害ですか」

林「害があるという説はまちがいです。絶対にオナニイそのものに害はない。ただ害があるといわれて恐れる精神に害があるのです」

学生「でも、それは不自然の行為でしょうか」

林「不自然の行為とはいえましょう。しかし、反自然の行為では絶対にありません」
学生「反自然でなくても、不自然ではいけないと思います。これを自然の行為によって、不自然の行為を避けるために、町の女達を相手にするのと、その結果についてはどう違うでしょうか」
林「非常に違います。最も重要な違いはあとにのべることにして、第一に性病に対する危険があります」
学生「性病に対する危険はないように特別の考慮を払ったらどうでしょう。もちろんその外に金銭上の問題がありましょう。しかし、これも経済上の考慮をして調整するという実際上の注意をしたらどうでしょう。率直に、オナニイといずれが選ばれるべきかを聞かして下さい」
林「よろしい。ことは最も重大な違いといった点にあります。性病についても、経済上の点についても、心配がないとしても、唯一の最大の問題があるのです」
学生「それは何でしょうか」
林「それは貞操の問題です。町の女達を相手にして、それが習慣となると、その男性は一切の節操観念を失います。それが青年諸君のために最も重大な問題です」
学生は、「オナニーは無害だが、不自然である。ならば、性病と経済上の問題に注意すれば、町の女たちを買ってもよいのではないか」と問いかけている。これに対して林は貞操の観点から買春行為を否定する。だが、学生はさらに食い下がる。

学生「現に町の女達が存在し、そして、その人達は自由意志で売淫行為をしています。その自由意志を否定することになりますか」

林「自由意志を否定しません。それは人権の自由と平和の立場で否定すべきものではありません。然し、その自由意志の生じ来った事情が問題です。その事情は、我等共同の社会問題であって、その社会の機構を改めざる限り、存在を否定しえません。然し、その事情に思いをいたさず、存在するから利用という根拠はでてきません。」（後略）

学生「もう一つ最後の問題があります。すると先生はオナニイを奨励しようというのですか」

林「奨励ではありません。肯定です。——この言葉は含みが多すぎると諸君は言いますか。然り、正に含みが多い。そしてその含みは今までの私の答えのうちにすべて入っていると存じます」

林の回答には、奥歯に物が挟まったような歯切れの悪さが感じられる。たしかに林も冒頭で、オナニーが無害であることを認めている。だがそれを「奨励」するわけではなく、「肯定」するというのだが、これは「オナニーを黙認する」というのとほぼ同義だろう。なぜ黙認するのか。はっきりいえば、（異性愛男性にとっての）オナニーが、純潔・貞潔でない買春行為を代補・代償する行為としてのみ、その存在意義を認められているからである。

2　セクシュアリティの歴史における分水嶺

『性教育読本』から透けてみえるのは、一言でいえば、「不純潔な買春行為に走るくらいならオナニーもやむを得ない」という思想である。こうした発想は、現代の私たち、少なくとも一九七〇年代以降に思春期を過ごした人びとにとっては、いささか馴染みにくいものであろう。というのも自己が自己の身体に性的に介入するオナニーと、他者との身体的接触や性器接触を伴う買春（さらに一般化すれば、他者との身体的接触を伴う性行為全般）とは、欲求充足の作法としてまったく別物と考えられているからである。セックスとオナニーの関係について、現在では、「オナニーはセックスの代償行為」、すなわち一方の頻度が増えれば、他方の頻度が減るような関係とは捉えられていない。一例のみ挙げれば、一九九〇年代初頭のアメリカ人の性生活の実態を活写して話題となった『セックス・イン・アメリカ』でも、「よくセックスをする者ほど、よくセックスについて考え、よくマスターベーションをする」という結論が示されている（Michael, Gagnon, Laumann, Kolata 1994＝1996：191）。これが私たち現代人の「性の常識」だとすれば、「買春よりもオナニーを」というスローガンは、どこかとんちんかんなものに映る。

ところで私は、一九九九年四月に『セクシュアリティの歴史社会学』という書物を上梓した（赤川［1999a］)。これはごく大雑把にいえば、日本語圏における性／性欲やオナニー／マスターベーションに関する言説の百年史というべき内容だが、この中で、「買春するくらいならオナニーを」「オナニーするくらいなら早婚を」といったような言説が、一九三〇年代頃から一九六〇年代にかけて、形を変えて何度も登場することを論じてきた。この時期、「抑制しがたい性欲を、どの性行動によって満足させるべきか」という問いが、現在私たちが想像する以上に、広く社会的に共有されていた。これを私は「性欲のエコノミー問題」と名づけた。「買春するくらいならオナニーを」という言説は、性欲のエコノミー問題に対する、ある種の解決策の提示なのである。

「性欲のエコノミー問題」が多くの人びとに共有されるようになるためには、「性欲」という概念に特定の意味付与がなされる必要がある。一言でいえば、それは性欲＝本能論という形をとる。斎藤光によれば「性欲」という概念は、森鷗外『月草』序文（一八九六＝明治二九）が初出だが、その後、鈴木大拙の「性欲論」（一九〇〇＝明治三三）が本格的な性欲論の嚆矢となり、一九一〇年代以降、羽太鋭治・澤田順次郎・田中香涯らの通俗性欲学を通して人口に膾炙する日常用語となる。羽太鋭治の言葉を借りれば、性欲とは「生物界における両性の本能、即はち両性の間に存する一種感情の謂」であり、その本質は「自己快楽を満足せしめんとするに外ならざるなり」（羽太［1915：二］)。それは、子孫を残したいという生殖欲とも、他者とつながりたいという恋愛感情とも異なった独特の法則（メカニズム）に従っている。それは「人類進化の原動力」でありながら、「道徳又は教育の如く、単に一方面のみを有して、人を正直に導くものではないので、之れが濫行は人の徳を破り、社会を紊乱して、恐るべき害毒を流布する」（羽太［1921：28］）。だから、「性欲に就いては従来のやうに只訳もなく抑えよ禁欲せよと云ふ事ではいけない。適当に之れを満足さするやうにせねばならぬ」（羽太［1926：47］）ということになる。「適当に満足させねばならない」性欲を社会的・道徳的に方向づけること、すなわち性欲の善導が目指されるのである。

一九一〇年代から二〇年代にかけて、性欲について論じる言説の空間においては、夫婦間に発動する性欲のみが極大に正当化され、他の性欲発動の形式（オナニー、同性愛、婚前・婚外性交、売買春）に対する規制は強化された。オナニーは精神身体の両面に悪影響を与えるというオナニー有害論が主体的な言説となり、同性愛は「変態性欲」の一種として扱われ、婚前性交は「純潔」の名のもとに抑止される。いっけん男性性欲の放埒がまかり通っていたとされやすい売買春ですら、廃娼論・公娼論いずれにおいても売買春が「必要悪」であるという認識は共有されていた。一九二〇年代には「夫婦和合の鍵はセックスにあり」とされ、夫婦間性行動における愛撫・ペッティングや、男女のオーガズムの一致の重要性が強調されるようになるが、こうした夫婦間性行動のエロス化というべき事態は、他の性欲に対する規制が強化したことの代補として生じている。

一九二〇年代における夫婦間性行動のエロス化と、その他の性欲に対する規制強化によって成立している性欲の配分構造、私はこれを「性欲のエコノミー秩序」と名づけたが、これは「セクシュアリティの近代」を典型的に示している。「買春よりオナニーを」という性欲のエコノミー問題は、実はこの性欲のエコノミー秩序にやや変容の兆しがみられる頃から、人びとの間に現実的な問題として認識されるようになる。

もっとも「買春かオナニーか」という問題自体には、前史がなかったわけではない。特に医学的な専門誌である『東京医事新誌』上において一八八五（明治一七）年になされた手淫論争で山崎賛は、オナニーを衛生的には害があるが、芸娼妓を買って家産を傾けたり、性病を遺伝させたり、姦通するよりはましな行為と捉えていた（『手淫論』）。だがすかさず石川慈悲蔵による反論がなされた。石川は、有害なオナニーに耽溺するよりは検梅制度が整った状況下での買春を行えばよいとしたのである（「読相河君手淫論」）。論争はここで打ちどまり、結局どちらがよいのか、結論は共有されていない。山崎による再反論がなかったことを重視すれば、「買春はオナニーよりまし」という見解が勝利していたとさえ考えられる。「性欲のエコノミー問題」は少なくとも一九三〇年代頃には、医学者のアカデミックなフィールドをこえて、市井の人びとの間にも認識され、殊に未婚者の性の問題としてクローズアップされるようになる。一九三七（昭和一二）年、評論家・江原小弥太は「自瀆も性交も慎まなければならぬと云つて、禁欲が不可能とあらば、一たい未婚者の性の悩みはどうすればよいか、おのづから問題は自瀆か性交か、しからずんば禁欲かといふことになる」と、その悩みと迷いを打ち明けている。

生理的にも心理的にも悪癖（引用者注：オナニーのこと）は不自然であって、性交は自然のものだ、不自然といふことは心身に害毒をおよぼすといふ意味だから、この意味に於て悪癖をやめて、買娼へおもむくべきだとなる。またそのために買娼が公許されてあるのだ。しかし性交は自然のものだから心身にちょくせつの弊害はないにしても、その人々によって附属的の弊害があって、悪癖のごとく自分だけにとどまらず、人事関係で外部にいろいろの事件騒動をまきおこし、また当人の生活を堕落せしめたりすることがある。それから見ると悪癖の方がその罪軽しといふことになる。(江原［1937：110］)。

この時点でも、江原の悩みには明確な決着はつけられていない。「買春よりオナニーを」という言説が明確に主流化していくのは、一九四〇年代に入ってからである。まずは、フロイトの精神分析学を日本に持ち込んだ人物として知られる精神分析学者の大槻憲二が、『続・恋愛性欲の心理とその処置法』の中で、「現代知識階級青年の多くは、相当の程度にまで徹底して来た情操教育や衛生思想に依って売淫機関を利用することが余程少なくなって来たやうである。然らば、その方面にはけ口を避けた彼らの性本能はどのやうな方面に於いてはけ口を発見するかと云ふに、それはオナニーであると云ふに私は躊躇をしない」と宣言している（大槻［1940：37］)。大槻にとってオナニーは、買春にくらべれば「青年の性処置法として最も合理的」なのである。さらに売春防止法の制定を目前とした一九五〇年代に入ると、「買春よりオナニー」という言説が、江原の迷いを振り払うかのように、決然と述べられるようになる。医学者・荒垣恒政は、「結婚前の男が、性欲を押えることが出来ないからといって、商売女に交渉をもつということは、人道上決して正当化することの出来ない」として、「性欲衝動をおさえる禁欲を、異性の身体から自分自身に向けて解決する」自慰を奨める（荒垣［1952：62-3］）。さらに原浩三は、「売春を否定しオナニーを認めよう」と宣言しつつ、「男女の性行為は、真の愛情ある男女間のみに許さるべきものとすべきではあるまいか。そしてただ性の発散に対象を欠く人々は、当然オナニーなり慰安具に赴くべきだろう」と述べる（原［1955：12-13］）。「オナニーより買春を」という対抗言説が、少なくとも管見の限り、この時期以降全く存在していないことから判断して、「買春よりオナニーを」という言説の勝利はこの頃確定したといってよい。してみると、冒頭にみてきた『性教育読本』の思想は、「買春よりもオナニーを」という潮流における、戦後もっとも早い時期の言説として位置づけることができるだろう。

3　性欲のエコノミー仮説再考

夫婦間性行動を極大に正当化する「性欲のエコノミー秩序」においては、「買春かオナニーか」という性欲のエコノミー問題は、江原の懊悩にみえる通り、まずは未婚男性の性の問題として提起されていた。もちろん性欲の言説空間においてもっとも望ましいとされていたのは、結婚するまで純潔（処女・童貞）であることを保ち、性交する機会を夫婦間に限るという純潔規範であった。だが、それが現実的な解でないとすれば、どのような妥協がありうるか。実はオナニーは婚前の男女交際や、強姦との間で比較衡量されたりもする。だが、もっとも人びとの間で意識されていたのは

「オナニーか、買春か」という二者択一であり、ここで問題にしたいのは、その二者択一が、なぜ、いかにして、「買春するよりはオナニーのほうがまし」という形で解消されるに至ったのか、ということである。言い換えれば、このような言説変容の背景にどのような社会的・歴史的要因が想定可能なのか。

ここで即座に思いつくのは、「一九一〇〜二〇年代では、オナニーは医学的に有害であり、売買春は衛生的、道徳的に有害とされていた。だが、オナニー有害論の間違いが指摘され、オナニー無害論が次第に優勢になるにしたがって、『買春するくらいならオナニーのほうがまし』という言説が有力となっていった」という説明だろう。オナニー有害論という誤謬から無害論へ、という科学的真理の発展を説明変数とし、それに対応して「買春よりはオナニー」という性規範が変化したのである、と。

この説明は、それなりにもっともらしい。「オナニーが近眼、神経衰弱、インポテンツなど万病の原因になる」というオナニー有害論は、論理的・科学的推論の観点からみて間違っていることは明らかだからだ。オナニー有害論は、とある結果（疾病）が生じているときに、その既往歴に（過度の）オナニー習慣をみいだし、それを疾病の原因とみなす。だが論理的推論の初歩に立ち返れば明らかだが、「オナニーが原因で、疾病が結果」という因果関係を主張するためには、疾病患者の既往歴として（過度の）オナニーが観察されることを示すだけでは不十分であり、さらに、疾病にかかっていない患者に（過度の）オナニー習慣がないことを示さなければならない。(2) だが既存のオナニー有害論において、そうした手続きにしたがっているものは皆無である。「過度のオナニーが神経衰弱の原因である」という有害論の主張よりも、「もともと神経衰弱傾向のある人が、過度のオナニーに耽りやすい」という無害論的言説のほうが、はるかに説得力があることはたしかだ。

だがこの説明だけでは、不十分である。少なくとも私は、納得しない。なぜなら「有害論から無害論へ」という言説変化が本当に生じているのならば、「オナニーは無害なのだから、好きなだけやって構わない」という結論が導出されてしかるべきだからだ。(3) だが実際には林の言説に顕著なように、この当時は、「オナニーは医学的には無害だが、できれば避けたほうがよい」という言説が主流を占めていた。ちなみに赤川［1999a］では、これまでの性教育史で一般的に語られてきた歴史、すなわち、戦前は山本宣治ら一部の例外を除いてオナニー有害論が跳梁跋扈していたが、戦後はオナニー無害論が勝利するという、有害論／無害論の二元的対立の歴史に代えて、近代日本医学・性科学におけるオナニー言説を、「強い」有害論／「弱い」有害論／必要論という三層構造に分類したほうがより適切であることを示した。このことを前提にすると、「オナニーは医学的には無害だが、できれば避けたほうがよい」という言説は、一九三〇～六〇年代に主流を占めた、オナニーの有害性を低く見積もる「弱い」有害論に属することになる。

なぜ、オナニーの有害性を強く見積もるオナニー有害論（私の言葉では「強い」有害論）から、オナニーの完全な無害性、ないし性的発達上の必要性を論じる無害論（私の言葉では必要論）への変化が一気に生じず、「弱い」有害論という中間段階を経由しなければならなかったのか。問いをこのように変換してもよい。すると、次の点に気づくのである。第一に、「強い」有害論から「弱い」有害論への変化は、性欲＝本能論という「性欲の意味論」の内部で生じたものである。すなわちここでは、性欲の完全禁欲は不可能で、何らかの形で満足させなければならないという認識が共有されている。第二に、「オナニーは無害だが、なるべく避けたほうがよい。だが、必要ならば認めざるを得ない」という、林ら「弱い」有害論者に代表される逡巡の背景には、性欲のエコノミー問題を「買春するよりはオナニーのほうがまし」という形で解消しようとする言説の力学が存在したのではないか、ということである。科学的な真理の発展の反映物として、言説空間における性規範が変容したと説明するのではなく、社会の側における諸々の事情やそれに対する人びとの判断が、いっけん科学的とされている言説の変容に影響を与えていたという、新たな説明を導出したいわけである。口幅ったい言い方かもしれないが、そうした契機を見いだすところにこそ、単なる科学史ではなく、歴史社会学としての言説史の妙味があるのではなかろうか（もっともそれを裏返しの「社会決定論」、知識社会学的イデオロギー批判にしたいとは思わないが）。

4 『セクシュアリティの歴史社会学』は近代家族還元論か

ところで賢明な読者は、気づくであろう。「強い」有害論から「弱い」有害論への変化の背景に、「買春よりオナニー」という性欲のエコノミー問題があったとする。ならば、「買春よりオナニー」

という判断が成立したのはなぜなのか、と。この問題について鋭く切り込んだのが、永田えり子氏（以下、敬称略）である。永田は拙著に対し、「本書はやはり「近代家族還元論」なのではないか、やはり、その抑圧性を暴き出した書なのではないか」と指摘し、次のように言う。

日本における性の近代とは、「恋愛＞結婚＞自慰＞買春＞性犯罪／『変態』性慾」という「性の階梯」（性に関する社会的厚生判断）が確立してゆく時期だったということになる。問題は、「なぜ」このような階梯が成立してきたのか、ということだ。たとえば自慰と買春のどちらがましなのか。理屈の上ではどちらが勝っても不思議ではない（略）。にもかかわらず、どちらかの説が受け入れられ、定説化する。

著者によれば、自慰＞買春が成立したのは、売防法の力が大きかったという。だが、それではなぜ売防法が成立したのか。それは売買春を罪悪視する言説が社会的に盛り上がったから、ということになろう。ではその理由は何なのか。性＝人格論が台頭したからだろう。すると、なぜ台頭したのだろうか。

こう考えてゆくならば、結局のところ自慰論もロマンチックラブイデオロギー還元論で読み解ける、ということにならないか。つまり「ロマンチックラブ・イデオロギー」や「近代家族」、「一夫一婦制の確立」が、近代化による倫理の普遍化と手を携えてやってきた。そして自慰は上記のイデオロギーにとって微妙な位置にあるだけに、あるときはその逆機能を批判され、あるときはその正機能を評価されてきた。すなわち「恋愛＞結婚＞自慰＞買春＞性犯罪／『変態』性欲」という社会的判断を導く「社会的厚生関数」はやはり、近代家族であったということにならないか。（永田［2001：148-149］）。

まず永田に対して、「性欲のエコノミー仮説」を真正面から議論してくれたことに、心から謝意を表したい。[4] 拙著に対してはさまざまな批判やコメントが存在したが、このような学問的検討に耐え得る批判を、待ち望んでいた。しかも永田のコメントは、非常によくまとまっている上に、的確である。素直に白旗を掲げてもよいのだが、あえて反論を試みさせていただきたい。なぜなら、たしかに私の議論にとって「近代家族」や性＝人格論の息苦しさは重要なモチーフの一つであったが、私の議論がそれに還元されるとは考えていないし、それを望んでもいないからである。私はむしろセクシュアリティをめぐる言説変容のメカニズムが、近代家族や近代国家や社会階層の動向に還元されず、それらから相対的に自律していることを主張しており、そこに「言説の歴史社会学」としての意義があると考えている。

まず些細なことだが、「自慰＞買春」という社会的厚生判断、すなわち「買春よりオナニーのほうがまし」という判断が成立するにあたっては、大きくわけて二つの要因があった。ひとつは性病予防という社会衛生上の理由であり、いまひとつは売春・買春の不道徳性である。一九四〇年代から五〇年代にかけて、前者よりも後者の理由づけが突出してくることはたしかである。つまり売買春を、人格的に対等な関係に基づく親密性、すなわち恋愛やコミュニケーションを欠いた性として批判するような視点が、「買春よりもオナニーを」という判断を下支えしている。この視点、永田の言葉でいえば「ロマンチックラブ・イデオロギー」、私の言葉でいえば「恋愛至上主義」はたしかに性＝人格論の一部を構成しており、その意味では「買春よりオナニーを」という判断を決定づける要因として性＝人格論が一定の寄与をしていることを、私も認めたい(5)。

ところで『セクシュアリティの歴史社会学』が示した見取り図においては、近代日本社会の性欲論には、二つの柱が存在した。ひとつは一九一〇年代に成立した性欲＝本能論とそれに随伴する性欲のエコノミー秩序であり、いまひとつは、性＝人格論とそれに随伴する親密性パラダイムである。両者は一九一〇〜二〇年代に同時に並立してからは、前者の優位のもとに並存してきたが、次第に後者、すなわち性＝人格論と親密性パラダイムにとって変わられつつある。これに対して永田の読解は、近代日本における性の階梯の成立にあたって、性欲＝本能論（と性欲のエコノミー秩序）は「定義域を確保したという功績」にとどまっており、「指令を出し、実際の言説や行動に制約を与える役割は最終的には『性＝人格論』に委ねられる」とする。そして性＝人格論は、ロマンチックラブ・イデオロギーや一夫一婦制と手を携えた「近代家族」の一構成要素であり、性の階梯成立が性＝人格論によってのみ説明できるのなら、拙著の主張もまた近代家族論に還元できるというわけである。

なるほど興味深い。永田の指摘は、その言葉遣いも含めて非常にクリアーだし、とても参考になる。私自身、人格同士の対等な結合にもとづく恋愛こそがさまざまな性行動を裁断する最終審級になるという考え方を「親密性パラダイム」と名づけたが、七〇年代以降、親密性パラダイムが、少なくとも言説空間上においてはほぼ一人勝ちの状況となっていると考えている。ただしその趨勢を、近代家族に還元することは、おそらく困難だろう。なぜなら親密性パラダイムは、近代家族と外延を同じくしないからだ。なるほどたしかに親密性パラダイム、その前駆形態としての恋愛至上主義は、男女の・一対一による・永続的な結合という意味での恋愛結婚の推進力となった時期がある。その意味で恋愛至上主義を、近代家族の一構成要素とみなすことは間違いではない。だがそれは「愛のない結婚は売淫と同じ」というスローガンに示されるがごとく、制度としての結婚に対して破壊的な作用をもたらすことにもなった。親密性パラダイムは、近代家族における「恋愛」の側面を純化させるが、同時に近代家族における「結婚」や「一夫一婦制」の枠組みを壊しかねない。それは、近代家族にとって諸刃の剣なのである。

また七〇年代以降の親密性パラダイムの一人勝ち状況を認めたとしても、そのことから直ちに、近代日本のセクシュアリティ言説変容が性＝人格論によって一元的に説明できることにはならない。赤川［1999a］で詳述したように、恋愛至上主義の系譜から登場した性＝人格論はやがて、「性が人間性やアイデンティティにとっての中核的な要素を担う」というフロイト式の性＝人格論と、「人格である性をモノ（商品）のように扱ってはいけない」というカント式の性＝人格論の二種類に分化していく。そしてフロイト式の性＝人格論は七〇年代以降のオナニー必要論やオナニー至上主義を生み出し、カント式の性＝人格論は親密性パラダイムや、「買春は女の身体を使ったオナニズム」と述べた性の商品化批判につながっていく。性＝人格論還元説のみで歴史記述を押し通そうとすれば、フロイト式の性＝人格論とカント式の性＝人格論がオナニーの評価をめぐって激しく対立するという、性＝人格論の内部亀裂に目配りが効かなくなる。たしかにフロイト式の性＝人格論から導かれるオナニー至上主義は、永田流にいえば、自慰が「あるときはその逆機能を批判され、あるときはその正機能を評価されてきた」一例という扱いになるのだろう。だが、言説の歴史社会学にとって真に問題なのは、どのような歴史的社会的条件のもとで、逆機能を批判されたり正機能を評価されたりするのかなのである。近代家族還元論は、たとえばオナニー至上主義の存在をどのように説明してくれるのだろうか。私には、想像もつかない。あえていえば「近代家族」という変数と、性・性欲に関する言説変容を説明する変数とは、みかけ上相関しているにすぎず、言説の変容を真に説明する変数にはなりえない。言説は、外在的・社会的な諸要因に制約されながらも、基本的には言説それ自体の力学のもとで、自らを変容させていくからである。

5　言説の歴史社会学をめざして

オナニーや性欲をめぐる言説の変容が、近代家族や性＝人格論によって説明しきれるのでないとすれば、近代国家のナショナリズムや、社会階層や、資本制や、男と女の力関係としてのジェンダーといった変数を用いれば、説明できるだろうか。部分的にもそれも可能かもしれない。たとえば「セクシュアリティの近代」の成立の背景に、勃興する新中間層の成立をみてとったり、近代国民国家の影響力をみてとったりすることが不可能なわけではない。だがおそらくそうした説明は、オナニーやセクシュアリティをめぐる言説の変容を完全に説明することはできないだろう(6)(できるのならば、示してもらいたい)。この予想は現時点では、実証的に確認された事実や法則ではなく、私が言説という史資料の山に埋もれる過程で、どうにかこうにかみえてきた経験則にすぎない。だが、それでも言説の歴史社会学にとっては、それなりの出発点にはなると自負している。

ところで拙著に対しては、永田以外からも、いくつかのコメントをいただいた。すでに公的に回答済みのものは省略させていただくとして、言説の歴史社会学を立ち上げるのに重要と思われるもの二つについて、手短にリプライをさせていただくことで本章を終えたい。

第一の批判的コメントは、要約すれば、言説史の手法では実態はわからないというものである。たとえば井上章一氏は、「ところでオナニー有害論のころは、家庭にしつけなど期待されていなかった。広田を信じれば、そうなる。そんな時期にオナニーのしつけはどうなっていたのかが、知りたくなった。赤川の仕事が言論史に限定されており、この疑問にこたえられないのを、おしむ」と記している(井上[1999:145])。かつて井上の『美人論』に対して、「この本は美人言論の歴史であって、美人の歴史ではない」という批判が生じたことを想起させるコメントだが、たしかに拙著では、オナニー経験の「実態」を窺わせるような資料は、存在しないわけではないが、少ない。オナニー経験の実態が地域的に、時代的にさまざまな形をとりえたであろうことは想像に難くないし、実際に聞き取り調査にもとづいて、そうした経験の再構成を行っている試みもある（斎藤修平［1997］）。だが少なくとも私がアクセスしえた資料のなかには、「○×年代の、どこそこ地域では、一般的にオナニーはかくかくの仕方で経験されていた」ことを、十分な信頼性をもって示しているものは稀少であった。もちろんそうした資料に恵まれれば、実態史的な分析は可能であるし、必要でもあろう。しかし私は、信頼性の十分でない「実態調査」なるものや、性医学書、新聞記事や小説にある記述をもとに、過剰な一般化を行うことには慎重であるべきだと判断した。「実態史」を謳うならば、より精緻な史料批判の方法論に基づいた史料解釈がなされるべきだろう。

だがそもそも言説史の妙味は、実態史とは別のところにある。実態史が「×○年△日、誰がどこでどうした」、「○×年頃、△□の地域では、かくかくの行動（や規範）が一般的だった」という事実解明を主眼に置くとすれば、言説史、あるいは言説の歴史社会学は言説の分布とその変容を歴史的・社会的事実と捉え、「○×年頃には、オナニーに関する言説は、かくかくしかじかの分布をしており、こういうタイプの言説が主流である。言説要素AとBはかくかくの形で接続している」といった事実を解明しようとしている。そして、行為や経験に与えられた「意味」の構造を解明しようとするのである。その上で、言説変容の背景としてさまざまな変数を想定し、そのうちどれが、アドホックでない適切な説明たりうるかを検証する。しばしば誤解されるのだが、私が唱える「言説至上主義」は、言説の外側に一切の要因が存在することを認めないという偏狭な立場ではない。

言説の背景に、さまざまな利害関係や権力関係、社会や歴史の変動を読み解くこと自体はなんら問題ではないし、社会学的分析のうまみがそこにあるという言い方も、一定程度認める。だが、そうした説明を採ることによって、言説変容の総体をトータルに、矛盾なく説明できるかどうかが真の問題であり、その検証にどれだけ耐えられるかが、言説の歴史社会学の真価なのである（と私は信じる）。少なくともオナニー言説の変容を説明する際に、上でみてきたような言説外要因は説明変数として十分ではない。言説の変化は、（並存する他の）言説の変化によって説明されざるを得ないというのが、私のさしあたりの結論である。

第二に、言説空間の全体性を仮想することに対して、批判が寄せられている。遠藤知巳氏は、「資料を読まねば言説分析にならないが、全体性を信じて資料経験を積み上げていくような想像力のあり方は、やはり言説分析の衝撃力を弱体化する」として拙著を例示している（遠藤［2000］）。拙著がどのような意味で「言説分析の衝撃力を弱体化」しているのか具体的に示されているわけではないので、どのように反論すべきかも定かではないが、ただ私とても、言説の全体を調べあげれば、それだけで分析がまともなものになると考えているわけではない。そもそも言説分析における言説空間の「全体」は、誰がどのような方法で測定しても、同じように構築される実在物とはいえない。なるほどたしかに分析者の視線が異なれば、また、「全体」を測定するために異なる手法を用いれば、異なる「全体」が生まれてくる（実は、どの言説群を「全体」と想定するかに関しても、分析者の決断が必要になる）。だがだからといって、分析者の視線に応じて構築される異なる複数の

「全体」が、すべて等価であるわけではない。特に、言説の時間的・空間的分布それ自体を説明の対象とする言説史の場合は、分析される言説資料の数が増えれば増えるほど、分析の精度は相対的に向上する可能性が高いように思われる。というのも言説史においては、収集された言説群がどういう言説の要素から構成されているか、それらにはどういうバリエーションが存在し、時間的・空間的にどのように分布しているか。これらを正確に測定した上で、言説の時間的変容を説明する図式を考えなければならないからである。このときジョン・キツセがいうところの「分析的帰納」すなわち、「研究している現象の一例を選び、このケースの説明を構築する。さらに、もう一ケースを加える。もし、第一のケースの説明が第二のケースに当てはまらないとき、次の二つの操作が可能である。(1)二つのケースのうち一つが除外されるようにカテゴリーの定義を修正する。または(2)加えられたケースに当てはまるように説明または解釈を変更する。さらに、第三のケースを選び、同じ操作を行う。説明の修正や逸脱事例を排除するための再定義がそれ以上必要なくなるまで、この過程を続ける」という操作が有効と思われる（Spector & Kitsuse［1977＝1990：215］）。なぜなら言説史においては、史資料というデータを、分析者の想定している理論や前提や思い込みや偏見を修正する〈他者〉として活用することが求められるからだ。そうした作業を行うには、やはりどうしても大量の言説資料を読み込む必要が生じてくる。もちろん稀少な特権的なテクストに対して、高度にインテンシブな読みを遂行することが、言説分析の成功の要になる場合もあることは否定しない。だが、分析の「深さ」や「高度さ」は、言説空間の「広さ」によってその妥当性を検証されうるものでなければならない、と私は考えている。

注

（1）同年七月施行。名称が「花柳病」から「性病」に変わったのは、濱野の弁によると、「花柳病という名称が花柳界の疾病に限定されているようにとられる点もあり、現在のように国民の間に広くまん延している現状から見ても不適当であるばかりでなく、これまでの国民のこの疾病に対する観念を新たにする意味から言っても性病と改称するのが適当と認めたから」らしい。

（2）食中毒を例にとれば、とある食物が食中毒の原因であるといえるためには、食中毒患者が何を食べたかだけではなく、食中毒にならなかった人が何を食べていないかを調べなければいけない。比喩的にいえばオナニー有害論は、食中毒の原因として、ほとんどの人が食べている主食、たとえば米を挙げるようなものだ。たしかにほとんどの人が米を食べているが、だからといって米が食中毒の原因ということはできない。

（3）五木寛之の『青春の門』（一九七〇）などの文学テクストでは、有害論を否定して一気に無害論に移行している。

（4）私の知る限り、この問題について論及してくれた人は、他には小谷野敦氏のみである。

（5）ただし性病予防の観点は、「性欲を、より害の少ない性行動で満足させるべし」という「性欲のエコノミー」問題として典型的なものであり、両者の理由づけが並存していることもまた忘れるべきではない。つまり林が『性教育読本』を執筆した一九四〇年代後半には、性欲＝本能論に基づく「自慰＞買春」と、性＝人格論に基づく「自慰＞買春」は幸福な結婚期にあったといえる。歴史記述においては、このような微妙さ、微細さを見逃すべきではない。

（6）　たとえば女性の処女性を強調する言説の背景に、「男性が女性に対して行使する権力」を読み解いたとする。ならば、男性の童貞性を強調する言説の背景には、それが少なくとも処女性を要請するのと同じような根拠付けに基づいて行われるならば、「女性が男性に対して行使する権力」を読み解いてしかるべきだろう（だがそうした分析には、決してお目にかからない）。また一九二〇年代におけるリスペクタビリティ規範成立の背景に、都市新中間階級の登場を読み解くならば、リスペクタビリティの批判が変容していくことの説明にも、都市新中間階級の何らかの変動を対応させなければならない。そうでなければ、アドホックな説明になってしまうが、そういう観点に留意した研究はきわめて少ない。

第一〇章　現代中国のオナニー言説

1　創造研での研修旅行

二〇〇〇年三月二九日から三一日にかけて、京都精華大学創造研究所の研修事業の一環として、上海市を訪問する機会を得た。筆者自身にとっては、二度目の訪問となる。井上陽水の『なぜか上海』という歌謡曲に誘われるままに（だまされて？）、大阪南港から一晩かけて上海港にたどりつく鑑真号に乗船したのが、一九八七年の夏。学生身分のバックパック旅行（貧乏旅行）で一週間弱この地に滞在したわけだが、その頃とは、街並みが大きく様変わりしており、感慨を禁じえなかった。当時から、とにかく人に溢れ、猥雑さと活気に溢れた都市という印象を残す街であった。その印象は今回も変わらないにせよ、高層ビルがまさに「林立」といった風情となっており、しかも高層ビルのすぐ脇には、おそらくは租界以来の古い市場《いちば》や住居が雑然と広がっている。これもまた、東アジアの近代都市ならではの一風景といえるのかもしれない。

十数年の間に大きく様変わりしたのは、街並みばかりではない。なんといっても上海の書店事情、出版事情を挙げねばならないだろう。総合大学院大学博士課程に在籍する唐権さんに市内の繁華街を案内していただいたのだが、市内でも有数の大書店といわれる上海書城は、おしゃれな六階建の書店であった。東京でいえば、神田神保町の三省堂書店か新宿の紀伊国屋書店を思わせる豪華な店舗であり、紙質も含めた書籍の質・量ともに、十数年前とは比較にならないほど向上しているように思われた。

さて上海書城の四階には、実用医学書のコーナーがある。東アジアの性研究を謳う京都精華大学創造研究所において、筆者が担当しているのは「東アジアにおけるオナニー言説の分布の研究」ということになろうが、十数年前の印象をもとに想像する限り、正直にいって、今回の訪問には多くを期待していなかった。前回が貧乏旅行だったこともあるが、日本でなら容易に得られる情報がなかなか入手できないという印象があり、また、いかに改革開放が進展しているからとはいえ、性欲やオナニーに関する情報がそんなに多く存在しているはずがないという偏見もあったからだ。だが、その偏見は大きく裏切られた。想像以上に、性に関連する書籍は多く存在しており、再び驚嘆を禁じえなかった。『性社会学』と題する英米系の社会学書の中国語訳や、ミシェル・フーコー（福河）『性の歴史』などの著作が翻訳されているのみならず、いわゆる通俗医学書に相当するような書籍が、棚のいたるところに存置されている。筆者は慣れぬ簡体字に頭を痛めながらも、とにかく「自慰」「手淫」といった記号を見つけるやいなや、その本を小脇に抱え、かたっぱしからかき集めることにした。

滞在時間は二時間程度であったが、その間にかき集めた書籍のうち、オナニーに関する記載を含んでいるのは、下記の八冊であった。

彭芃・肖岚・少荣『婚姻中的性责任』一九九六、华夏出版社。↓『婚姻中の性責任』と表記
张振弘『性医学知识200题』一九九六、人民军医出版社。↓『性医学知識200題』
潘健生『零点性话题』一九九八、珠海出版社。↓『午前0時の性話題』
马晓年『青春期性保健』一九九八、科学出版社。↓『青春期性保健』
章涌・袁浩斌・张云云『性知识探幽』一九九九、上海科学技术出版社。↓『性知識探幽』
邱鸿钟『性知识疑难解答』一九九九、中国医药科技出版社。↓『性知識疑難解答』
李银河『性的问题』一九九九、中国青年出版社。↓『性的問題』
施奈德（Schneider, S.）『男生问题手册』一九九九、华夏出版社。↓『男性問題手帳』

これだけのテクスト群から、現代中国のオナニー言説分布の全体像を推し量ることはきわめて困難である。一九九九年四月『セクシュアリティの歴史社会学』という書籍を上梓して、少なくとも

近代日本におけるオナニー言説のおおまかな輪郭は把持しえたと自負する筆者にとっても、これだけの資料から大風呂敷を広げることには、かなりの抵抗がある。だが他方で、これらのテクストから、現代中国における性知識の一断面が浮かび上がってくることもまた否定しがたい。本章では、オナニーの呼称やその問題化のなされ方を通して、現代中国におけるセクシュアリティ現象の一側面を浮かび上がらせたく思う。

2　オナニーの呼称

さて私たちがここで「オナニー」という言葉で意味する行為は、「手や器具を用いて、自己が、自己の身体に性的に関与する現象」（『福祉社会事典』弘文堂、一九九九）などと定義される行為の謂であり、自慰、自瀆、手淫、せんずり、かわつるみ、マスターベーションなどとも表現される。さて広辞苑第三版により「手淫」という言葉をひいてみると、「手などによって自分で性的快感を得る行為。自慰。自瀆。」となっている。ちなみに「自慰」は「①自ら慰めること、②手淫」であり、「マスターベーション」は「手淫。自慰。」であり、「自瀆」は「手淫に同じ」であり、「オナニー」は「（旧約聖書「創世記」中の人物オナン（Onan）の名による）自慰。手淫」であり、「せんずり」は「手淫。〈日葡〉。」であって「――を掻く」が用例となり、「かわつるみ」は「手淫。一説に男色。」となっている。語源的な考察や用例挙示を除けば、広辞苑の言語世界においては、「手淫」こそが、

「手などによって自分で性的快感を得る行為」という意味＝定義を与えられる中心的な概念であり、そのほかの概念は手淫と同語反復的に定義されていることになる。

この「手淫中心主義」ともいうべき言語世界は、広辞苑五版でもまったく変化はないが、現代日本語圏において「手などによって自分で性的快感を得る行為」を意味する言葉として「手淫」が用いられるのは、むしろ例外的といってよいだろう。現在の性教育の世界では、手淫、自瀆といった概念は「戦前のオナニー有害論」（といってもこの概念自体がきわめて不正確ではあるが）を想起させる言葉として忌避され、「自慰」「マスターベーション」が中心的に用いられている。若者向け青年誌やいわゆるエロ本の類においては、「オナニー」が比較的多用されているように思われる。また一九八〇年代前半に筆者が過ごした日本海側の一地方における中高校生男子の日常会話においては、「せんずり」（転じて「ずりせん」などともいう）などの「卑語」が頻繁に用いられていた。さらに近年では、「ひとりH」、「ソロセックス」といった新語が、単行本レベルでは用いられ提唱されており、既存の言語世界とは異なる新語が登場しつつある。これが現代日本におけるオナニー呼称状況のひとまずの概略である。

さてここで、今回入手したテクストが、オナニーに相当する行為をどう表現しているかを概観してみると、以下のごとき結果を得る。

『婚姻中の性責任』　　手淫

『性医学知識２００題』　手淫
『午前0時の性話題』　手淫
『青年期性保健』　手淫
『性知識探幽』　手淫
『性知識疑難解答』　自慰、手淫
『性的問題』　自慰、手淫
『男性問題手帳』　手淫

これらのテクストの刊行時期はすべて九六年から九九年にかけてであるが、もっとも多用されているのが「手淫」である。現在日本語圏ではほとんど死語というべき「手淫」の記号が多用されていることは興味深い。

ちなみに「自慰」は、文字通り「自分で自分を慰めること」として、性的でない文脈でも用いられる。たとえば手元にあるテクストでは、「実用心理学文庫」の一巻として、李勇編『自慰心理』（中国人口出版社、一九九七・三）というのがある。その目次を見るかぎり、「煩悩を警戒する」「快楽を培養する（一）――転移法」「快楽を培養する（二）――談識法」「信心を増強する」「逍遥通達」などとなっている。また背表紙には「人生貴賤尊卑、美醜貧富、すべてが煩悩、憂慮、失望、恐怖、臆病、悔恨を免れることはできない」という文言があるが、その先もおよそオナニーとは関係のない記述が続いている。

また「自慰」という言葉を用いている二つのテクストでも、「手淫」という言葉は互換的に用いられるが、他方で「自慰」と「手淫」の概念的な相違について触れられてもいる。たとえば『性知識疑難解答』では、「自慰（masturbation）は手淫に対するかつての名称（曽称）であり、人間に普遍的にみられる性行為である」という記述がある（三一頁）。また『性的問題』においては、「〝自慰〟という言葉は現代人にとって手淫の正式名称であり、〝手淫〟という言葉が悪い印象を与えるため、それを避けるために作られたものである」とされている（一六六頁）。もっとも、これら二つは、語史的探求のうえではまったく正反対の解釈をなしており、どちらが正しいかを判定するには、ある程度時間を遡って、どちらが先行する概念であったか、使用頻度はどうなのかを調査検討してみる必要がある。今後の課題とするべきだろう。ちなみに日本語圏では、「自慰」という概念は、小倉清三郎によって一九一二（大正二）年頃から使われ、山本宣治によって多用されるようになっている。戦後の一時期は「自慰」概念を用いる性教育者も非常に多かったわけだが、語史的にはそれ以前から、造化機論系のテクストや通俗性欲学の領域において「手淫」「自瀆」という概念がもっぱら多く用いられており、時間的な先行順序はいうまでもなく「手淫が先、自慰は後」である。

3　手淫（自慰）はどのように問題化されているか

さてここで、八冊のテキストのなかで、手淫や自慰がどのように言及され、そしてどのような扱いを受けているかについて概観してみる。

『婚姻中の性責任』（一九九六）においては、第三章が「手淫と性解放」となっており、一章分まるごと手淫の記述に充てられている。そして「手淫とは何か」、「手淫は性愛中の作用にある」、「男性の手淫」、「あせりとうしろめたさと恐れ」、「手淫の罪悪感とその伝統」、「迷信行為と恐怖する心理」、「〝過度〟とは何か」、「女性の手淫」、「更年期における回数」、「女性の技巧」、「性幻想と手淫」、「結婚後の手淫」と節が分かれている（一三頁相当）。

『性医学知識200題』（一九九六）では、「青年期の性発育」という章のなかに、「女性の手淫は正常か」という項目がある。それ以外には手淫に対する言及はない。ここでは「手淫は不正常な性的行為ではないが、標準的な性行為でもない」とされ、「過度の手淫と、縦欲（欲をほしいままにすること）は同じであり、身体にとって有害である」という立場から手淫が論じられている。これは、後述する「弱い有害論」の立場に限りなく近い（二頁相当）。

ラジオ番組の性相談を書籍化した『午前0時の性話題』（一九九八）は一問一答方式を採用しているが、第35問が「手淫とは何か？　女性の手淫は処女膜を破るか否か？　冷淡な性と不妊になってしまうのか？ 黄色い白帯が流れるときは病気か？」であり、第37問が「手淫は身体に有害か？手淫の過度とは何か？」である（三頁相当）。

生活と科学文庫との副題をもつ『青春期性保健』（一九九八）においては、「手淫は外陰陰道炎の原因となるか？」、「手淫にいかに対処すべきか？」、「手淫は陰茎萎縮をもたらすか？」といった項目が設けられている（一一頁相当）。

『性知識探幽』（一九九九）においては、第五章「青少年性心理の特質」で、「手淫の心配について」という節が設けられている（二頁相当）。

『性知識疑難解答』（一九九九）においては、編者に対する一問一答の形式で、「夫婦別居時の自慰にはどう対処すべきか？」、「過度の自慰、過度でない自慰とは何か？」、「女子学生の自慰にはいかに対処すべきか？」、「自慰は日数が経てば大丈夫か？」、「不潔な自慰は健康に有害か？」、「シャワーによる自慰は有害か？」、「強迫性の手淫はどうか？」、「色情書は過度の自慰を導くか？」などの質問があげられている。自慰一般についてのみならず、事細かな状況に応じて自慰が論じられている（一六頁相当）。

『性的問題』（一九九九）においては、「自慰」という項目が設定されている。Bullough、Hatfield、Gebhardら海外文献に依存しながら、自慰の歴史や現状が論じられている（七頁相当）。

『男性問題手帳』（一九九九）においては、「通常の手淫は有害か」という項目が設けられている（五頁相当）。

今回考察の対象とする八冊のテクストは、『性的問題』をのぞけば、青少年を中心とする一般読者を対象とした性医学啓蒙書、通俗性科学のテクストと呼んでよいものである。一問一答の形式をとるものも多い。テクストのそうした性格にしたがって、手淫に対する言及も、一般論よりは具体論を重視する傾向があるように思われる。とくに「手淫は有害かいなか」という不安が、多くの質問において共有されている。現代日本の性科学書でも、「オナニーは有害かいなか」という疑問が発せられることはなくはないが、オナニーは単に無害であるのみならず、人間の性生活上必要不可欠な行為と認識されるようになっており、オナニーの有害性うんぬんという問いは過去のものである。

もちろんこれらのテクストにおいても、オナニーの有害性を正面きって指摘するものは、一つもない。「手淫は正常で自然な行為である」（『婚姻中の性責任』）とか、「手淫は不正常な性行為ではないし、標準的な性行為である」（『性医学知識２００題』）とか、「現代科学研究における大量のデータは、手淫が自然な生理反応の一種であり、もともと身体健康に対して無害であることを示している」（『性知識探幽』）といったように、手淫の自然性、正常性を啓蒙するテクストばかりといってよい。だが、少々気になるのは、そうした言及の後にしばしば、ある種の留保がなされる点である。たとえば、「手淫は無害である――過度の手淫を除いては」（『婚姻中の性責任』）、「ただし回数が多くなると、強烈になり、習慣を形成し、よろしからざる影響をもたらすことになる」（『性知識探幽』）、「ただし手淫過度と性欲の放縦は同じであり、身体に対して有害である」（『性医学知識２００

題』）といった類の留保を多く見かけるのである。こうした留保は、現代日本のオナニー言説ではほとんど見られない。

実はこのように、「手淫（オナニー）はそれ自体としては有害ではない。しかし、過度になると有害である」とするタイプの言説は、日本では一九三〇年代頃から六〇年代頃まで主流を占めたものであり、筆者はこれを「弱い有害論」と呼んでいる。筆者の仮説によれば、近代日本社会においてオナニーに関する言説は、①オナニーは、老若男女を問わず、精神・身体ともに有害であるとする「強い有害論」、②オナニーは、ある者（たとえば子ども）にとっては有害だが、別の者にとっては無害であるとする「弱い有害論」、③オナニーは健全な性的発育にとって必要不可欠であるとする「必要論」の三つからなっており、時期を経るにしたがって、①→②→③という順番で、主流な言説が変化する（赤川［1999a］）。この仮説が正しいとするなら、「弱い有害論」は現代日本においてはすでに過去のものであるが、現代中国においては依然として主流を占めている。少なくとも現代日本ほどには完全に駆逐されていないといえる。

4　「弱い」有害論の主流化

では、手淫が過度になると何が問題だと認識されているのであろうか？　いくつかのテクストから書き出してみる。

「手淫の最大の危険は恐惧心理である。」「手淫は人間の正常な欲求である。飢えや恐怖と同じく正常なものであり、恥や不安を感じる必要はない。しかし手淫は、あせりと後ろめたさを引き起こす主要な要因の一つである。あせりと後ろめたさは婚姻後の性愛と性的な満足にとってある程度の障害となる。」（『婚姻中の性責任』）

「医学者が一般的に認めるところでは、手淫はもともと無害であるが……（中略）その害は放縦・不節操になり、心理的な悔恨やおそれをもたらすことにある。」（『性医学知識200題』）

『婚姻中の性責任』や『性医学知識200題』でいわれているのは、「手淫はもともとは無害だけれども、手淫が有害ではないかと怖れることによって、心理的な悔恨や罪悪感に苦しむことになる。そのことが精神的によくない結果を導く」というロジックである。これは、日本の「弱い有害論」でもしばしばみかけるものである。ちなみに「弱い有害論」は、以下の八つの言説要素からなっている（赤川［1999a：242］）。

（A1）オナニーは万病の基ではない
（A2）オナニーが精神病の原因と語られることが罪悪感・恐怖感を生み出す
（A3）精神病・神経衰弱がオナニーの原因

（A4）オナニーは大人には無害だが、子どもには有害
（A5）オナニーは誰もが行っているから、自然な生理現象である
（A6）過度のオナニーには害がある／適度のオナニーには害がない
（A7）オナニーは他の行動に転化すべきである
（A8）オナニーはセックスの代用行為

『婚姻中の性責任』や『性医学知識200題』の言説は（A2）に該当する。ここでは、手淫の有害性の原因が、手淫という行為そのものではなく、手淫が有害であるという言説ないし認識にあるとされる。そのことが悔恨や抑鬱感を生み出すと原因帰属を変化させることによって、手淫の有害性を緩和しようとするレトリックである。

しかし他方で、手淫過度による悪影響をより直接的に表現するものもある。


「では手淫の過度とは何か？　以下の分析に従うべきである。

第一に心理的な状況である。まずは手淫に熱中すること。いつも手淫のことを想い、しばしば手淫の欲念があり、愛情小説やテレビや雑誌を見るたびに性衝動を引き起こし、必ず手淫・自慰に及ぶ。第二に、自制能力の欠如である。現代医学によれば、男性はおよそ二週間くらいで、性器官内の精子の数が充溢することによって、一種の排泄欲が生じることになり、一時的な遺精か

手淫を誘発する。もし手淫がこの範囲を越え自制が利かなくなると、必然的に手淫過度となる。第二に体質の状況である。手淫が原因となって、痩せ、力の喪失、疲労、精神萎縮、睡眠不足、記憶力減退、注意力不足が生じ、病気に罹りやすくなる。これらすべては手淫過度の結果である。手淫の回数が過度になると、心理的な障害が生み出される。おおむね手淫には大害があると考えられる。恐惧、羞恥、悔恨、犯罪感、それ以後の性効能や生育能力に対して憂鬱になり、手淫の誘惑から脱却することができず、強烈な心理的葛藤が出現する。これらも手淫過度の結果とみなければならない。

第三に局部の状況である。もし手淫が射精や性のクライマックス（オーガズム）の強度の増加をもたらすならば、それらは手淫過度を意味している。手淫の最中や手淫後に局部に痛みや麻痺などの不快感を感じたり、手淫後に排尿が不活発になったり尿道部分に痛みを感じたりする。あるいは女性の外陰部の分泌物がだんだん増えたり、下腹部が痛くなることも手淫過度の結果である。」（『午前0時の性話題』）

『午前0時の性話題』は、もともとはラジオ番組における視聴者と作り手の質問コーナーとして採用されていたものであり、かなりの大衆性をもつ言説群と考えられる。ここで述べられている「手淫過度の害」は、上記の通り、心理的な害、体質的な害、局部的な害の三つに分類されている。手淫は、自制能力の欠如、心理的な障害、射精や性のクライマックス、局部の痛み・麻痺、外陰部の分泌物増加などの直接原因と考えられており、手淫過度の有害性は、かなり強めに見積もられている。

5　オナニー必要論への変容はありうるか

ところで日本のセクシュアリティ言説においては、「弱い有害論」は一九七〇年代頃を境に、オナニー必要論とでも呼ぶべきものに変化していく。ちなみにオナニー必要論には、以下のような言説要素が含まれる。

（B１）オナニーは、性生活上必要な行為である
（B２）オナニーに過度はない
（B３）オナニーによって自己の性的アイデンティティが確認できる

この際もっとも重視すべきは、（B２）オナニーに過度はない、という言説要素の出現である。実は「弱い有害論」における「手淫そのものに害はないが、過度になると害がある」というロジックは、精液減損・行為過度を戒める近世養生訓のパラダイムが突如復活したものとさえいえなくはなかった。これに対しオナニー必要論は、オナニーは水を飲むことと同様の現象であり、いくら水

を飲みたくてもある程度飲むと自然に飲みたくなくなるのと同じで、オナニーを「やりすぎるということは決しておきっこない」というロジックに基づいて成立している（石渡［1972：86］）。この前提が置かれることによって、オナニーは、行為の過度性を戒める養生訓パラダイムと切断された。さらに医学的な有害／無害という枠組みを外れることによって、オナニー言説は哲学化・文学化・大衆化を同時に達成することになった。「オナニーをすることを通して自己の性的アイデンティティに到達することができる」という（B3）のレトリックなどは、オナニー言説の脱・医学化、文学化・哲学化を示す典型的な言説要素である。

さて今回分析した八冊のテクストには、オナニー必要論への転回を示すような言説の痕跡を見出すことはできなかった。手淫は正常な行為であるという前提はほとんどすべてのテクストにおいて共有されているものの、記述の中心は、手淫が過度になったときにどのような害が現れるかというものであり、そこで見られる害も、精神的・心理的なものが主であるとはいえ、けっして軽いものとはいいがたい。

無論、今回分析の対象としたテクスト群が、現代中国におけるオナニー言説の総体を示していると考えることはできないが、少なくとも上海書城で得られるオナニー情報はこれがすべてであり、「弱い有害論」以外の言説様式、たとえばオナニー必要論が広範に広まっているとは想定しにくいこともまた事実である。

いずれ機会があれば、より専門的な性科学や性医学や性教育の世界におけるオナニー言説の現在について調査したいものである。なぜなら、性医学や性教育においては国際性科学会議などの世界的なネットワークが成立しており、現代中国における言説もまた、そうした世界的ネットワークの影響を受けている可能性が高いからである。そうした専門的雑誌であれば、今回分析したのとは異なる結果が得られる可能性も高い。

また、少なくとも今回は主流を占めていると判断せざるを得なかった「弱い有害論」的な言説編制が、中国のオナニー言説空間において、いつ頃成立し、どのような歴史的経緯のもとに継続してきたかについても、さらなる踏査が必要である。今回、上海の市立図書館を訪ねたとき、第二次大戦以前に刊行された日本の性科学書がかなり大量に中国語に翻訳されていることを確認した。その意味では、戦前に関してはある程度、日本の性科学文化が中国大陸に「輸出」されたというモデルを適用可能であるように思われる。だが一九四九年の中華人民共和国成立以降は、そうした日本文化の「輸出モデル」は適用不可能である。それ以降の中国におけるセクシュアリティ言説そのものの歴史を再び構築する必要があると思われる。

こうした踏査を経た後に、中国におけるオナニー言説の形成と変容を適切に把握することが可能になるだろう。そのとき真に問題になるのは、たとえば筆者が『セクシュアリティの歴史社会学』で明らかにしたような、「強い有害論」→「弱い有害論」→「必要論」という日本のオナニー言説変容の歴史が、中国にも適用可能であるかというポイントである。オナニー必要論的な言説が存在しないのは、単に中国が、日本の言説変容を遅れてたどっているからなのか、それとも中国には中国に固有の言説変容の歴史がありうるのか。もし中国に固有の言説変容がありえるとしたなら、それはいかなる社会的・歴史的要因によって可能になっているのか。こうしたことが、比較言説史的な問題として浮上するにちがいない。

第一一章　EDの社会的構築

1　セクシュアリティの歴史社会学からみたED

ED（Erectile Dysfunction, 勃起障害）という現象がある。かつては陰萎、不能、インポテンツなどと呼ばれ、現在は勃起機能の低下と定義される現象である。本章では、この現象の歴史的・社会的構築の側面について考えてみたい(1)。

私が取り組んでいるのは、「セクシュアリティの歴史社会学」である。周知のことながらセクシュアリティとは、現在では、個人の性的な指向性、たとえば同性愛とか異性愛などの性的な欲望のことを指すと考えられている。もっとも著者が「セクシュアリティ」という言葉を使うときには、この社会にいきる人びとが、性や性的欲望（性欲）というものに対して、どのような意識を抱いているか、また、どのような規範をもっているか、という意味合いを含めている。上野千鶴子は、セクシュアリティを「性をめぐる観念と欲望の集合」と定義しているが（上野［1996：2］）、これに倣っていえば、「性観念・性規範としてのセクシュアリティ」という側面を捉えることが、セクシュアリティの社会学の課題といえる。私の場合、主として明治期以降の性／性欲やマスターベーション、同性愛、売買春、婚前のセックス、夫婦間性行動などに対する人びとの社会意識や規範が、どのようにして形成され、いかに変化していったか、そこにはどのような社会的要因が存在したかを、当時一般向けに書かれた性科学書や性教育のテキストを用いて、分析してきた。とりわけマスターベーション（オナニー）有害論という言説が、いかにして日本社会に受容され、どのように変遷し、やがて消滅することになったのか、という問いを立ててきた。

セクシュアリティの歴史研究を行っていると、よくみえてくることがある。それは、現在の性に対する意識や規範が、どのような歴史的変遷の産物であるかということである。最先端の論議と思われていることが、意外と過去の歴史の繰り返しにすぎなかった、ということもある。逆にいえば、歴史的な言説の検討を通してはじめて、現代社会で生じている最先端の事象が、本当の意味で最先端であるかどうかを確認できる。これからの将来に対する展望と予測も、そうした歴史的検討抜きにはありえない。本章では、そのような観点から、ＥＤをめぐる社会的環境の現在・未来について考えたい。

さて現代、とりわけクエン酸シルデナフィル（バイアグラ）が発明・発売された一九九八年以降、

ＥＤ（勃起障害）に関する社会的な状況が大きく変化したことは、周知の事実である。バイアグラは、器質的なＥＤのみならず心因的なＥＤに対しても画期的な効果を発揮しており、そのことによって、これまでＥＤに悩んできた人びとのＱＯＬ（生活の質）が劇的に改善されることは、とても喜ばしい。そのことを前提とした上で本章では、ＥＤに関して、人びとやマスメディアが何を語ってきたか、世間や社会はＥＤをどのようなものとして捉え、どんな意味づけを与えてきたのかを検討したい。いわばＥＤをめぐる言語的環境——これを著者は「言説空間」と呼ぶ——の現代的な特徴について考察したいのである。

東京・世田谷区にある大宅壮一文庫の雑誌記事索引を用いて、一九九八年以降、週刊誌や月刊誌に掲載されたＥＤやバイアグラに関連する記事を検索すると、ＥＤに関する言説を、三つの角度から分析できることに思い至る。第一に、ＥＤ患者は全国に何人いるかに関する統計調査の結果が、雑誌記事でどのように報道されたか、そこにはある種の誇張やバイアスがなかったか、という問題である。第二に、ＥＤとなった男性当人が、そのことをどう認識しているか、という問題である。第三に、セックスのパートナーがＥＤ状態に陥った女性が、そのことをどう感じ、パートナーである男性に対して何を求めているか、という問題である。この三点に則しつつ、現在、ＥＤがどのような病として社会的に認識されているか、そこにどのような特徴があるかを考えていく。

2　「全国にＥＤ患者〇〇人、にもかかわらず……」

第一に、ＥＤ患者の人数をどの程度と推計するか、という問題がある。この点に関しては、一九九八年に、日本性科学情報センターが中心になって行った「成人男子の健康と性に関する調査」が金字塔的な役割を果たすことになるが、この調査が実行される以前には、ＥＤ患者の数は、一〇〇万から二~三〇〇万とされることが多かった。二つだけ事例を挙げるなら、一九九六年七月の『PRESIDENT』、「セックスと妻とインポテンツ」という記事の中に、「『妻を悦ばせられないなんて、男のクズよ』——この一言が男を性的に殺してしまうことがある。いわゆる心因性インポテンツと呼ばれるもので、患者は全国に二~三〇〇万人いると推定されている」と書かれている。一九九八年六月の『女性セブン』でも、「現在日本で約一〇〇万人の男性が悩んでいるといわれているインポテンツ」という記載がみられる。一〇〇万と二~三〇〇万では非常に大きな違いだが、「成人男子の健康と性に関する調査」がなされる以前には、はっきりしたことは何もわからなかったといえる。その意味ではこの調査は、ＥＤ患者の人数を推計するさいの権威的な資料となった。白井[2001]の六頁にこの調査の概要が示されているが、疫学調査の手法に基づいたランダム・サンプリングを行い、標本数二、〇〇〇、回収率五一％と、調査設計とその結果の信頼性はじゅうぶん満足できる。この本の中では、「この中間報告をもとに、その年の男性人口から日本におけるＥＤ患者数を計算してみると、三一―七〇歳の男子人口のうち、完全なED患者は一七四万人、中等度は八〇〇万人、軽度を含めると全国九八〇万人以上のED患者がいることがわかりました」とされている。

さてこの調査自体は、一級の資料といえる。だがこれが、一般の人びとを読者とする週刊誌や月刊誌に繰り返し引用されるようになると、どうなるか。いささか誇張された表現や、意味の歪曲が生まれてくる。いくつかの事例を紹介したい。

「全国でEDに悩む男性は九八〇万人以上」（週刊宝石、二〇〇〇年八月一〇日号、四二頁、下線部引用者、以下同様）

「アジア性科学学会のデータによると、三〇代以上の日本人既婚男性の約三割が勃起障害に悩んでいるという。」（SPA! 二〇〇〇年九月二〇日号、二五頁）。「全国に勃起障害（ED）を抱える男性は約一、一〇〇万人いるといわれ」（週刊朝日、二〇〇一年一一月二三日号、一四五頁。）

これら言説のどこがおかしいか。白井［2001］では、九八〇万人という数字は、あくまで疫学的な推計であり、「軽度を含めると」という限定がついていた。これが一般の雑誌記事に孫引きされるとき、推計値であることが忘れ去られ、「軽度」という限定はとれ、実際に一、〇〇〇万人近い「EDに悩む男性」患者が実在することになる。その数も九八〇万人から一、一〇〇万人に水増しされる。

おそらく、このＥＤ問診表の定義に従うならば、自分のことをＥＤと自覚したことはなくても軽度のＥＤに含まれてしまう人はいる。そうした自覚のない人は果たして、全国九八〇万のＥＤ患者に含まれるのだろうか。

つまりこれは、ＥＤという疾患をどう定義するか、という問題である。当人の自覚や悩みはその要件となるのか、ならないのか。たとえば東京電力病院泌尿器科の丸茂健は、「勃起障害の全ての人が病気というわけではありません。例えば七〇代の人がうまく勃起できなくても、実際にそれで性生活に困らなければその人にとってそれは病気ではないのです」と述べている（『THEMIS』二〇〇〇年六月号、八五頁）。針間克己も「精神科領域では、ペニスが立たないことに加えて、本人がそれに苦悩していることがＥＤと診断を下すうえで重要な要件なんです。つまり、本人が勃起することを求めていなければ病気とはいえないんだ」（『BIG Tomorrow』二〇〇一年八月号、二九頁）という。

丸茂や針間の立場を妥当なものとすると、先の記事にみられたように、「全国でＥＤに悩む男性は九八〇万人以上」という記述は、誇張された表現ということになる。なぜなら九八〇万人という数字は、ＥＤ状態にあると考えられる男性人口の推計値にすぎず、その全員がＥＤという病に「悩んでいる」ことを意味するわけではないからだ。そもそもセックスパートナー不在の人や、セックスパートナーを求めていない人には、軽度のＥＤ状態はそんなに問題ではないかもしれない。たとえパートナーがいる場合でも、当人同士がそれを「病」と認識するかどうかは、ケースバイケースである。つまりEDは、単に勃起能力に障害がある状態というよりは、それに悩むという意識や、それを病としてみなすまなざしが存在してはじめて、「障害」や「病」として構成される。

もちろん、いったん自らのED状態を病と認識し、その改善を望むときに、しかるべき治療法が用意されていることは、たいへん望ましい。しかし他方、マスメディアが「ED状態＝病」という認識を、過剰に煽り立てているとはいえまいか。「全国でEDに悩む男性は九八〇万人以上」という表現などは、マスメディアによる「煽り」の典型のように思われる。

もっともEDをごくありふれた、男性なら誰でもかかりうる病と捉えることは、「ED患者はこんなにたくさんいるのか」という「煽り」の効果をもたらすとともに、実際にED状態にある男性にとって、「こんなにありふれているなら、自分は特別ではない、安心しよう」という「鎮め（癒し）」の効果をもたらすこともありえる。たとえば『週刊文春』二〇〇〇年九月二七日号の記事は、ほとんど同じデータに依拠しながらも、「中年男安心せよ『三人に一人』が勃起障害」という表題で記事を組み、作家の団鬼六（六九歳）に、「相手がいなくなってしまったんですよ。六〇、七〇のジジイが、若い女性相手にいい思いをするなんて、小説の中だけの話（笑）。（中略）いい年になったら自然の摂理にまかせ、潔く諦めるのが、日本人らしい生き方じゃないですか。」（三四頁）と語らせている。半分ジョークのような記事ではあるが、「ED状態の人は、たくさんいるんだから、自分も特別じゃない」という、安心感を与える言説として機能する可能性は、なくはない。

3　男性の存在証明

次に、クエン酸シルデナフィルが開発されたことにより、器質性ＥＤのみならず、心因性を含む機能性ＥＤの治癒可能性が高まったことが、現代のＥＤ環境をめぐる大きな変化である。白井［2001］によれば、かつてＥＤのうち九〇％以上が心因性（機能性）ＥＤとされてきたが、鑑別診断法が発達することにより、器質性ＥＤが増加したとされる。また器質性と機能性が明確に区別され、器質性ＥＤに効果があるバイアグラが処方されることによって、心因性ＥＤのうち何割も（七割？）が快方に向かっていくことも周知の事実である。

器質性と機能性が区別され、器質性ＥＤに対する有効な治療法が確立されることは、いうまでもなく喜ばしい。しかし器質性ＥＤの治療法が確立されるからこそ、かえって心因性ＥＤの拡がりや、それを克服・完治することの困難さが、改めて浮き彫りになってくる。つまりＥＤは、単に身体的・生理要因に基づく勃起能力の不全である以上に、男性にとって自らの男性性を危機にさらす深刻な事態と捉えられる。あるいはセックスパートナー、とりわけ夫婦間の関係性の問題として受け止められるかもしれない。別の言い方をすれば、ＥＤは男性にとって、男らしさの存在証明（アイデンティティ）にかかわる問題であると同時に、セックスパートナーとの関係性・コミュニケーションにかかわる問題ともなりうる。

EDが、男性にとってどのような「病」として認識されているか、典型的に示す雑誌記事を、ひとつとりあげる。『女性セブン』一九九八年六月一八日号の記事である（二六六―二六七頁）。ここには中間管理職のストレスからEDとなって、「男として自信を失い、家庭でも職場でも意気消沈……」した山田太郎さん（仮名・三八歳）が登場する。「ワラをもつかむ思いで」アメリカにまでいってバイアグラを入手した山田さんが、一挙に勃起能力を回復して、「それからというもの……、仕事、夫婦仲すべてが順調に!!」というわけです。勃起能力を失うことは仕事や家庭での自信喪失につながり、それを回復すれば、仕事も家庭も順調に戻るという「物語」が、描かれる。

この物語を、たわいもない雑誌記事のひとつとして冷笑することはたやすい。しかしこうした物語に現れる不安は、他の記事でもしばしば描かれる。

「だって、インポだなんて恥ずかしくて人には言えないし、自ら受診する勇気もない。女房がいつも不機嫌なのは、僕が夫の務めを果たさないからだと思う。」（『週刊実話』一九九八・八・六、七〇頁）。

「僕はセックスがなくても、家庭の不和はなかったと思ってるんですが……。しかし、仕事をしても自信が出ないんですよ。押しが弱くなったかな、と。仕事に迫力が出ない。」（『PRESIDENT』一九九八・九、一七二頁）。

勃起能力は男らしさの象徴であり、その喪失や回復は、仕事や家庭など性的な場面以外の事柄にも影響する、というのである。私には、こうした物語は、性機能を、あまりにも人生の最重大事に据えすぎているように思われる。もちろんこれらの語りに深く納得される方はいるだろうし、それはそれで否定しがたいリアリティはある。しかし問題は、こうした物語以外の可能性が、男性の語りの中ではほとんど現れてこないことである。

4　コミュニケーション問題としてのＥＤ

これに対して、ＥＤの男性をセックスパートナーとする女性の声は、比較的多様である。たしかに、次の二例のように、ＥＤである男性に対して、かなり過酷な評価を下す女性の声もある。

最近は『外に女でもいるんでしょ』と完全な冷戦状態。先日、ついに、このままでは離婚よと宣告されました。（『週刊ポスト』一九九九・一一・二六、二一五頁）

もし、膣けいれんが起こるなど女性側の問題でセックスができなかったとしても、多くの男性は「一緒にいることが大切だから」とそれほど問題にしません。ところが女性の場合は、「セックスのできない人とは一緒に住めない」とあっさり離婚を迫る人も少なくありません。（池下育

知ってるかな!?
バイアグラ
噂のインポ薬はこう効くらしい
全国100万人の救いの神
これであなたのご主人も…
男として自信を失い、家庭でも職場でも意気消沈……。
中間管理職のストレスでインポになってしまった会社員山田太郎さん(仮名・38才)もそんなひとり。
いいのよ、そんなムリしなくって。
病院を転々とした結果は――
オレはもう終わりだ……
大丈夫よ。気にしないで。
目にしたのがバイアグラだった
こ、これだ!!
ワラをもつかむ思いでバイアグラに飛びついた山田氏
!!
い…いいのよ ムリしなくてー
了解!! 早速手配を
新聞で見たんですが、バ……
インポですか…… 糖尿?それとも―
そして最後の頼みの綱を手に入れたのだ!
一路、妻のもとへ――
36

…でも本当に効くのかなぁ？
半信半疑
ぱく
GACKYAN!!
OH
OH GOD!!
ところが心配は無用だった。
ばりばり
ばりばり
仕事、夫婦仲すべてが順調に!!
今晩もあなたの大好物よ♡
はい焼肉
いただきまーちゅ
まるで夢のようです。
でもこのバイアグラってどうして、インポに効くんですか？
私がお答えしましょう
南カリフォルニア大学
ペニスが刺激を受けるとサイクリックGMPという化学物質が分泌されるんです。するとペニスの血管を圧迫している筋肉がゆるみ、血液が流れ込んで、ペニスは勃起するわけです。そこにPDE5という酵素が働くとサイクリックGMPが分解されて、勃起しなくなるんです。インポテンツのかたはこの酵素が働いてしまうため、勃起しなくなる。バイアグラ（商品名シルデナフィル）はこの働きを弱める力を持つ薬なんですね。アメリカで4000人の臨床実験が行われ、70パーセントの人に効果があった医薬品です。だから処方箋なく買える健康食品や精力剤とは違います。ただし日本ではまだ認可されてませんから、この薬の服用で体調を崩しても個人の責任という形になります。
バンザーイ
バンザーイ
……果たして本当にそうなのだろうか？
証言1・団体職員Aさん47才（結婚17年目）
青春が戻ってきたって感じです！
いまじゃ妻のほうも枕元にそっと薬を置いてくるんですよ。
証言2・銀行員Bさん36才（結婚10年目）
手に入れるのに高額な金額がかかったんでショック大きいですよ。
そこで本誌編集H24才（恋人ナシ）も試してみたところ……
別にインポじゃなくて健康なんですが飲んでみたんですよ。
そしたら凄くじゃないですか！
なんだかビンビンしてきて……ちょっと痛くなっちゃいました。
東京散歩
好評発売中!!
小学館
37
マンガ/KANB　写真提供ーロイター
女性セブン 1998・6・18

子『婦人科でキレイになる』『女性セブン』二〇〇〇・一二・七、一八三頁）。

個人的な感想で恐縮だが、EDごときで離婚されるのならば、仮に交通事故にあって全身麻痺の障害を負ったら即座に離婚されるのだろう。そんな女性とは、はじめから結婚したくない。しかし他方、ことセックスに関していえば、「女性は『性性活がうまくいかない、イコール、私に愛情がないからだ』『私に女としての魅力がないのね』と考えがちだ」という、永尾光一の指摘（「EDは夫婦で考える病気です」『エッセ』二〇〇一・一一、七五頁）は重要である。私たちの社会では、とりわけ女性は、セックスができることが二人の愛情の証明となるような、セックスと愛情を過剰に結びつけるパラダイムを生きているからである。そうしたパラダイムのことを、私は「親密性パラダイム」となづけている。それにしてもこのパラダイムを生きるかぎり、ED状態を抱えたカップルに残された道は、それを治癒すること以外にはありえないことになる。

しかし、それとはまったく対立する女性の語りが、雑誌記事には存在する。以下、代表的な言説を三つ紹介しよう。

「恥ずかしい、ミジメ、彼女に悪い、だらしない……さまざまな感情が頭の中をグルグルと過巻き、風の吹く荒野に一人ぼっちで立っているような気分。死んでしまいたくなる」（二六歳・自営業）って、それほどのコトでもないと思うんだけど……。（『週刊女性』一九九八・六・二三、七

六頁）

「二〇代の独身女性五〇人に電話アンケートを実施。彼がインポになったらどうする？の問いに、別れる三人、協力して治療する三五人、そのままでいい一〇人、結婚は断る二人。意外（？）にもインポに寛容な結果である。治す派の理由は「好きな男とならやりたくて当然」（二四歳・商社）、「結婚するつもりだし、子供欲しいし」（二五歳・語学学校）など。インポになっても好きな人の人格は大切というわけだ。やたら立てたがる男側の思惑とは明らかにギャップがある。」（『ＳＰＡ！』、一九九八・七・一五、一四七頁）

もちろん、バイアグラという名前は知っている。しかしそれは、男性が家庭外の「快楽」に使うもので、妻には無縁のものと感じてきた。だって多くの妻にとって、夫のペニスが立つかどうかなど重要なことじゃない。妻たちが求めているのは、女として認められること、キスや愛撫などの心のこもったスキンシップだ。（安宅佐知子「ＥＤが問いかける『夫婦の質』」『婦人公論』二〇〇〇・一一・二二、八四頁）

男のＥＤの苦しみは女性にわかるわけがない、といってしまえばそれまでだ。しかし女性がＥＤを、単に男性の性機能の問題に還元するのではなく（そうする人も中にはいるが）、むしろパートナーや夫婦の関係性やコミュニケーションの問題として捉えていることは、注目に値する。実は「(男が)ＥＤに陥るのは、自分に対する愛情がないからだ、わたしに魅力がないからだ」と女性が考えるとき、自らの性的魅力に女としての存在証明(アイデンティティ)が賭けられている。これは、男性が自らの性機能に自己の存在証明(アイデンティティ)を賭けるのと、なんら変わりない。しかしＥＤの問題をあくまでパートナー間の関係性の問題として考えることは、そうした隘路から抜け出す、ひとつの可能性になるかもしれない。なぜならそこには、セックスの有無を自らの存在証明に結びつけるのではない性のあり方が、少なくとも可能性としては開かれているからである。少なくとも男性の語りのように、ほとんどワンパターンの物語を生きるよりは、ましではないだろうか。

5　ＥＤの過去
――隠喩としての病――

ここから、歴史的な言説に目を転じたい。

ＥＤがかつて、「陰萎」とか「インポテンツ」と呼ばれていたのは、周知の事実である。日本性機能学会では、「インポテンツ(不能)」という概念が、正確性を欠く上に患者の感情を損なう軽蔑的な意味合いがあるとして、ＥＤという概念を用いるよう提唱してきた。そして現在、ＥＤという概念は社会的にも受け入れられている。このことはたいへん結構なことである。私も、「インポ」や「陰萎」という言葉に潜む差別的・軽蔑的な意味合いを好ましく思わない。しかしここではあえて、陰萎やインポテンツという概念を、「セクシュアリティの歴史社会学」という観点から、もう一度召喚してみたい。なぜなら、「陰萎」や「インポテンツ」という概念が使われるときに、その言葉がどのような文脈で用いられ、当時の社会のなかで、どのような意味をもっていたかをふりかえることを通して、現在のＥＤ言説と共有される部分／共有されない部分について、考えてみたいからである。

赤川［1999a］で分析対象としたセクソロジー関連の書物の中で、陰萎、インポテンツ、ＥＤに言及しているテクストは、計八三冊ある。明治期（一八六八～一九一二）、大正期（一九一二～一九二六）、昭和初期（一九二六～四五）、昭和後期以降（一九四六～）の四期にわけて、そろぞれの時期に特徴的な言説をピックアップしてみる。[2]

明治期

明治期には、一八七五（明治八）年『造化機論』出版を嚆矢とする「開化セクソロジー」が存在した。これはアメリカ、ドイツなどで刊行された一般向け性科学書を、日本人が翻訳・翻案したものである。やがて日本人自身による性科学書が書かれることになるが、これらは、まだ日本に医学アカデミズムが成立・普及する以前に、一般の人びとに性知識を伝える機能を果たしていた。

一八八六（明治一九）年に刊行された『男女交合得失問答』（武部瀧三郎著）では、Q&A形式で、セックスに関するさまざまな質疑応答がなされているが、「男女に胚種《こだね》なき原因及び之を医治する方法」という質問（東京小西湖畔　小松川潤一郎）に対して、「陰萎の勢力微弱にして勃起方十分ならざるの原因六あり」と答えている。順に述べれば、「曰く全身の衰弱したるもの　曰く陰茎に病患あるもの　曰く睾丸を切断したるもの　曰く他事に心思を労するもの　曰く内熱あるもの　曰く久く手淫を行いたるものの是なり」の六つである。注目すべきは、「久く手淫を行いたるもの」が陰萎の原因として述べられていることだ。

次に、一九〇二（明治三五）年、やはりこれもかなり売れたと思われる想定問答集『女医者』（秋琴女史）では、「交接中途にして陰茎常に萎縮して目的を達する能はず如何」という質問がなされている。これに対して、「房事過度、手淫、恐懼、憤怒、羞恥、陰茎の気質的受性其他諸多の病より来たる故に其原因的疾患を解除し自己の意志を興奮せしむるの法を取り運動を盛にし電気療法、水治法、消息子療法等医に計られよ」という回答が述べられている。ややおざなりで、ありきたりな回答ではあるが、ここでも「房事過度」すなわちセックスの回数が多いことと、「手淫」すなわちマスターベーションが陰萎の原因になるとされている。

他にも、綿貫與三郎『延寿得子　婦人と男子の衛生』（一九〇五＝明治三八）、中谷驥一『色情と其衛生』（一九〇五＝明治三八）、佐藤得斎『実用問答生殖器篇』（一九〇六＝明治三九）、原真男『色情と青年』（一九〇六＝明治三九）など、この時期のセクソロジーはほぼ例外なく、手淫（オナニー」が陰萎の原因になると主張している。

大正期

大正期の通俗性欲学の時代に至っても、手淫を陰萎・インポテンツの主要因とみなす言説は、主流であり続ける。通俗性欲学を主導した羽太鋭治、澤田順次郎、田中香涯の三人は、いずれも、手淫をインポテンツの主要因とみなしている。その傾向は、開化セクソロジー以上に強まっている。

たとえば羽太鋭治は、一九二一（大正一〇）年に出版された『恋及性の新研究』の中で、陰萎の原因を、器質性／神経性／精神性／麻痺性といった具合に分類する。現代とは分類の仕方が似ているようで異なっているが、その予後に関しては、「器質性、神経性及び精神性のものは多くは予後良であるが、無制限に手淫を行ひたるもの、遺伝性の抵抗弱き陰茎を有する者等に於ては予後不良である」として、手淫が原因の「麻痺性陰萎」については、予後不良だという。田中香涯『性に基く家庭悲劇と其救済』一九二三（大正一二）年の記述は、さらに興味深いものがある。「陰萎を訴へる男子にして身体が健康であり、神経衰弱或は精神病等の徴候なく、また過去に手淫に耽ったことも無く、『朝の勃起』もあって且つ性欲が通常であるならば、精神的陰萎に過ぎない者であるから、その予後は佳良で、陰萎の原因たる精神的要素さへ除去すれば、容易に生理状態に快復することが出来る」というように、現在いうところの心因性のＥＤに関しては、かなり楽観的な見解が述べられている。これに対して、「常習手淫に耽り重症の神経衰弱に陥った他にも、陰萎の観念が強迫的に襲来して、勃起機能の全く廃絶したものは、その予後は不良である」と手淫が原因のＥＤについては、逆に手厳しい。心因性ＥＤに対する楽観さと、手淫を原因とするＥＤに対する手厳しさ。これは現代的な医学常識とは、ちょうど逆の関係になっている。つまり現代の医学常識ならば、マスターベーションがＥＤの原因になるとはまったく考えないだろうし、逆に、心因性のＥＤについては、むしろその治療の困難さがクローズアップされるはずである。

「手淫が陰萎の原因になり、しかも治療困難である」という、この時期に特徴的な言説を、当時の性知識の文脈に置き直してみると、「オナニーは、老若男女問わず、身体にも精神にも悪影響を与える」という、「強い」オナニー有害論の影響がきわめて強大であったことに思い至る。開化セクソロジーの一部、大正期の通俗性欲学には、とりわけこの影響力が顕著である。これは、「オナニーを常習的に行うと、陰萎・インポテンツになり、回復もしない」という脅迫的なメッセージを、これら性科学書の読者に与えたと思われる。実際に、かなりのちの時期、昭和三〇年代に至るまで、「若い頃の過度のオナニーが原因でインポテンツになる（なった）のではないか」という不安の声が、医学者あてに向けられることになる。

昭和前期（一九二六～四五）

昭和の前期、すなわち戦前期でも、依然として「手淫が陰萎の原因になる」という言説は持続する。その一方で、陰萎の原因分類が精緻化し、現代の「器質性／機能性」というカテゴリー化に相当するような、分類枠組が登場してくる。たとえば澤田順次郎『性慾に関して青年男女に答ふる書』（一九一九＝大正八）では、「生理的陰萎」（一時性の陰萎）と「機能的陰萎」（脳性神経病より来る、治癒が困難）という二分法が示される。また岡田道一『セックス衛生』（一九三〇＝昭和五）では「器質的に起るもの／官能的に起るもの」という区分がなされている。

またＥＤに対する治療法として、さまざまな製剤・製薬が登場してくる。たとえば、睾丸エキスを抽出したとされる「スペルミン」、アフリカのヨヒンビアという植物の皮から抽出したとされる、「（塩酸）ヨヒンビン」がある。これは催淫剤として効果があったとされる。また羽太鋭治は回春剤「キング・オブ・キングス」を製作したし、昭和の初期には、朝岡稲太郎という医学博士が、ホルモン療法の一環として「チヒオルピン」という薬を作っている。

昭和前期に特徴的なことは、陰萎やインポテンツが、当事者たる男性、そのパートナーとなる女性、さらに家族や家庭にとってどのような意味をもつかが、次第に論じられるようになることである。二つの言説を紹介する。

一つは、赤津誠内の『性典』という一九二七（昭和二）年に刊行された著作である。ここでは陰萎は「性交器の使命を、全然失った」ことを意味するとされ、しかも、「夫婦は、合歓の楽しみを得ることが出来ないので、夫婦の不和は、忽ち将来されるであらうし、その懊悩苦悶は一層増さるであらう」とされる。「陰萎は家庭の攪乱者、厭世の魔神」というのだ。

夫婦間にセックスが存在しなければ、不和につながり、「家庭を攪乱する」。これは現代の私たちの感覚に近いといっても過言ではない。ＥＤの悲劇を、夫婦間・家庭の問題として強調している言説のさきがけである。

同じような言説は『主婦の友』の別冊付録として、女性向けに編集された『娘と妻と母の衛生読本』（一九三七＝昭和一二）という本の中にも見受けられる。「さて、不能の良人を持つ奥様は、夫婦とは名のみで実際の夫婦生活ができないのですから、その苦痛はどんなでせうと思ひます。また、それにも増して精神的の苦痛もどんなでせうと想像されます」と。

しかし女性向け言説の場合、書き手が女性ということもあるのか、男性向けのセクソロジーとくらべて、筆致はより冷静である。この点も、現代と似ている。さきほどの文章につづけて、次のように説かれるのである。

「けれども、夫婦の仲は、性生活ばかりがその全体ではないといふことを、はっきり解っていて頂きたいのです。それがはっきり認識できると、気持ちがずっと楽になり、朗らかになれるのではないでせうか」

また、不能の良人をもった普通の妻として暮らしたエピソードのあとで、「一方、健全な身体を持ち、立派な子どもを産める女性が、不能者、つまり一人前の男性としての働きのない人に、一身を犠牲にしてまで仕えるのは、どうかと言はれる方もありませうが、世間のすべてのことは、さう理屈通りに当て嵌るものとは限らないのですから、これはこれでよろしいかと思ひます。」と、述べている。

この言説をどう解釈するかはなかなか難しいところがある。「不能の夫でも忍従せよ」という、男性中心的な夫唱婦随のメッセージと解釈することもできるし、逆に、夫の性的能力が家庭や夫婦の幸せの根幹にあるという「決めつけ」を、たとえなぐさめ程度ではあっても、相対化する言説とみなすこともできる。どちらの解釈をとるかで、この言説に直面する現代の私たちの価値観が問われているともいえる。私はどちらかといえば、後者の解釈、すなわち、夫婦生活の中心は性生活であり、ＥＤであることイコール悲劇・不幸、という解釈図式を相対化する言説として評価したいのだが、いかがだろうか。

6　ＥＤの過去から現在へ

昭和後期以降（一九四六〜）

戦後になると、言説の雰囲気はかなり変化してくる。ここでは四点に絞って、その特徴を述べていく。

第一に、「オナニーがインポテンツの原因になる」という原因論が否定される。たとえば、産児制限の主導者として有名な馬島僩は一九五一（昭和二六）年『性の百科事典』という本のなかで、「オナニーの習慣のあった男性にありがちな、インポテンツは気の毒である。しかし少しもシンパイすることはない。オナニーは決してわれわれの性活動をミダしたり、減殺したり、あるいは希望少くするものではない」と述べて、オナニーが陰萎のインポテンツの原因になるという説を否定する。また一九六五(昭和四〇)年に刊行された松戸尚『図解　性の悩みを解決する本』では、四五歳の男性・会社員が、「最近、性的能力が衰えてきたが、若いころオナニーを過度にしたせいだろうか」という質問を発している。これは、戦前によくあった不安を典型的に示しているが、ここで回答者の松戸尚は、「もともと男性の性能力は、くりかえしのべているように、一八歳頃が頂上で、あとは富士山の須走口をいっしゃ千里にすべりおりていきます」と、加齢による衰えを原因に挙げるに留めている。オナニーに対する言及は、一言もない。このような形で、「オナニー原因説」が否定されていくことになる。

第二に、インポテンツの原因を精神的な要因に求めることが多くなり、その対処方法も精神的なものが目立ってくる。たとえば石垣純二の『性医学入門』(一九五〇=昭和二五)では、「最も困ったものがこれである(注:心理的インポ)。……すべてこのような時は大脳から脊髄の中枢に強い抑制が作用しているのであって、それが除かれさえすれば、すぐ解決する。それは精神分析の問題である。もっと簡単にいえば専門家のおだやかな説得だけで解決するのだ」と述べている。心理的インポを「最も困ったもの」と提示しておきながら、その解決法は「専門家のおだやかな説得だけで解決する」と、かなり楽観的である。さらに慶應大学医学部の金子栄寿は、EDの治療法として、精神的な側面を強調している。

年齢四〇代にはいると、誰しも多少とも勃起力は弱るものであるけれど、これは普段の心がけで避けることが出来る。即ち勃起中枢の興奮は一種の反射作用であるから、身体全体の反射作用を常に鋭くする心構えが大切である。これには所謂ものぐさが最もよくない。（「神経的原因による勃起不全とその治し方」『夫婦生活』一九五一年三月一日号、三〇頁）

（挿入になると萎えてしまう二六歳・夫の相談に対して）結論として、要は落付くことです。冷静になることとです。又前戯にとらわれることなく、勃起したその初めに、性交に移ることです。妻の気持ちを尊重すべきは、最近特に云われていることですが、余りにも気がねしていると、往々にして、貴殿のようなことが起こります。（中略）ですから貴殿のような性質の人は、かまわないから、独断専行にするべきです。（金子栄寿「インポテンツに悩む夫」『性問題の研究』一号、一九五五年、八一頁）

ＥＤが「普段の心がけ」や、「要は落付くことです。冷静になること」によって解消されるなら、こんなに楽なことはない。他方、これと並行するように、ＥＤの心因性をより強調する傾向が目立ってくる。たとえば竹村幸子は、『性生活の処方箋』（一九七一＝昭和四六）のなかで、「男性不能の九割余は心因性」と述べている。

男性不能がわが国でどれだけふえているかを示す信頼できるデータは今のところありませんが、セックス・カウンセラーやドクターらが日々の相談、診察業務を通じてそれを実感していることは、おりにふれてその人たちの発言からも推察することができますし、事実私自身も、この種の相談が四、五年前ごろから急上昇してきていることを認めています。（中略）私が扱った不能男性からの相談も、そのほとんどは、本人がどう思っていようと、明らかに心因性のものばかりでしたから――。

器質的なものより、心因的な要因を重視する傾向が、徐々に強くなっていく。

第三に、ＥＤ状態である男性のパートナーである女性との関係が、次第に主題化されるようになる。とりわけこの時期には、パートナーである女性に対して、相手方の男性に対して「気配り」を進めるようなタイプの言説が増加する。たとえば、滋岡透『青春の病理』一九五二（昭和二七）では、「とにかく、多分に精神作用の支配を受けることはあらそわれないことである。それ故にそれは一種の精神の割とも言える、この割はえぐられることによってますます悪化するのである。これに対する一番よい方法は、愛情の包帯とガーゼである。女性が若し能力の弱い男性の気持を理解しないで、これをせめたり、あなどったりするとこの精神の割はいよいよ救い難いものとなる。」と、女性の「愛情の包帯とガーゼ」の重要性が説かれる。また、杉靖三郎『完全なる夫婦』一九六〇（昭和三五）でも、「そういう不能の問題でいちばん問題になるのは、やはり愛情の欠如だと私は思う。精神的な愛情がないと、肉体的なほうがうまくいかないわけである」とされるようになっていく。

第四に、ＥＤを「男のプライド」として定義づけるような言説が、前面に登場してくる。勃起能力は、「男らしさ」の存在証明（アイデンティティ）であり、勃起不全は、男性にとって一大事であるというわけである。ほとんど現代的な言説と変わらなくなってくる。一例だけ挙げれば『スポック博士の性教育』一九七五（昭和五〇）には、次のように書かれている。

男性なら誰でも、性的に不能であるよりは、何かほかのことで不能なほうが、まだましだというでしょう。しかし、これは、なにも性的な快楽を失うのがつらいからではないのです。生殖力があって、男らしいことこそ、男性にとって、大望とか、誇りとか、満足感といったものの核心をなすものだからなのです。男らしさという意味は、人によって、いくぶんちがうでしょうが、いろいろな面にあらわれているとおもいます。競争すること、勇気があること、ケンカ好きなこと、立派な車をもつこと、お金をもうけること、お金持ちになること、そして、肉体的にも女性を満足させられる、ということなのです。

こういうことは、心のなかでは、みんなつながりのあることで、性的に不能なことは、こうしたことすべてに影響してきます。

傍線部のように生殖能力・勃起能力が、男らしさの根幹に据えられるようになる。資料一を彷彿とさせるものがある。こうした言説の延長線上に、EDを取り巻く言語環境の現在がある。

7　EDの未来

さて議論を、いったん整理する。EDの言説史をふりかえるとともに、現在の私たちが置かれている言語環境の特徴を確認したい。

明治期から昭和前期にかけてのセクソロジーでは、EDの原因として手淫の害が強調されている。EDの心理的な側面（心因性ED）についての言及は、比較的少ない。「手淫がインポテンツの原因であり、治癒も困難である」という、これを読んだ読者に対してかなり「脅迫」的な言説が主流を占めていた。これにくらべて、EDの心因性の側面は、比較的軽視されていた。

ところが戦後になると、オナニー原因説が消滅していくにつれて、EDの心因性がより問題化されるようになる。そこでは、EDが男のプライドを傷つける、つまり「男らしさ」の危機と認識されるとともに、夫婦関係やパートナー関係を左右する重大な問題ともされていく。「オナニーがインポテンツの原因になる」というのが「脅迫 menace」的な言説であったとすれば、「EDは、男らしさや男女関係を危機に陥らせる」という言説は、男にとっての存在証明（アイデンティティ）に対する「強迫 obsession」的な不安を増幅させる側面をもっている、といえるかもしれない。

さてここで、ＥＤの現在に立ち戻るとき、バイアグラの登場は、ＥＤをめぐる社会状況を大きく転換させるものであった。それは、ＥＤに悩み治癒されたいと望む人たちにとって「福音」となったことは間違いない。セックスを「したくてもできない」状況にある男女を救うこと、救えるようになったことは、いうまでもなく、すばらしいことである。

しかし他方、勃起能力が男らしさの存在証明と捉えられるとともに、女性にとってセックスの有無が、愛情確認や自己の魅力を確認する存在証明と認識されてくる、という現実が浮かび上がってくる。ここで勃起する／しないは、男女ともに存在証明（アイデンティティ）の問題として、非常に重視されているわけだ。

こうした人たちの「悩み」を、無視してよいということではない。しかしＥＤをめぐる現在の言語環境から排除されているのは、第一に、セックスを「しなくてもよい」と考える人びとの存在であり、第二に、ＥＤという状態をパートナー（夫婦）間の不幸や男らしさの喪失といった文脈に直結させない自由である。長田尚夫と矢島通孝は「性のマイノリティ支援」という論文の中で（『公衆衛生』Vol. 64, No. 3, 2000. 3）、セックスレス・カップルを「したくてもできない」グループと「しなくてもよい」グループに分類しているが、この言葉づかいを借用するならば、「したくてもできない」ことを改善することと同時に、「しなくてもよい」自由を保障することもまた重要なのである。

というのも、セクシュアリティの倫理問題を考えるときに、「性への自由」と「性からの自由」

という二つを側面を、同時に保障するような社会をいかに構築することができるかが、二一世紀のセクシュアリティ論にとって最重要の課題になるからだ。EDに関する文脈に則していえば、「したくてもできない」状況を改善することが「性への自由」であり、「しなくてもよい」人たちの存在を認める、EDを不幸な病という文脈から切り離して理解する可能性を切り開くことが「性からの自由」である。セックスや勃起能力を、自らの存在証明（アイデンティティ）にしたいという、人びとの願いを否定することはできない。しかし同時に、性を自らの存在証明とみなさない自由もまた、否定されるべきではないのである。

「性への自由」と「性からの自由」を同時に保障するような社会を、いかに構築することができるか。これが二一世紀の社会学においても重要な課題だが、それは、EDの未来とも無関係ではない。EDから救われる自由と、EDに与えられた過剰な意味づけを解除していく自由、このどちらもが大切であることに思いを馳せながら、本章を諦め括りたい。

注

（1）本章は、二〇〇四年一月一〇日、日本性機能学会西部総会イブニングセミナーにおいて「EDの社会的構築」として講演した内容に加筆・修正を加えたものである。

（2）赤川［1999a］では、主として明治以降から現代に至るまで、一般人向けに書かれたセクソロジーの啓蒙書約五五〇冊を、分析の対象にしている。

こうした「古本」の中には、かなり売れた、ベストセラーになったものがある。たとえば、ヴァン・デ・ベルデ『完全なる結婚』（一九四六）、謝国権『性生活の知恵』（一九六〇）、奈良林祥『How To Sex』（一九七一）などである。これらは、一般向けのセクソロジーとして歴史に残るテキストとされる。しかしそれ以外にも、明治時代にも、大正から昭和初期にかけても、こうした書籍の祖先にあたるようなテクストが大量に販売されており、かなり広範に当時の人びとに読まれていた。明治時代には、『造化機論』（一八七五）をはじめとする、文明開化期のセクソロジー――上野千鶴子はこれを「開化セクソロジー」と名付けている――が大量に存在しているし、大正から昭和初期にかけてアカデミズムと一般の人びとの中間に位置するようなところで成立した通俗的な性科学が――当時は「通俗性欲学」と呼ばれていた――猛威を奮っていた。羽太鋭治、澤田順次郎、田中香涯など、医学アカデミズムの傍流に属するような人びとが、大量に一般向けの著作を書いて、それが人びとによく読まれていたのである。

こうしたテクストの中には、現在では、誤っている、少なくともあまり信用されない、性に関する怪しげな知識がたくさんある。オナニーが身体や精神に悪影響を与えるというオナニー有害論がその典型であるが、歴史社会学は、性に関する知識が、現代的な視点からみて、誤っているか／正しいかを問題にするのではない。仮にそれらが、現代からみれば滑稽なくらいに間違っている知識であったとしても、ある時期ある社会において、それが真実、科学的にリアルな知識として受け入れられたことの意味を考えようとする。性に関する知識そのものの中に、当時の人びとがセクシュアリティに対して与えた意味づけや、それが社会に与えた影響、また逆に社会から与えられた影響を読み解こうとする。

具体的には、明治期の開化セクソロジー、大正～昭和初期の通俗性欲学、昭和後期の一般向け性科学書のなかで、陰萎やインポテンツが、どのような原因により発生すると考えられてきたか。また、その対処療法として、どのようなものが考えられてきたか。さらには、陰萎やインポテンツが、どのような病として意味づけられてきたかを調べることになる。スーザン・ソンタグの言葉を借りれば、EDの「隠喩としての病」の様相を明らかにすることを通して、現代におけるEDの「語り方」がどのような特徴を有しているかを、明らかにできる。

IV

第一二章　人口減少社会における選択の自由と負担の公平

——男女共同参画と子育て支援の最適配分をめぐって——

1　はじめに

二〇〇四年一二月、『子どもが減って何が悪いか！』という新書を上梓した（赤川［2004b］）。昨今の少子化対策をめぐる統計と言説を、リサーチ・リテラシーと公共哲学の観点から、批判的に再検討したものである。このなかで、以下のような主張を展開した(1)。

①「男も女も、仕事も家事・育児も」という両立ライフを推奨する男女共同参画は、少子化対策（出生率回復策）としては効果があるとはいえない。

②男女共同参画は、仮に少子化を進めることになろうとも、選択の自由と性の平等を保障するという観点から必要である。

③少子化に伴うデメリット（年金制度の破綻、経済成長の鈍化）を、出生率回復によって克服するのではなく、少子化を与件とした制度設計によって対応すべきである。

④選択の自由と負担の公平という理念に基づいて、年金と子育て支援を再構築すべきである。年金については、スウェーデン式のみなし掛金建て制度を導入すれば、世代間不公平をかなり解決することができる。子育て支援は、子どもの生存権に基礎づけられた現金給付ならば、親のライフスタイルに基づく差別はなくなり、選択の自由も保障される。

拙著の主張に対して、刊行直後からさまざまな反響をいただいた。匿名ではない形でコメントくださったすべての方々に感謝したい。いただいたコメントの中には、傾聴に値する論点や批判が多数あった。また私自身、紙幅に制約のある新書では、十分に展開しきれなかった論点がいくつかあると感じている。他方、新聞や雑誌記事をみると、二〇〇四年一二月から〇五年一月にかけて、またも男女共同参画を少子化対策と結びつける言説が、大量に跳梁跋扈している。

そこで本章では、リサーチ・リテラシーの手法を用いて、刊行とほぼ同時期に出現した少子化言説を、再度批判的に検討する。拙著を読まれていない方にも、その内容と主張を知っていただく機会となれば幸いである。

後半では、拙著に対してなされた批判に対して、再反論を試みる。とりわけ、子どもの人権のみに基礎づけられた子育て支援のもとで、現金給付（＝児童手当、子育て基金、子ども手当）と現物・サービス給付（＝公的な保育サービス）の最適配分について論じる。すなわち、どのような配分ならば、選択の自由と負担の公平という二重の基準を満たしうるかという問いである。私は、少子化対策としての有効性とは独立に、子ども手当が望ましいと考えているが、この営みは、金子勇が構想する子育て基金との間に、意外な接点を見出すことになるかもしれない。

2　男女共同参画は少子化を防げるか・再論

女性労働力率と出生率の国際比較

男女共同参画が出生率回復に有効という説をずっと支えてきたのは、「先進国では、女子労働力率が高い国ほど出生率も高い」という統計データであった。たとえば阿藤誠によると、一九九五年ＯＥＣＤ一三ヵ国では二五〜三四歳の女子労働力率と出生率の相関係数は0.53であり、強い正の相関を示している（阿藤［2000：202］）。しかし赤川［2004b］では、次のように論じた。第一に、一九九五年のＯＥＣＤ加盟二五ヵ国中、メキシコ、トルコを除いた二三ヵ国での相関係数は0.238であり、この一三ヵ国は、絶対値が高くなるように恣意的に選ばれている。第二に、女子労働力率と出生率の相関を都市化の度合いを示す第三次産業従事者比率でコントロールすると、偏相関係数

図12-1　女性の労働力率と合計特殊出生率の相関図（内閣府男女共同参画局2004）

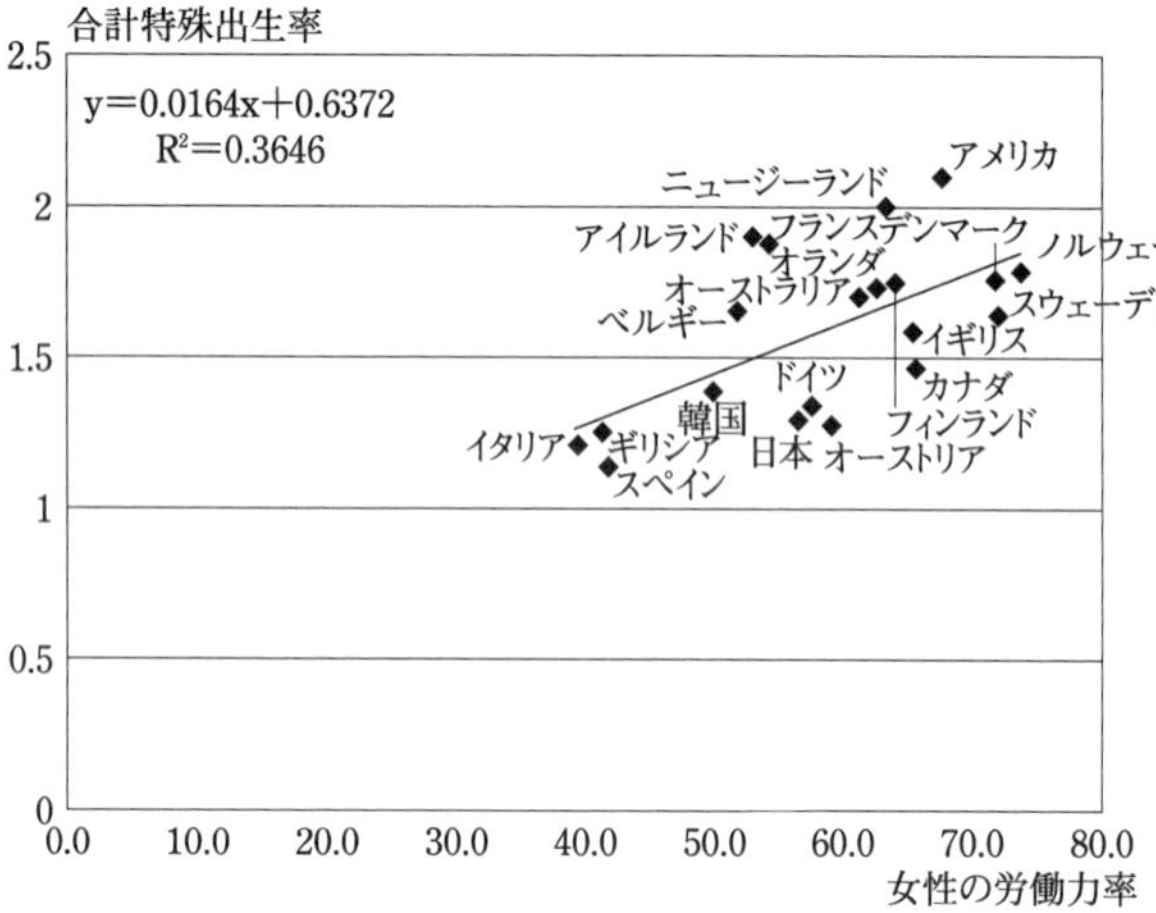

★内閣府による推計結果（男女共同参画会議（第13回）配布資料（データは2003年））

は0.101。相関係数から六割減となり、擬似相関の可能性が高い。

しかしこの主張に対しては、「かつては相関は弱かったが、徐々に強まりつつある」という反論も可能である。実際、二〇〇四年二月二五日に内閣府で開催された第二三回・男女共同参画会議基本問題専門調査会で配布された資料では（内閣府男女共同参画局　二〇〇四）、「OECD諸国における女性就業率と出生率は昔から正の相関があったわけではない」とされ、一九七〇年、八五年、二〇〇〇年の国際比較に基づきつつ、二〇〇〇年OECD二〇ヵ国の決定係数は0.3646であり、徐々に相関を強めていると報告されている(2)。

しかしOECD加盟国は、現在三〇ヵ国。なぜ二〇ヵ国しか集計しないのか。残り一〇ヵ国は、すべて外れ値というわけでもあるまい。相関関数を算出するのにサンプル数は多ければ多いほどよいわけだから、ＯＥＣＤの国際比較を行うなら、きちんと三〇ヵ国について（できれば全世界の国々について）集計すべきだろう。そこで、①二〇〇〇年以前に二つの値が同時に判明する直近年の数値を採用する、②女性労働力率が判明しないギリシア、ルクセンブルグ、トルコに関しては、*Employment Outlook*（ＯＥＣＤ　一九九九）から、二五〜五四歳の女性労働参加率（一九九八年）を採用するという基準を用い、三〇ヵ国で相関関数を集計しなおしてみる。するとr＝0.058（p＝.759）となり、まったくの無相関である。「サンプルをどんなやり方で選んでもよいのなら、もともと関連のない二つの変数に相関関係があるかのようにみせることなど、いくらでもできる」（赤川［2004b：18］）という指摘は、どうやらここでもあてはまる。

家族政策に係る財政支出と出生率の国際比較

そもそも女性労働力率と出生率という変数だけを取り出して国際比較しても、あまり意味はない。なぜなら各国は、人口規模も人口密度もＧＤＰも経済成長率も高齢化率も人口移動量も国民負担率も消費税率も年金・社会保障のシステムも、それぞれ異なるお国柄事情を抱えている。特定の数値や個々の政策の意味は、その国の歴史的文脈や文化的背景や他の社会制度との関連によって変わるからである。そうした文脈を無視した国際比較にどれほどの意味があるのかと思う。しかし比較福祉国家論で一世を風靡したエスピン－アンデルセンの悪影響もあってか、この種の国際比較は雨後

図12-2　子どもへの公的支出と出生率の関係（日本経済新聞2005年1月6日付）

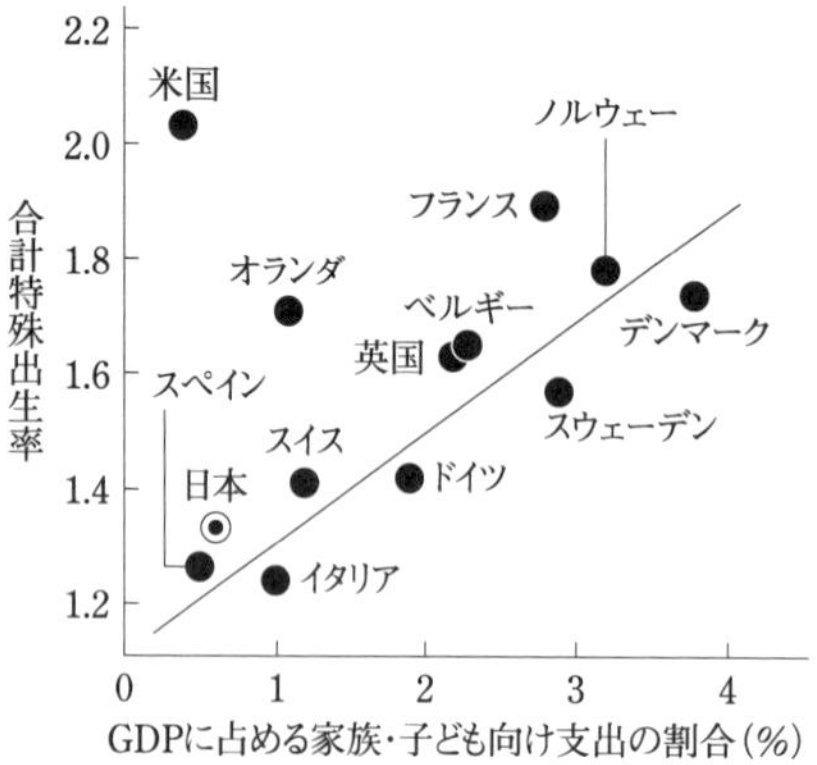

（注）数値はともに2001年，国立社会保障・人口問題研究所，OECDの資料を基に作成

の筍のごとく生産されるのだ。

最近では内閣府の経済財政諮問会議・経済財政展望ワーキング・グループの報告資料で、OECD二一ヵ国の家族政策に係る財政支出（対GDP比）と出生率の間に、緩やかな正の相関があると指摘されている（林［2004a］）。これは「日本では、先進国に比べて児童手当や保育サービスなどへの財政投入が少ない。ゆえに少子化が止まらない」という言説を下支えする統計資料であり、日本経済新聞二〇〇五年一月六日一三面でも、サンプル数を一三ヵ国に減らした。同工異曲のグラフが掲載されている（図12―2）[3]。

これらの統計は、林伴子（内閣府経済社会総合研究所・主任研究官）の報告がもとになっている。二〇〇四年一一月のESRI経済政策フォーラムでも、同じ統計が用いられている（林［2004b］）。ありがたいことに、ここではOECD三〇ヵ国の家族政策に掛かる財政支出（二〇〇一年、対GDP比）が紹介されている。

小数点二桁以下の正確な数値は再現できないが、順位はわかるので、二〇〇〇年出生率との順位相関係数（Spearmanのρ）を算出すると0.189（$p=0.325$）、やはり無相関となる。

さすがに、これほど杜撰な統計を目の当たりにしていると、「冗談はなしだ。俺はクソ真面目な男だ」（©キリコ・キュービー）と言いたくなってくる。かくも恣意的なサンプル選択がまかり通るのを、社会学徒として、どうして看過できようか。しかし、いい加減な統計をデッチあげるのは簡単だが、それに反駁するには何倍もの労力を必要とする。多勢に無勢のリサーチ・リテラシーは、息苦しいまでの消耗戦を強いられるのだ。

そういうわけで今後、先進国の国際比較を見たときには、何ヵ国が、どういう基準で選ばれているかに注意してもらいたい。こうした国際比較を行う人間は、サンプル選定の根拠、ならびに「外れ値」が設定されているならその理由についても、明示する義務を負うべきだ。そうした手続きを踏まない統計データは、はじめから眉唾物であり、そういう手続きに無頓着な社会科学者は、学者としての基礎的要件に欠けている。

3　子育て支援の最適配分

現金給付への反対論

しかし赤川［2004b］で検討したなかでは、「子育て支援支出が大きい国ほど出生率は高い」とするOECD二三ヵ国の国際比較（一九九一〜九五）は、最もまともであった（原田［2001：45］）。それによれば、児童手当などの家族給付関連支出と保育サービスなどの保育関連支出の対GDP比が四〜五％になると、出生率は相対的に高くなる。これも三〇ヵ国で集計し直すと結果が変わる可能性はあるが、少なくとも一九九五年時点の加盟二五ヵ国のうち二三ヵ国を網羅している点は、立派である。

ただ今後、家族関連給付支出と保育関連支出の区別が問題化される可能性がある。というのも男女共同参画的な少子化対策の文脈では、現金を親に直接支給する児童手当や家族給付より、保育サービスの充実のほうが出生率回復に有効とされることが多いからだ。たとえば乳幼児保育、長期の育児休暇、育児休業中の所得保障など、「仕事と子育ての両立支援」が充実すれば出生率が上がる、という統計的主張が出てくるかもしれない。

しかし上述のような論法は、実証的にうさん臭いだけでなく、理念的にも間違っていると、赤川［2004b］では主張した。子育て支援は、出生率回復にとっての有効性や、仕事と子育ての両立という特定のライフスタイルを優遇する男女共同参画の観点から正当化されるべきではない。むしろ逆に、子育て支援の根拠を、すべての子どもが健康で文化的な生活を営む権利（生存権）を保障するという観点から、そしてそれのみによって基礎づけるべきである。具体的な政策としては保育サービスの充実よりも、出生順位や年齢を問わず、大人になるまで毎月現金を支給する、子ども手当が望ましいと述べた（これは、民主党が二〇〇四年八月に提言した子ども手当の構想とよく似ている）。

この主張に対しては、さっそく異論が上がっている。吉森福子は、「保育を市場原理に任せることとは、子どもの人権を守ることとは一致しない」という理由から、現金支給に反対する。その根拠となるのは、アメリカなど保育サービスを市場任せにする国では低質な保育しか供給されないとする。前田正子の分析である（吉森［2004］：前田［1997］）。前田は、「毎日預けられる子どもたちの保育は、それなりに高い水準と環境のものでなくてはならない」という。たしかにそうだ。しかし民間保育では、公的保育にくらべて「それなりに高い水準と環境」が提供されないといわんばかりの論理が、このあとに続くのだ。

市場化すると保育の質が下がるのか？

彼女らは「市場化すると保育の質が下がる」という。しかし、そもそも公的サービスの市場化や民営化が唱えられるのは、公的サービスでは硬直的・非効率的になりやすく、民営化（市場化）によって競争的環境を発生させ、サービスの質を向上させるためではなかったか。鉄道、電信電話、郵便、道路、大学など公的サービスの民営化は、すべてこの論理に基づいてなされてきた。ただひとり保育のみが、この論理を免れられるのか。免れうるとすれば、いかにして？

論理的には、民営化の論理がすべて間違っているか、保育が民営化（市場化）によほどそぐわないかの、どちらかしかありえない。よほど頑迷な共産主義者か社会主義者でなければ、「民営化はすべて間違い」と言い切るのは難しいだろう。仮に後者なら、そもそも保育は市場原理と真っ向対立する、特殊なサービスということになる。たとえば前田は、公的保育を擁護するロジックとして、駅型保育の「たとえば時給八〇〇～九五〇円で雇われているパートの人が、どれだけ責任感をもって長期的に勤められるかは、私には疑問である」と述べている（前田［1997：127］）。別の著書では、「いちがいに『民間企業によい保育はできない』とは思いません」といいながら、「よい保育とは親と保育園とがいっしょに子育てするという共同と信頼の関係なしには成り立ちません。それは客とサービス提供者という一方的な関係ではないと思います。『命を預かる』『人間を育てる』重みと責任を自覚した人々に保育にたずさわっていただきたい」と語るのである。暗に「ビジネスとしての保育」が批判されている（前田［1999：21］）。

この中で容認可能なのは、公的保育と民間保育のどちらが良質なサービスを提供しうるか、一概に論じることはできないという点だけである。それ以外の言明は、ほとんど思い込みや偏見の類に等しい。「民間保育＝ビジネス＝パート多し＝責任なし＝低質、公的保育＝共同と信頼＝命を預かる＝正規雇用多し＝責任あり＝高質」と、およそ無意味な意味連関が構成されている。公的保育だろうと民間保育だろうと家族保育だろうと、良いものは良い、悪いものは悪い。ただそれだけのことであろう。それ以上の推論に合理的な根拠はない。

親のライフスタイルにもとづく子ども差別

第二に――こちらがより重要かつ本質的な論点だが――、現状の公的保育では、片働きよりも共働きのほうが優先的にサービスを享受できる。この状況下で、公的保育サービスの充実だけを強調すれば、親のライフスタイルに応じて、子どもが保育サービスを受ける可能性に不平等が生じることになる。「どんな人の子育てにも公平に援助を出すべきで、すべての保育にバウチャーを平等に配るべき」という（きわめてまっとうな）見解を、前田は「極端な意見」として斥け、専業主婦（主夫）よりも共働き世帯に優先的に保育サービスを供給すべきと考えている（前田 1999：45）。私が現金給付の可能性に言及したのは、こうした選択の自由の不平等を解消すべきと考えたからだが、吉森の反論はこのポイントを無視している。[4]

　私は、公的な保育サービスを完全否定はしない。すべての子どもに均等に子ども手当を分配し、かつその用途を、（子どもの人権に即する範囲内で）親の選択の自由に任せた結果、公的保育サービスが選択されるならば、それは望ましいことである。しかし「子どもの人権」から一直線に、「公的保育サービス」の擁護を導き出すことはできないはずだ。しかもそれは、有職か無職か、フルタイムかパート・自営かという、親のライフスタイルに基づいて、子どもの間で生じる不平等を等閑視し、隠蔽している。

　いっそのこと子育て支援は、すべて子ども手当（子ども本人に対する、年齢・出生順位を問わない現金給付）に一本化すべきではないか。その場合、公的保育は民営化が原則となる。親のライフスタイルや利用法に差別を設けない現金給付であれば、選択の自由の平等は保障され、保育サービスの質も競争的環境の中でおそらく向上する。公的保育の非効率性も低質性もかなり改善されるだろう。

もっとも選択の自由のための市場化が、かえって選択の自由を狭めてしまう可能性もなくはない。たとえば採算が合わないために保育サービスが供給されなくなったり、「裕福な親の子どもには質の高い保育、貧しい親の子どもは質の低い保育」という不平等が生じる可能性はある。特に後者は懸念に値する。こうした「市場の失敗」を是正する目的ならば、公的な保育サービスを残しておく正当性はあるだろう。しかし、今のままの形では無理だ。

「子どもの人権のために公的保育サービスを」という主張を一貫させたいのなら、むしろ片働き／共働きを問わず、保育サービスを平等に受けられるしくみを構想すべきだ。申し訳程度に、公立保育園で専業主婦の育児相談や一時預り保育を導入したところで、子ども本人が被る不平等は、まったく解消されない。こうした不平等を温存したまま公的保育サービスの必要性のみを唱えることは、大学教育にたとえていうなら、公的な補助を受けながらも、入学資格を親のライフスタイルによって制限するのと同じことである。そんな不公平な大学の存在を、誰が容認できようか。

4　男女共同参画型の夫婦は「社会で最も不遇な人」か

夫の家事分担が増えれば、子ども数は減る

第二節でみたように「男女共同参画が実現すれば少子化は止まる」という主張にはさまざまなバージョンがある。近年しばしば主張されるのは、公的な保育サービスの充実だけではだめであり、男性の家事・育児分担が出生率回復の鍵になるという言説である。男性の育児休業の強制取得（目標値設定）や、「夫婦二人で収入一・五人分」のワーク・シェアリングが高唱されるのも、こうした認識が背景にあるからである。これら言説を支えているのも、うさんくさい統計データがほとんどだが、JGSS（日本版総合社会調査）二〇〇一年の個票データを用いることで、こうした言説の当否を実証的に検討したい(5)。

JGSS二〇〇一では、本人と配偶者がどのくらいの頻度で家事を行うかを、夕食の用意、洗濯、買い物、家の掃除の四項目について、家事を頻繁に行えば行うほど得点が高くなる、「家事分担度」という尺度を構成する（最小値四、最大値二八）。四〇歳未満の有配偶女性を対象としたときに、夫の家事分担度の α係数は 0.760。尺度の一次元性は保たれているので、この尺度と子ども数との関連を探ることとする。

まず四〇歳未満の有配偶女性を対象にしたとき、夫の家事分担度は平均 11.57、標準偏差 5.48。

子ども数の相関係数は-0.171（$p=0.011$）。統計的に有意な、弱い負の相関がある。ちなみに妻の年齢を統制した重回帰分析を行うと、妻年齢のβ（標準偏回帰係数）は0.288（$p=0.000$）、夫家事分担のβは-0.176（$p=0.006$）となる。やはり負の相関がそのまま残る（調整済$R^2=.104$）。夫の家事分担が増えれば増えるほど子どもの数は減る傾向がある。

ただし、この結果だけでは過剰なことは言えない。変数の組合せを変えて、妻本人の年収や初婚年齢などを投入した重回帰分析を行うと、夫の家事分担度の統計的な有意性が消えてなくなる場合もある。しかし少なくとも、男性の家事分担が増えれば子ども数が増えるという仮説は、二〇〇一年の日本社会にはあてはまらない。これと同じ傾向は一九九五年のＳＳＭ調査でも、一九九八年の全国家族調査でも、二〇〇〇年の岡山市・男女共同参画に関する市民意識・実態調査でも確認される。きわめて頑健な事実である（赤川［2004a［2004b：70-7］）。

もっとも赤川［2004b］では、こうした実証分析の結果と、政策提言を結びつける作法を問うた。男性の家事分担の是非は、少子化対策の有効性とは独立に論じるべきである。男性の家事分担が仮に少子化を推し進めることになろうとも、それが必要であるならば、必要と主張すればよい。私が主張したのは、それに尽きる。

男女共同参画型夫婦は、子どもが少なく、世帯収入が多い

同じ論法は、少子化対策として推進されるすべての政策にあてはまる。男女共同参画的な少子化対策では、「男も女も、仕事も家事・育児も」という両立ライフが、他の家族モデルに比して、重点的に支援されるべき対象とされることが多い。保育サービス中心の子育て支援、仕事と子育ての両立支援、仕事と家庭の両立を目指した夫婦間のワーク・シェアリングなどである。通常は、こうした両立ライフが普及すれば出生率は上がる、ゆえにこうしたライフスタイルを優先的に支援すべきという理屈になるのだが、これは、実証的にはかなり疑わしい。

公共哲学、とりわけ正義論の文脈に則していえば、「両立ライフ」を支援する正当性があるかどうかは、ジョン・ロールズの格差原理に照らして、両立ライフを営む夫婦が「社会の最も不遇な人」といえるかどうかにかかっている。つまり両立ライフを営む夫婦が、他のライフスタイルを選択している夫婦よりも、社会的地位や収入に関して恵まれていないならば、共働き優先の保育サービスや、仕事と子育ての両立支援が正当化される余地はある。

そのことを実証的に確認するのは難しい。男女共同参画型の夫婦を操作的に定義するのが難しいからだ。しかしここでは、「夫・妻ともに有職（共働き）、かつ、夫の家事分担が相対的に高い世帯」と定義しておきたい。「夫の家事分担が相対的に高い」ことは、妻の家事分担度に対する夫の家事分担度の比率が上位三分の一（三三・三％、夫の家事比率四八％以上）に属する世帯のことである。

ＪＧＳＳ二〇〇一の中から四〇歳未満の有配偶女性を抽出し、「共働きか片働きか」、「夫家事が大か小か」に基づいて四群に分類した。片働きの場合、ほとんどが妻無職（専業主婦）なので、①

「共働き・夫家事大」（n＝43）、②「共働き・夫家事小」（n＝56）、③「妻専業・夫家事大」（n＝38）、④「妻専業・夫家事小」（n＝84）の四グループとなる。このうち①「共働き・夫家事大」が、本章で定義する「男女共同参画型夫婦」である。この四群における平均子ども数と世帯収入を、一元配置分散分析で比較すると、男女共同参画型の夫婦は、他のグループにくらべて子ども数が少なく、世帯収入は大きい（子ども数：F＝2.90, d.f.＝3, p＝0.036, 世帯収入：F＝4.21, d.f.＝3, p＝0.007, 図12―3・表12―1参照）。これは、当たり前の事実かもしれないが、そのことの意味は重い。

　むろん本章で行った「男女共同参画型夫婦」の定義は暫定的なものであり、別の仕方での定義が可能かもしれない。だが、少なくとも現代日本で「男も女も、仕事も家事・育児も」というライフスタイルを実践しているようにみえる彼らは、子ども数が少なく、世帯収入が多い。山田昌弘の言葉を借りれば、収入の高い夫と高い妻が結びつく「強者連合」といってよいかもしれない（山田[2004：148]）。

　要するに、男女共同参画型の夫婦は、出生率回復に効果がないだけでなく、この四つのライフスタイルの中ではもっとも恵まれた社会的地位を占めている。そのように恵まれた彼らに、あえて公的支援を重点的に行う必要は、どこにあるのか。少子化対策の有効性に訴えるのが難しいとすれば、格差原理の観点からは「どこにもない」と言わざるをえない。

図12-3　世帯類型別にみた子ども数・世帯収入（平均）

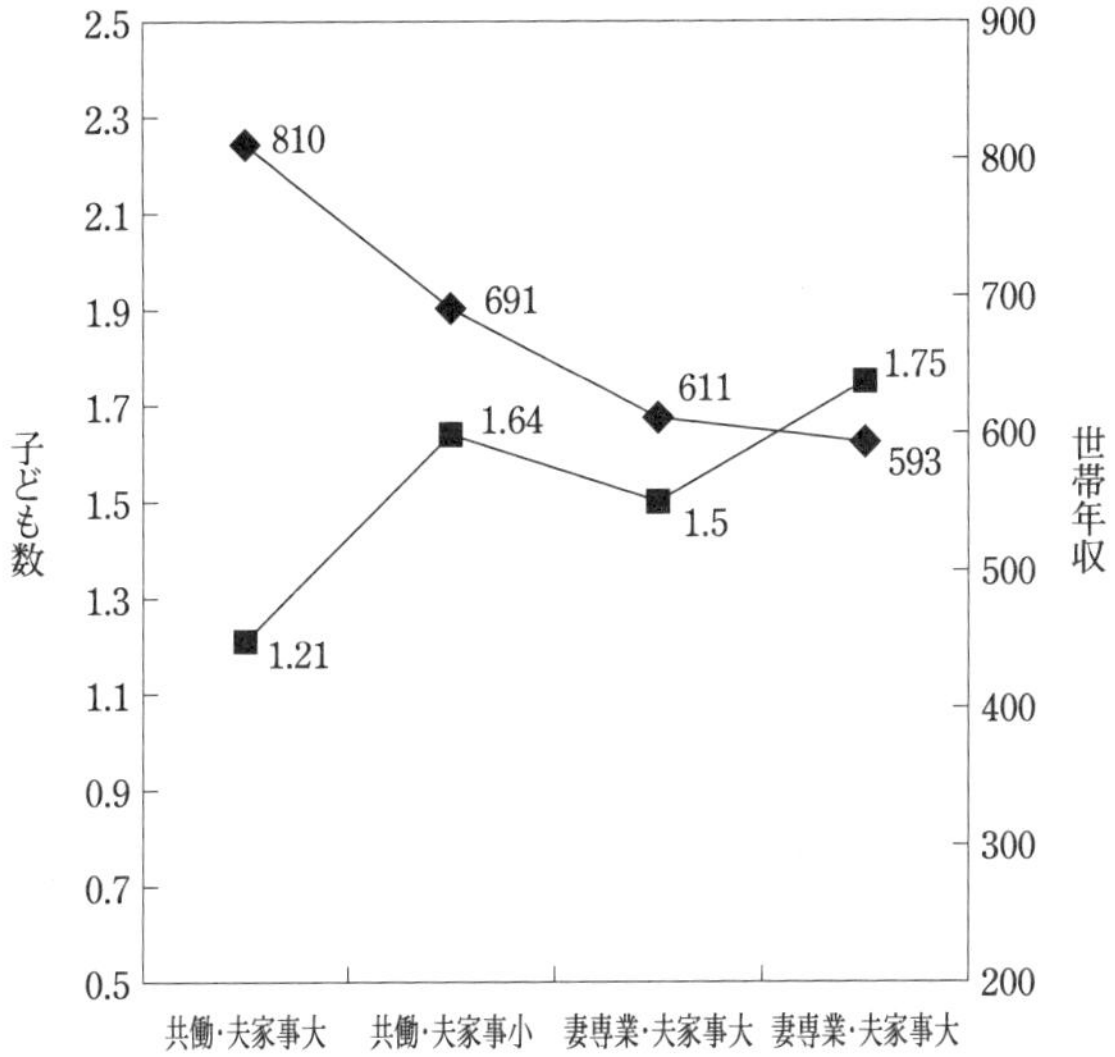

表12―1　子ども数の平均・標準偏差、世帯収入の中央値・標準偏差

	子ども数		世帯収入	
	平均	標準偏差	中央値	標準偏差
共働・夫家事大	1.21	1.06	800	175.3
共働・夫家事小	1.64	1.06	600	353.7
妻専業・夫家事大	1.50	0.95	600	292.9
妻専業・夫家事小	1.75	1.02	500	250.7

5　子育て基金の再構想
——子ども手当のほうへ——

子育て基金と子ども手当の意外な共通性

第三節では保育サービスの民営化について論じたが、保育サービスと児童手当の最適配分という政策課題は、依然として残る。ところで、「子育て支援を現金給付で」という主張の先達としては、金子勇による子育て基金構想がある。

金子が構想する子育て基金は、年来の主張である「子育てフリーライダー論」に基づいている。これは、子どもは将来の労働人口や年金財政を担う公共財だから、子育てしない男女は「子育てフリーライダー」であり、彼らからも他人の子どもの育児費用を徴収すべきという考え方である（金子［2003］）。私は、子育て支援ひいては子ども手当を、子どもが健康で文化的な生活を営む権利（生存権）によってのみ基礎づけるべきだと主張した。ゆえに政策を基礎づける哲学が金子とはまったく違うと、少なくとも赤川［2004b］を書いた時点では考えていた。

たしかに、子どもには公共財的な側面が存在する。それは別の言い方をすれば、子どもが公共財としてみいだされる歴史的過程の産物なのだが、子どもは親にとって私的な消費財の側面が強いと、私は考えている（そうでなければ、出生率の変動を合理的に説明できない）。ゆえに、親に対する公的補助には自ずから限度があると考える。ところが、子どもの生存権のみに基礎づけられた子ども手当を制度として構想する際には、金子が提唱する子育て基金と、結果的にかなり近い形態になるのだ。

これは、私にとっても意外な発見であった。なぜこうなるのか。

金子によれば、子育て基金には四つの特徴がある。第一に、未婚既婚の別なく、有職無職の違いもなく、子どもの有無を問わず、三〇歳以上の国民は例外なく子育て支援のために、収入に合わせて毎月、子育て基金に払い込むこと、第二に、一八歳までの子育て家庭にも子育て基金へは払い込んでもらい、負担の社会的公平性を堅持すること。第三に、一八歳までの子育てを行う国民の事情に応じて、基金からの資金を配分すること。第四に、子育て基金からの援助は、子育て中の国民が感じる経済的、時間的、肉体的、精神的な諸負担の軽減のためにのみ用いられることである（金子[2004：491-2]）。

これは実質的に、三〇歳以上の全国民から応能負担で税金を徴収し、その税金を子育て中の夫婦に再配分する制度である。金子は介護保険との相同性を強調しているが、私は子育て基金には、（子育ての）リスク分散という意味合いは強くないと考える。ゆえに子育て中の夫婦とその子どもに対する、社会全体からの所得移転と考えたほうが、すっきりすると思う。

ところで金子の子育て基金では、すでに一八歳以上の子どもを育て上げた世帯からの徴収を想定している。ただこの点は、子育てフリーライダー論の本来の趣旨からすれば、いささか矛盾するのではないか。なぜなら、子育てフリーライダー論の趣旨を貫徹するならば、公共財として有用な子どもを育てた親に対しては、報奨金を支払う形がもっともわかりやすいと思われるからだ。戦時期人口政策の優良多子表彰を、さらに大規模に実施したようなものである。子育て基金が、子育てフリーライダーへの罰金徴収の意味をもつならば、公共財として有用な子どもを育てた親は、少なくとも子育て基金への拠出を免除されるべきであろう。

逆にいえば、単に子どもを産み育てただけでは、子育て基金をもらう資格はない。子どもを産まない独身者や夫婦はもちろん、結果として公共財として役に立たない子ども――犯罪者、不就労者、年金未払者など――を育てた親もまた、れっきとしたフリーライダーといわねばならない。ゆえに結果的に有用な公共財を育て上げられなかった親からは、それまでに給付した額があれば、全額返還させるべきである。このように、「公共財として有用な子どもを育てた親には報償、育てられなかった親からは全額返還、子育てしなかった人からは罰金徴収」という政策が、子育てフリーライダー論の趣旨にもっともかなうと思われる。金子の子育て基金は、これにくらべるととても穏健だ。

私が構想する子ども手当は、子育てフリーライダー論には依拠しない。子どもが健康で文化的な生活を営むのに必要な費用を、社会全体で分担しようと提案しているだけである。しかし、①親のライフスタイルによる差別がないゆえに現金給付を望ましいと考える、②子ども本人の利益のために使われるよう、用途を国家が監査すべきと考える点で、子育て基金ともよく似てくる。ここまで制度設計が似ているならば、いっそのこと金子には、子育てフリーライダー論を超えて、子どもの人権という観点から子育て基金を再定義してほしいと念願するのだが、いかがだろうか。というのも、「子育てフリーライダーはケシカランから、罰金払え」と懲罰的に扱うより、「子ども一人ひとりが、健康で文化的な生活を送れるように、社会全体で支援しましょう」と訴えたほうが、独身者、子のない夫婦、子どもを育て終えた高齢者からも、納得を得やすいと思うからだ。むろんそれは、たんなる説得の方便ではない。私自身、それが理念的に望ましいと考えるからである。

子ども手当の財政負担

では、子育て基金と子ども手当を具体的に実施すると、どのくらい所得移転が必要になるだろうか。また、その配分をどのようになすべきか。民主党が二〇〇四年八月に提案した子ども手当は、年齢、出生順位を問わず、一八歳までの子どもを養育している親に、月額四万円程度を支給するというしくみであった。年齢と出生順位を問わない点で、これは事実上、少子化対策という枠組みを超えている。この財政負担を、誰がどこまで負うべきかという問題を、小学生にもできる簡単な計算でシミュレートしてみよう(6)。

まず子ども手当の総額だが、二〇〇三年の一八歳以下人口は二、三三九万人。子ども一人につき年間四八万円だから、約一一・二兆円となる（仮にこの手当に出生率回復効果がわずかなりともあるとすれば、さらに財政負担は重くなるが、ここでは無視）。一一・二兆円という額は、名目GDP五〇〇兆円（二〇〇三年）の約二・二％に相当する膨大な額であり、とても行財政改革によるコストダウン（軍事費や公務員の削除など）ではまかないきれない。

金子の子育て基金構想では、三〇歳以上の男女からの応能負担を考えている。三〇歳以上人口は8,575万人なので、単純計算で一人あたり年間13.1万円。ただしこの計算からは一八歳以下の子をもつ世帯は除いて考えるべきであろう（いったん子育て基金を拠出し、月額四万円以外に同額を再還付されるなら、はじめから免除しても同じことである）。そこでJGSS二〇〇一のサンプルを用いて、本人が三〇歳以上で、一八歳未満の子どもがいる個人を抽出すると、27.2％が該当する。これを推計値として採用すると、結果的に、8,575万人×0.272＝2,332万人が子育て基金の拠出を免除される。残った6,243万人で11.2兆円を分担することになる。一人あたり年間17.9万円（月額1.5万円）。これを応能負担の原則で、所得のある個人が負担することになる。

ところで金子は子育て基金の配分について、「現行の保育制度は共働き夫婦偏重であり、片働き家庭が排されている。それが抜本的に変わるまで、片働きを基本にした子育て家庭に優先的に配分される」という方針を打ち出している（金子［2004：492］）。基本的な事実認識はその通りなのだが、別の方策もありうると思う。

第一に、すでに述べたように、子育て支援を子ども手当に一本化し、公的保育サービスを民営化することである。公的保育サービスへの財政支出はゼロにはならないが、民営化後に生じうる市場の失敗（保育サービスの不供給、サービスの質の所得間格差）への対応へと機能を限定する。実のところ、子ども手当だけで11兆をこえる財政支出を見込むのなら、現状で0.45兆円程度の支出しかない公的保育の予算（国の予算のみ）を、そのまま維持してよさそうな気もする。しかしそれでは、現状の不公平を温存することになる。

そこで第二に、現行の公的保育サービスにおける片働き家庭差別を撤廃し、共働き／片働きに関わりなく、子どもが公的保育サービスを受ける可能性を平等化する。これなら選択の自由の不平等は生じないし、公的保育サービスが独自のサービスとして、生き残る余地も出てくる。

以上二つの政策が実現されるなら、子育て基金の配分先として、片働き家庭を優先する必然性はない。もっとも上記の方策がとられなければ、金子の方針が現実味を帯びてこざるをえない。

子ども手当の拠出方法——三つのオプション

ところで子ども手当には、莫大な財政支出が必要である。すべて応能負担、すなわち所得税による拠出というわけにはいかないように思われる。そこで二つほど、別の拠出方法を提案したい。

第一に、すでに引退している高齢世代への年金給付の一部を、子ども手当に回すことである。11.2兆円は、年金給付総額44.4兆円（二〇〇二年）の約25.2％に相当するから、高齢者の年金給付を全体で四分の一カットすれば、子ども手当を全額まかなえる。これを断行すれば、年金における世代間不公平、とりわけ給付負担率の圧倒的不均衡も、少なくとも高齢世代と子育て中の現役世代との間では、大幅に改善される（子どものいない人には関係ない話だが）。これがもっとも望ましいと考える。

第二に、消費税である。現在、消費税1%につき約2兆円の税収が得られるから、11.2兆円をすべて消費税でカバーするなら、約5.5%引き上げればよいことになる。実のところ所得税か消費税かという選択は判断に迷うし、「社会全体で負担する」という観点からはどちらでもよいのだが、所得税による拠出では、結局、働く人が働かない人の分まで負担することになる。年金や医療・介護保険の財政まで考えれば、これ以上現役で働く人たちの負担を増やすのは好ましくない。よって消費税を次善の策と考える。

こうして子ども手当の財源としては、①所得税、②年金給付からの充当、③消費税という三つのオプションがありえる。ただしその優先順位は、②>③>①、が望ましいと考える。あえて大雑把な試算に踏み切るなら、11.2兆円の50%、すなわち五・六兆円は、高齢世代の年金カットでまかなったらどうだろうか。おおまかにいえば、一人につき現行受給額の八分の一(12.5%)をカットすることになる。

残りは5.6兆円、これを所得税と消費税でわけあうことになるが、直間比率の是正という観点も加えて消費税優先とし、仮に消費税6:所得税4の割合で配分すると、消費税から3.4兆、所得税から2.2兆円の拠出となる。消費税率でいえば約1.5%増(現行5%から6.5%に)、所得税は総額22.2兆円(二〇〇三年)なので、一人あたりの税率はちょうど10%増しとなる(現行課税率10%の人は11%に、20%の人は22%に)。

むろんこれは、あくまで一つのモデルにすぎない。最適配分のあり方は、他にも構想可能だろう。

しかしこのモデルであれば、ほぼ「三方一両損」（金子［2003：138］）の形になっており、高齢世代からも現役世代からも、納得を得られやすいのではなかろうか。

6　おわりに

最後に、月額四万円の子ども手当は、子ども一人を育てるのにかかる費用の何％に該当するか、という問題を検討しておきたい。実は、これを計算するのは、なかなか難しい。たとえば家事・育児不払い労働論の立場から、育児にかかる心身的負担を本来支払われるべき労働と考えるなら、子育て費用はさらに増加するし（私はその立場をとらないが）、住居費や光熱費など共用費目や、規模の経済という観点からも再試算の必要があるからだ。

官民のシンクタンクでもさまざまな推計がなされているが、二〇〇四年一一月に家計経済研究所がまとめた「消費生活パネル調査」では、子ども一人に対し、平均月4.64万円を支出しているという（子ども一人世帯で2.65万円、二人世帯で5.08万円、三人世帯で6.14万円、『共同通信』二〇〇四年一一月六日付）。この値でみるかぎり、月額四万円なら子育て支出の大半をカバーしているように思われる。

もっとも子育て費用の推計で有名な『ＡＩＵの現在子育て経済考』によると、二二年間の養育費は1,680万、教育費がオール国公立で1,179万、オール私立・理系で2,371万、総額約2,900万からぎない。

4,000万円に達する（AIU　二〇〇一）。仮に、2,900万としても、一八年間に換算すると年間約一六〇万（月額一三・四万）。子ども手当の月額四万円は、そのうちの三分の一弱を負担しているに過ぎない。

もっともこの中には、社会全体で負担するのにはそぐわない費用が入っている。たとえば、子どものお小遣い、私的所有代（469万＋88万）は省いてしかるべきだし、最大の拠出となる教育費についても、基本的には親子で自己負担すべきだろう。少なくとも大学に通う費用までも、社会全体で分担する必要はない。大学の教育資金の負担が重いというなら、月額四万を使い切らずに積み立てる堅実さが親には求められる。

そうして計算すると、最大約920万円（一八歳まで）は、社会全体で負担することが可能である。月額4万円×18年＝864万円だから、約94％を負担したことになる（割引現在価値は、ここでは考慮しない）。子どもは親の私的消費財という側面も強く、子育て費用も原則的には親が負担すべきだから、これ以上の支出は必要ないともいえる。

とはいえ子ども一人につき月額四万円は、現在の国家財政の点からみて、かなり大きな負担である。しかもその根拠となるのは、子どもの生存権の保障と、選択の自由と負担の公平という原則のみである。出生率回復の有効性には訴えていない。ゆえに、この提案の実現可能性を怪しむ向きもあるかもしれない。そもそも民主党も、どこまで本気で提案しているのかわからない。(7)

しかし、子どもが保育を受ける権利が親のライフスタイルによって差別される公的保育の現状、巨大な世代間不公平を抱えたまま運営される年金制度（賦課方式）の現状を鑑みるなら、子ども手当という政策は、選択の自由の不平等と、負担の分配の不公平を、大幅に改善する突破口ともなりうるのだ。「できるできないではありません、それはやらねばならぬこと」（©西田啓）という言葉を噛みしめたい。

注

（1）赤川［2004b］に関する誤植・訂正情報は、赤川の個人ホームページ上で公開している（http://homepage3.nifty.com/m-akagawa/seiyoku/kodomo.htm）。

（2）同様の主張と統計は、樋口［2004］などでも繰り返されている。

（3）もっとも、この記事に登場するマッシモ・リビバッチは、「支援を拡充しても出生率が向上するとは言い切れない」と、あくまで慎重である。にもかかわらず、この図の解説では「子育てへの投資と出生率に緩やかな相関関係があるのは否めない」という印象操作が行われるのだ。巧妙な二枚舌である。

もっとも二枚舌は、これに限られない。これまで男女共同参画を推進してきた人たちの間でも、「男女共同参画と少子化対策は独立であるべきだ」という拙著の主張に対して、「その通り」と応じる人が意外に多い。にもかかわらず、「ただ男女共同参画が出生率回復に役立つなら、それも否定しない」と留保をつける人がいるのだ。しかしこれは、男女共同参画にとっても危険な二枚舌である。なぜなら少子化対策としての有効性という基準といったん曖昧に妥協すれば、「男女共同参画が少子化対策として効率的でないなら、男女共同参画は必要ない」という主張に抵抗できない。さらに男女共同参画が有効でないなら、もっと効率的な少子化対策、たとえば避妊の禁止とか強制的早婚とか、子をもたない人への極端な負担増大が必要だと主張されたときにも、少子化対策としての有効性という基準に尻尾をふっている以上、彼らにはそれに反論する資格がない。

男女共同参画推進派やフェミニストのなかには、拙著の主張に対して、「著者の意図がどうであれ、結果的にバックラッシュに加担することになる」という懸念があるかもしれない（実際、そうコメントしたフェミニストもいた）。自分たちの政治的利害に利するか敵するかという観点でしか拙著を論じないのはとても残念だが、それはまあいい。無視すれば済む。ただ、そういう方々が頻繁に使う言葉を借用するなら、少子化対策に尻尾を振り、あいまいな妥協を選択した時点で、フェミニズムと男女共同参画は、すでに「バックラッシュ」に加担しているのである。

（4）ちなみに前田正子が紹介する関西のX市の公立保育園では、子ども一人に年間二五六万円、経費がかかる（前田［1999：27］）。金子勇の推計によれば年間一〇〇～一三〇万円となる（金子 2004：492）。公的保育サービスにかかる経費は、場所によってばらつきがあるが、生活保護の支給が、現在一人当たり年間一八〇万円であることを鑑みると、現状でも、保育サービスを受ける子ども（と共働きの親）は、生活保護と同等かそれ以上の待遇を与えられていることになる。民営化により公立保育園の非効率がいくらか解消されたとしても、共働き／片働きという親のライフスタイルの違いだけで、その子どもにはこれだけの待遇格差が生まれる。ちなみに子どもを産まない夫婦、独身者は、受益の可能性がないにもかかわらず、すでにこの財政負担に参加している。このような不公平が、いったいいつまで、いかなる理由で正当化されうるのか、私には理解できない。

（5）二次分析にあたり、東京大学社会科学研究所附属日本社会研究情報センターSSJデータ・アーカイブから「日本版 General Social Surveys JGSS〈JGSS2001〉」（寄託者・大阪商業大学比較地域研究所、東京大学社会科学研究所）の個票データの提供を受けた。JGSS2001 は、二〇〇一年一〇～一一月にかけて、層化二段無作為抽出により抽出された、満二〇～八九歳の男女個人四、五〇〇人に対して、面接法と留置法を併用して行われた全国調査である。有効回収数は二、七九〇人、有効回収率は六二・〇％である。

（6）試算のために用いた数値の出所は次の通り。年齢別人口構成（二〇〇三年）は総務省統計局・平成一五年一〇月一日現在推計人口（http://www.stat.go.jp/data/jinsui/2003np/zuhyou/05k3f-1.xls）。公的保育予算（二〇〇一年）は水田（2002：189）、年金給付額（二〇〇二年）は駒村（2003：11）、所得税総額（二〇〇三年）は三木（2003：6）による。

（7）脱稿直後、民主党が公表した平成一七（二〇〇五）年度予算案には、子ども手当の創設がある。義務教育修了まで月額一・六万円という提案である（財源規模三・六兆円）。しかしこれは、二〇〇四年八月の月額四万円案からは大幅に後退してしまった。この財源確保にしても、もっとも重要な年金給付削減に踏み込めていない。これがなされないかぎり、子ども手当の大幅な増額は不可能だろう。

第一三章　新聞に現われた「産めよ殖やせよ」

――『信濃毎日新聞』と『東京朝日新聞』における戦時期人口政策――

1　はじめに

近年、少子化対策が喧しい。一九九〇（平成二）年の「一・五七ショック」以降、少子化は日本の重大な社会問題と位置づけられてきた。二〇〇三（平成一五）年七月には、国会で「少子化社会対策基本法」が可決成立した。これは一九九〇年代以降、少子化を社会問題化する潮流の、最終的な着地点とはいえないにしても、一つの節目ではあるだろう。そこで謳われる目的は、「少子化の進展に歯止めをかけ」ることであり、「家庭や子育てに夢を持ち、かつ、次代の社会を担う子どもを安心して生み、育てることができる環境を整備」することである。具体的には、①病児保育・低年齢児保育・一時保育など「保育サービスの充実」、②妊産婦と乳幼児に対する健康審査・保健指導など「母子保健体制の充実」、③不妊治療・研究への補助、「ゆとり教育の推進」、④良質な住宅・広場供給など「生活環境の整備」、⑤児童手当・奨学事業・税制上の措置など「経済的負担の軽減」、⑥「教育および啓発」などの施策が掲げられている。これらは、エンゼルプラン（一九九四・一二）、緊急保育対策五ヵ年事業（一九九四・一二）、男女共同参画社会基本法（一九九九・六）、少子化対策推進基本方針（一九九九・一二）、新エンゼルプラン（一九九九・一二）、少子化対策プラスワン（二〇〇二・九）など一連の政策決定を土台にしているが、その基本的理念として、子育てと仕事の両立支援、子育て支援サービスの充実、子育てコストの軽減、固定的な性別役割分業の是正、男性を含めた働き方の見直しなどが唱えられてきた。

一九九〇年代以降の少子化対策は明らかに、男女が仕事と子育てを共に担う「男女共同参画社会」の実現に、その解を求めている。つまり男女共同参画社会が実現すれば少子化は止まる、というわけだ。その言説の実証的・理念的なうさん臭さについて、これまで何度か論じてきたが（赤川［2002］［2003］）、本章では近年の少子化対策が、かつての「産めよ殖やせよ」、すなわち第二次世界大戦中の戦時期人口政策とは異なる政策として自らを位置づけてきた点に注目してみたい。第一に、妊娠や出産は「個人の自己決定」に基づくものであり、「産みたくても産めない状況」を解消するという意味で、近年の少子化対策は、個人の自己決定を支援する政策と考えられている。第二に、近年の少子化対策は、女性が子を産む存在に還元されることのないよう、男女ともに仕事と子育てを両立させる「多様な生き方」を支援する（社会的）制度と考えられている。そして自らを「産めよ殖やせよ」とは似ても似つかぬ理想的な政策と主張する。だが、はたしてそうか。邪推かもしれないが、戦時期人口政策は、現在の少子化対策を底上げするために、必要以上に「悪玉」として貶められていないだろうか。別の言い方をすれば、戦時期人口政策が「悪」であるならば、近年の人口政策も、その程度には「悪」を共有しているのではないか。

ただその問題意識の総体を明確に言語化する作業は、別稿を期するほかない。本章では戦時期人口政策、具体的には一九四一（昭和一六）年一月二二日に閣議決定された「人口政策確立要綱」が、長野や東京といった地域で、実際にどのような政策として実現したのかを、当時の新聞記事、『信濃毎日新聞』と『東京朝日新聞』に依拠しながら、検証する。それは、戦時期人口政策と近年の少子化対策の差異よりはむしろ、同一性について論じるための基礎作業と位置づけられるはずである。

2　戦時期人口政策の概要

人口政策確立要綱の閣議決定（一九四一・一・二二）

「産めよ殖やせよ、国のため」。この言葉は、一九三九（昭和一四）年九月、新設間もない厚生省が、『結婚十訓』のひとつとして発表した標語（スローガン）である。この標語は、たんに政府が公表しただけでなく、新聞記事やビタミン剤の新聞広告の中でも多用され、一種の流行語となっていった。この頃、青年・壮年期を過ごした人びとの記憶にも、しばしば残っている。

もっともこの時期、人口政策として立案・制定・実行されたのは、一九四〇（昭和一五）年制定、翌年七月施行の国民優生法であり、翌年一月の人口政策確立要綱である。国民優生法については、戦後の優生保護法との連続／断続を含めて、近年活発な研究が展開されている（藤野［1998］松原［1998］ほか）。しかるに人口政策確立要綱については、当時の政策理念や目標が、研究者や政策担当の当事者（たとえば厚生省）によって分析されることはあるものの、それが実際に、どのような形で施行され、具現化したかを本格的に調査した研究は、管見の限りほとんど存在しない。「産めよ殖やせよ」は、戦時期の社会史・女性史の一コマとして有名であり、さまざまな研究書、概説書で取り上げられる一方、人口政策確立要綱の政策実態に関しては、――なぜかわからないが――研究が手薄なのである。

人口政策確立要綱の成立過程については、『厚生省二十年史』に若干の記述がある。それによると、太平洋戦争にいたり厚生省は、戦時の増産計画と雇傭問題を人的資源の不足解消という形で解決を迫られ、軍部は、徴兵事務の面から体力向上と人口増強を要望した。これにもとづき企画院が一九四〇年八月に、人口政策確立要綱の第一次案を提起した。第一次案には、厚生省が要望する、民生安定対策や母性乳幼児保護は取り入れられていなかったが、厚生省当局の強い要望により、翌年一月二二日に閣議決定された本案に、その趣旨がうたわれることになったという（厚生省二十年史編集委員会［1960：214-219］）。

「多産奨励政策 pro-natalist policy」としての人口政策確立要綱が目指した方策を簡潔に分類するのはなかなか難しい。第四節で、戦時期人口政策をいくつかの種類に分類するが、ここではあえて、概略的に、その政策が意図したところをまとめてみたい。すなわち、人口を増加させるためには、避妊と産児制限を禁止して、行政が結婚を紹介・斡旋し、婚礼費用・婚資を補助、男女とも適齢期に結婚させれば、子どもを四、五人は産める。また母親と産まれた子どもを死なさないように、保健・衛生・栄養の側面から管理・支援する。多子家庭を表彰し、家族手当を増額し、学資・医療費・物資の補助などで優遇する、というのが、その政策意図である。

戦時期人口政策関連記事のリスト

本章では、「人口政策確立要綱」に基づいて実施されたとみなしうる政策が、全国／東京／地方など、それぞれの行政単位のもとで、どのように具現化していったかを確認する。地域としては、偶然以上の理由はないが、長野県と東京都を事例とする。(1) 両地域の主要新聞である『信濃毎日新聞』、『東京朝日新聞』をもとに、戦時期人口政策がどのような形で紙面に登場し、また、どのような政策が実施されていたかを概観する。国民優生法関連記事の分析も重要だが、ここでは補完的にのみ扱うことにする。

手続きとしては第一に、『信濃毎日新聞』マイクロフィッシュ版（松本市立図書館所蔵）、『東京朝日新聞』縮刷版（東京大学法学部図書館所蔵）の、一九四一年一月から一九四二（昭和一七）年一二

図13-1　人口政策関連記事（1941-2）

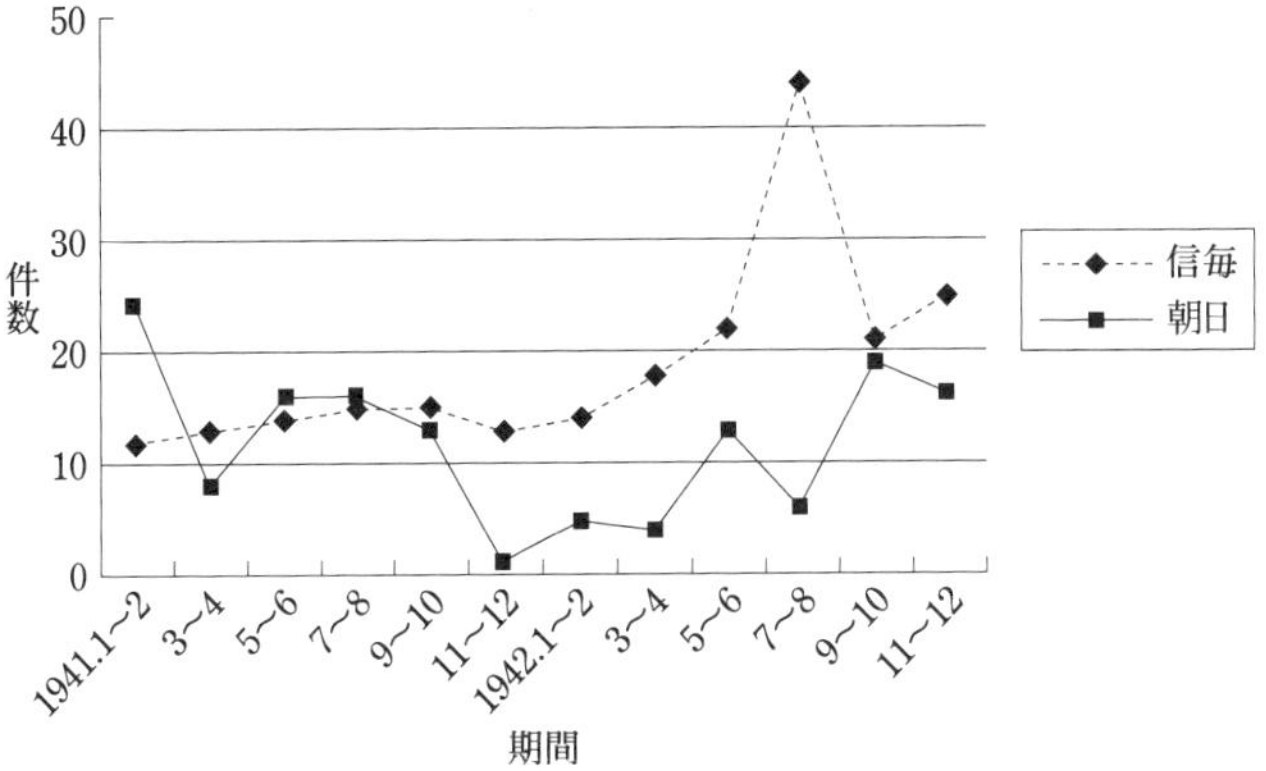

月までの記事のうち、「人口」または「産めよ殖やせよ」（「生めよ」「増やせよ」なども含む）というキーワードを設定し、記事を検索する。[2] 第二に、記事の表題を抽出し、各紙ごとにリスト化する。第三に、記事の中から、全国／東京／長野のそれぞれの行政単位において、どのような人口関連政策が実施されたかを、年表形式で俯瞰する。最後に、戦時期人口政策と近年の少子化対策の「公共哲学」を比較するための予備的考察を行う。

『信濃毎日新聞』では、一九四一～四二年の期間中に、二二六件の記事が確認できる（資料1）。二ヵ月ごとに件数の推移をみると、一九四二年七～八月が突出して多い。それ以外はおおむね一〇件～二五件の間で推移している。平均して一日に〇・三一件、つまりほぼ三日に一件は、人口関連の記事が掲載されていることになる。当時の紙面構成が現代ほど豊富でないことを考え合わせると、現代の少子化関連記事にくらべると、かなり多いといえる。

『東京朝日新聞』では、この期間中に、一四二件の記事が確認できる（資料2）。二ヵ月ごとの推移は、図13―1に示した通りだが、こちらは、月による増減が激しい。件数も、『信濃毎日新聞』とくらべると、総じて少なめである。それが何の理由によるかはわからないが、『信濃毎日新聞』の場合は、県下各市町村の地域情報が詳細に報道される場合が多く、そのことが、記事件数が多いことの一因かもしれない。

3 実行された人口政策

戦時期人口政策年表（全国／東京／長野の比較）

ついで資料1、2のリストの中から、人口政策確立要綱に基づいて実施された（とみられる）諸政策を、全国／東京／長野（地方）の三つのレベルにわけて抽出した。それらを年表風に並べたのが、表13―1である。

表13―1：戦時期人口政策

一九四一（昭和一六）年

月日	全国	東京	長野県内
一・一九	三つ子家庭に支援		
一・二三	人口政策確立要綱		
二・六			母親巡回教育（岡谷保健所） 死亡率低下「丈夫に育てよ」
二・一八	国民優生連盟		

二・二七			子宝調査指定村（県内五ヵ所）
三・一五			結婚適齢一覧表（松筑）
四・一	多子家庭の学資補助		
四・一四			貧困者救済費を結婚促進費に（南佐久）
四・二〇		働く子宝母を表彰	
四・二五	未亡人助成会設立		
四・二七			未婚者リスト作成（東筑合田村）
五・八	妊婦登録制		
五・一二			妊婦登録制（下伊那郡）
五・一五			妊婦登録制（西春近）
五・二一			保育指導員を設置（県社会課）
五・二四	婚資貸付（国民優生連盟）		
五・二六		東京市結婚相談所	
五・三〇	女工出産に二〇円給付（保険法改正）		
六・二〇	厚生省人口局設置		
六・二〇			乳幼児検診、妊産婦名簿、巡回
六・二一			優生結婚相談所（社会事業協会）
六・二八	朝日新聞による健康児表彰		
七・一	国民優生法施行（強制断種延期）		
七・一	新婚者の結婚費用調査（厚生省）		
七・四			結婚相談所（上諏訪）
七・二五	出産祝金（優生連盟）		
七・二六	子宝家庭に育英資金		長野は三〇人
八・二	都道府県に結婚指導所	市町村に結婚相談所	
八・七			結婚相談所、縁組八二（松代）

八・一〇	結婚報国会を組織		
九・六	赤ちゃんに産着（厚生省）		
九・九	女子体力制度協議会「よい母、よい子を」		
九・二七	第二回優良多子家庭の表彰		
一一・五			社会保健婦の設置普及
一一・六	第五回人口問題全国協議会		
一一・九			結婚相談所（岩村田）
一一・一四			妊婦登録、お産必需品（長野市）
一二・二八			結婚奨励事業（未婚者カード、大町）

一九四二（昭和一七）年

月日	全国	東京	長野県内
一・九	結婚報国懇談会設立		
一・一四	家族手当増額（一人三円）		
一・一七	独身者に重税、子宝家庭に控除（新税制案）		
二・二			乳幼児指定村（小県郡奈津村）
二・一四			結婚相談所（県、埴科郡）
二・二〇			結婚斡旋委員（各市町村）に割当
二・二七			新婚夫婦を植樹祭招待（下伊那郡）
三・一			結婚相談所（松本市）
三・七			二組が共同結婚式（大町）
三・二七			乳幼児巡回（上田保健所）
四・五	優良多子表彰・育英資金補助		
四・一三			結婚式の規約定める（大町）
四・一四			優生結婚に婚資貸付（県社会事業協会）
			無料健康診断（小県郡結婚相談所）

四・二六			健康乳幼児審査（長野）
四・二七			健康診断・血液検査（上田保健所）
五・六		勤労母性の子宝表彰（府市勤労母性大会）	
五・七			未婚者調査（諏訪郡宮川村）
五・一〇			婚儀改善要綱（県）
五・一三			健康優良児審査会（県）
五・一九	乳幼児体力検査（厚生省）		
六・六			未婚者カード（岡谷）
六・二五	健康優良児決る（朝日新聞）		
七・一			赤ちゃん体力手帳（飯田）
七・八			妊婦婦人の健康調査（県）
七・九			母親診察（上田保健所）
七・一二	妊産婦手帳による物資優先配給（厚生省）		
七・三〇	模範夫婦を表彰・出産奨励金（国民優生連盟）		
八・一七			産婆料一円（須坂）
八・一七			国策型夫婦を表彰（岡谷）
八・一八	産報・結婚相談所		
八・一九		結婚会館新設	
八・二一			結婚斡旋所（県）
八・三〇			母性保護会設立、妊産婦無料検診（県）
九・一一	国民優生法改正	結婚相談組合（府）	
九・二四			新婚家庭に子宝宝典（県結婚斡旋所）

一〇・一		結婚相談所（麹町、豊島区、目黒区、大森区）	
一〇・八			妊婦手帳（岡谷）
一〇・一八			家庭訪問、七日以内に結婚取決め（飯山・下水内結婚斡旋委員会）
一〇・二〇	優良多子表彰三回目		長野で二四六組
一〇・二四			結婚思想調査（臼田実科女学校他）
一一・一			保健婦家庭訪問（岡谷）
一一・五		妊産婦届出	
一一・一四	第六回人口問題協議会		妊産婦手帳（諏訪）
一一・二一			町営結婚（飯山）
一一・二二			適齢者の写真台帳（大町）
一二・三			二八歳以上独身は三月までに結婚（上水内郡若槻村）
一二・一二		妊婦無料検診盛況	

全国レベルの政策概況

全国／東京／長野のそれぞれの行政単位ごとに、実施された政策を列挙する。

全国レベルでは実施主体として、厚生省、朝日新聞、国民優生連盟、結婚報国会が登場する。朝日新聞はこの期間二年とも、全国レベルで健康優良児の表彰を行っている。国民優生連盟は、一九四一年五月一日に結成された団体であり、神田学士会館で行われた発起人会では、海軍省軍医中将、日本民族衛生協会、日本性病予防協会、厚生科学研究所、厚生省予防局長、優生結婚相談所長ほか関係者二〇名が出席しており、厚生予防局長が司会を務めている（朝日新聞一九四一・二・一八　七面）。また厚生省優生課に本部が置かれており、この組織は、厚生省からみれば「民間」という扱いになるが、（厚生省二十年史編集委員会［1960：218］）、事実上は、半官半民の組織といってよい。新婚者の結婚を支援するため、婚資貸付や出産祝金などの出産奨励策を行ったが、三ヵ月後の七月には、婚資貸付けについては応募者が相次ぐものの、出産祝金については、「申込どころか紹介の一つも現れない」という（朝日新聞一九四一・七・二五　五面）。鳴り物入りで登場したにもかかわらず、意外と不人気だったようである。

結婚報国会は、優生結婚相談所、東京市、大日本青少年女子部、愛婦、海外婦人会、日満帝国婦人会、浅草寺など都下の結婚斡旋機関が糾合する形で、一九四一年八月に結団している。これも厚生省の後援である（朝日新聞一九四一・八・一〇）。男性二五歳、女性二二歳の「適齢結婚」を普及させるという、厚生省人口局の方針に沿った活動を展開することになっていた。

全国レベルの政策を推進・展開したのは、やはり厚生省自身であった。行った施策としては、①優良多子家庭の表彰・学資（育英資金）補助（一九四一／四二・四）、②妊婦登録制（一九四一・五〜）、③女工の出産に二〇円給付（保険法改正、一九四一・五〜）、④新婚者の結婚費用調査（一九四一・七）、⑤赤ちゃんに産着支給（一九四一・九）、⑥家族手当を一人三円に増額（一九四二・二）、⑦乳幼児体力検査（一九四二・五）、⑧妊産婦手帳による物資優先配給（一九四二・七）などがあげられる。また四二年一月には、大蔵省が独身者に対する増税、子宝家庭への控除を拡大するという「新増税案」を打ち出しているが、これは実施されずに終わっている。

東京都の政策概況

地方自治体レベルでみると、東京都は他の道府県とくらべ特権的な地位を占めると考えてもおかしくない。しかし、少なくとも新聞紙上で確認される独自な政策は、必ずしも種類が多いわけではない。東京市に結婚相談所を開設（四一・五）、豊島区・目黒区など区レベルの結婚相談所開設（四二・一〇）、結婚会館の新設（四二・八）、妊産婦届出制（四二・一二）、妊婦無料検診（四二・一二）などは、長野とも共通する自治体レベルの施策である。東京都らしさを示しているのは、「働く子宝の母を表彰」であろう（四一・四、四二・五）。東京都下の勤労階級女性で六人以上の子どもを有する母親一五〇組を、「東京市勤労母性大会」で表彰している（朝日新聞一九四一・四・二〇　二面）。

長野県の政策概況

『信濃毎日新聞』は県下最大のメジャー新聞だが、地方紙ならではの豊富な地域情報が掲載されている。煩雑を省みず列挙すれば、指定村での子宝調査（四一・二）、乳幼児検診（岡谷：四一・二、上田：四二・三、岡谷：四二・一二）、妊婦登録制（下伊那・西春近、：四一・五、長野：四一・一二）、

妊産婦検診（県下：四二・七）、妊産婦手帳（飯田：四二・七、岡谷：四二・一〇、諏訪：四二・一一）、母親巡回教育（岡谷：四一・二）、保育指導員の設置（県下：四一・五）、社会保健婦の設置（県下：四一・一二）、未婚者のリスト作成（松筑：四一・三、合田：四一・五、大町：四一・一二、宮川村：四二・五、岡谷：四二・六、大町：四二・一二）、結婚相談所・斡旋所の開設（上諏訪：四一・七、松代：四一・八、岩村田：四一・一一、県下・埴科：四二・二、松本：四二・三、県下：四二・八）、婚礼簡素化・町営結婚（大町：四二・三、県下：四二・五、飯山：四二・一一）などがある。

特筆すべきは、結婚相談・結婚斡旋の進展ぶりである。単に結婚相談所を設置するだけにはとどまらず、結婚斡旋委員を各市町村に割り当て（四二・二）、未婚者・適齢期男女のリストや写真台帳を作成している。つまりは結婚を、相談所を訪れる当事者間の自由意志に任せきりにせず、かなり強力に結婚の斡旋をした形跡が認められる。飯山では、結婚斡旋委員会が未婚者調査に基づいて各家庭を訪問し、双方の希望が一致して適当な配偶者と認められる場合には、「特別な事情なき限り一週間以内に取決る」方針を打ち出している（信濃毎日、一九四二・一〇・一八　四面）。若槻村では、「廿八歳以上の単独団員は明春三月までに必ず結婚すべし」という号令を郷団分会が発し、村の結婚斡旋委員が側面からせき立てる（信毎、一九四二・一二・三）。かなり強引に結婚斡旋を行っていた姿が浮かび上がってくる。

他方、妊産婦や乳幼児の死亡率を低下させるための保健・栄養面での支援体制が、かなり整備されつつある。妊婦登録制、妊産婦検診、妊産婦手帳の発行、母親巡回教育、保健指導員・社会保健婦の設置などは、人口政策確立要綱での「死亡減少の方途」にほぼ該当する。

4　戦時期人口政策とは何だったのか

新聞記事上に現れた戦時期人口政策は、現実に執り行われた政策の一部でしかないことは、たしかである。しかし同時に、当時の社会やマスメディアが、総花的な戦時期人口政策のうち、とりわけどの要素に着目し、重視したかを示す、一つの指標にはなりうるはずである。この観点から、全国／東京／長野という三つのブロックに関して、一九四一〜二年に実施された人口政策の実態を、以下の三種類に分類したい。

(1)　多子家庭の優遇・称賛。学資（育英資金）補助、家族手当増額、優良多子家庭表彰、健康優良児表彰。

(2)　母親・乳幼児死亡の防止。母親巡回教育、妊婦登録制、保育指導員、乳幼児検診、乳幼児体力検査、社会保健婦、無料健康診断、妊産婦手帳、妊婦無料検診。

(3)　早婚・出産奨励。結婚相談所、未婚者リスト、共同結婚式、町営結婚、七日以内に結婚相手取決め、二八歳以上は結婚。婚資貸付、女工出産に二〇円、出産祝金、産着贈呈、お産必需品の支給。

ところで、一九四一年一月二二日に閣議決定された「人口政策確立要綱」の政策リストを、煩雑をいとわず書き出してみると、表13―2のようになる。

表13―2　人口政策確立要綱の政策リスト

［目標］内地人口を一九六〇（昭和三五）年までに一億。出生増加を基調に、死亡減少をはかる。
［出生増加の方策］
今後一〇年間に婚姻年齢を三年早める。一夫婦平均出生数五人を目標とする。
不健全なる思想の排除、健全なる家族制度の維持強化。　↓②
団体または公営機関による結婚の紹介、斡旋、指導。　↓②
結婚費用の軽減、婚資貸付制度の創設。　↓①
学校制度改革
高等女学校・女子青年学校では母性の国家的使命を認識せしめ、保育・保健知識、技術教育
二〇歳以上の女子就業を抑制、結婚を阻害する雇用・就業条件の緩和改善。　↓③
扶養家族多い者の負担軽減、独身者の負担を加重する租税制度。　↓①
家族の医療費、教育費、扶養費の負担軽減を目的とする家族手当制度。　↓①
多子家族に対する物資優先配給、表彰など　↓①
妊産婦乳児保護に関する制度、産院・乳児院拡充、出産用衛生資材の配給確保
避妊、堕胎など人為的産児制限の禁止、花柳病の撲滅　↓②
［死亡減少の方策］
死亡率を、二〇年前に比べ三割五分低下
保健所を中心とする保健指導網
下痢腸炎先天性弱質による死亡減少を目標に。保健婦置く。保育所設置。農村隣保施設拡充、乳幼児必需品の確保、育児知識の普及
結核の早期発見
健康保険制度の拡充
環境衛生施設の改善、庶民住宅の改善

過労の防止
栄養知識の普及徹底
医育期間、医療予防施設の拡充

硬軟取り混ぜ、さまざまな政策が羅列されている。国家による個人や企業への関与・介入の度合は、現代の少子化対策・次世代支援政策とは比較にならないほど濃密である。政策の範囲も幅広い。しかし先に示した(1)から(3)と対照させてみると、政策の力点がどのあたりにあったのかも、おのずと浮かび上がってくる。すなわち全国レベルでは、(1)多子家庭に対する優遇、地方自治体レベルでは、(2)母親・乳幼児死亡の防止、(3)早婚・出産奨励が中心となっていた、とひとまずはいえよう。

ところで森永卓郎は、この頃の戦時期人口政策を、①婚資貸付や多子家庭への物資優先配給など「経済的な優遇策」、②公的機関による結婚斡旋・指導、産児制限の禁止など「婚姻や出産を直接コントロールする政策」、③子どもを生むことが報国であるという「思想コントロール」の三つの側面に分類している（森永［1997：20-22］）。表13―2の政策リストを、森永の枠組みに照らしつつ分類してみると、なるほどたしかに、政策リストのうち多くのものが、①～③のいずれかに該当する。

しかし他方、森永の三つの分類に収まりきらない政策が、かなりの数存在する。とりわけ「死亡減少の方策」としてあげられている諸政策は、衛生・福祉的な側面を有しており、森永の分類とは直接には対応しない。これらの政策は、国民の福祉を向上させるという立場からすれば、それ自体としては、反対すべき理由はないはずである。別の言い方をすれば、戦時期人口政策は、国民の福祉向上を促進した面も強いのである。

このこと自体は、それほどオリジナルな指摘とはいえない。戦時下の総動員体制が戦後の日本型福祉国家の原形を作ったという指摘は、鍾家新によってなされている。鍾によれば、たとえば国民皆保険を旨とする国民健康保険制度は、人口政策確立要綱の閣議決定によって、その普及が促進された面が強いという（鍾［1998：112］）。しかし現代の少子化対策論者がしばしば想定するように、戦時期人口政策がすべて「悪」だというのなら、戦時期人口政策に基づいてなされた福祉向上政策についても「悪」と評価するのでなければ、スジが通らない。少なくとも戦時期人口政策にも悪い面もあったが、良い面もあったとするのが、公正な評価というものだろう。

ここでは、「多子家庭への優遇」策の意味を考えることで、来るべき別稿への展開を期したい。「多子家庭への優遇」とは、何を行っていることになるのか。単に子どもを一～二人もつだけでなく、たとえば五人以上の「多子」を優遇・賞賛するという側面に着目すれば、それはたしかに「産めよ殖やせよ」ならではの政策といえる。しかし実際になされた政策リストには、家族の医療費、教育費、扶養費の負担軽減を目的とする「家族手当」など現在の家族政策に受け継がれているものもある。しかも、子ども数の多さ／少なさが本質的な問題なのではない。ここで問われているのは、「子どもを持つ」という（夫婦ないし個人の）選択に対して、政府が（公的に）支援するということの意味である。家族手当や児童手当、出産祝金、多子家庭の表彰といった形で、政府が、子どもを持つ夫婦を支援し、褒め称えるということは、いっけん何も問題がないかのように思える。少なくとも家族手当や児童手当は現在でも、ふつうに行われている福祉政策だからだ。しかし考えてみれば、これは、特定の形で家族を形成した人びと、具体的には、一人の基幹労働者と十分な収入を持たない配偶者・子どもからなる家族を、政府が公的に支援するという意思表示でもある。それは、「子どもを持たない」という選択に対し、政府が何もしない、あるいは、当時の大蔵省が構想したように、独身者に対する課税などの「負のサンクション」を与えることと、表裏一体でもある。なぜなら、ここでなされているのは、「子どもをもつ夫婦（ないし個人）」と「子どもをもたない夫婦（ないし個人）」の間での資源再分配だからである。それを政府が、報奨／課税といった正負のサンクションを用いて行っているわけである。この観点に立つならば、（量的な多寡の問題はあるにせよ）家族手当や児童手当に賛成しながら、他方で独身税に反対するというのは、スジが通らない。独身税を否定するのなら、家族手当や児童手当も否定すべきであろう（もっとも「児童手当」や「子育て支援」が、給付される子ども自身の権利と福祉のために必要だという論理はありうる。「子育て支援」はこの意味においてのみ正当化されると、私は考える）。近年少子化対策においても、子どもは公共財（社会の宝）であり、子どもを産み育てないことは、一種のただ乗り（フリーライダー）であるという議論が、登場しつつある。「子育て支援」を正当化するロジックとしても、そうした認識が勢いを増しつつある。それは、多子家庭を報奨し、子どもを持つ選択への公的支援を志した戦時期人口政策の「公共哲学」と、実はそれほど距離があるとはいえない。(3) 現代の少子化対策は「妊娠や出産は、個人の自己決定」という基本線を崩していないと、彼らはいう。しかし戦時期人口政策が、どこまで出産の「自己決定」を侵害したかについては、それほど明確な確証があるわけではない。少なくとも戦時期人口政策ですら、個人の「自己決定」をタテマエとしているフシがある。

近年の少子化対策として、行政がお見合いパーティを主催したという風説が聞こえてくる。その少子化対策としての効果には疑問符がつくが、そこでやっていること、考えていることは、戦時期人口政策の結婚紹介・斡旋と本質的には変わらない。「結婚はあくまで当事者が決めることであり、戦中の結婚斡旋ほど強引なことを、現代のお見合いパーティは行っているわけではない」と反論があるかもしれない。だが、その批判は、あたらない。なぜなら、ここで問題になっているのは、周囲からの「強制」の多寡ではなく、お見合いパーティに公金を投じる、つまり結婚を政府が公的に支援することの是非だからである。

注

（1）原理的には、『読売新聞』『朝日新聞』『毎日新聞』等の全国紙、各都道府県における主要地方紙に関して、同じ体裁の分析を施すことが可能であり、必要でもある。著者も現在、そうした作業を継続中だが、本稿はその作業の経過報告という意味をもつ。また検索時期についても、完璧を期すならば、一九四三（昭和一八）年〜四五（昭和二〇）年に拡大すべきだが、少なくとも『東京朝日新聞』をみるかぎり、主要な政策リストは一九四一〜四二年に集中している。したがって、全国主要紙の比較という意味では、前出二年間の検索のみで、さしあたり十分と考える。

（2）『信濃毎日新聞』『東京朝日新聞』に関しては、『読売新聞』ＣＤ―ＲＯＭ版のような記事検索ソフトは存在しない。したがってマイクロフィッシュや縮刷版を、一枚一枚検索者が目視しながら確認する作業が必要になる。いわゆる「ローラー作戦」である。昔も今も、当時の社会状況を横目にみながら記事検索ができるという意味では、この手法は地味ながらも有効な方法であるが、他方、不注意による記事見落としの可能性はある。

(3)「産めよ殖やせよ」については、女性史家やフェミニスト、さらにはそれに近い政治家の間では、産児制限や避妊を禁止したこと、女子労働を抑制したことをもって、「産む／産まないは女が決める」という、女性のリプロダクティブ・ヘルス／ライツや自己決定権を侵害したと評価される場合が多い。その実効性については、議論の余地があるものの、なるほどたしかに戦時期人口政策は女性を「母性に閉じこめる」という画一的な家族モデルを想定していた。しかし、ならば少子化対策の切り札とされる「男女共同参画社会」はどうか。これは「男女ともに仕事も子育ても」という両立ライフのみを、単一の家族モデルとして想定しているのではないか。「男女共同参画社会」では、子どもをもたない男女、結婚しない男女の姿が、まったくといっていいほどみえてこない。いっけん正反対のようにみえて、単一の家族モデルを想定し、創世しながら諸政策が進められていくという点では、ほぼ同じ穴のムジナとさえいえるのではないか。

[資料1] 信濃毎日新聞上での戦時期人口政策

No.	年	月日	見出し
1	1941	1/23	人口政策確立要綱決定／一夫婦の出産目標平均五児を計画
2	1941	1/23	人口政策の確立
3	1941	1/23	[評論] 人口国策の徹底期せ
4	1941	1/23	結婚資金貸付け、さては無子税も

5	1941	1/24	産めよへ万全策
6	1941	1/25	子宝部隊は明朗／二男七女に九男二女の国策型／松代町で鼻高々！
7	1941	1/25	[経済手帳] 人口増加政策
8	1941	1/28	家庭翼賛の道は先ず子供を大切に／折角産んで死なせるな／死亡率は世界一
9	1941	2/4	子宝をもうけるには二十歳の花嫁を！／二十四歳以後はお産も重い
10	1941	2/6	乳幼児を護れ／生めよ殖やせよに死亡防止が先決／岡谷保健所／母親教育に巡回班
11	1941	2/27	生めよ殖やせよ／基本調査に乗出す
12	1941	2/28	子宝家庭に吉報／残る二人も奉公
13	1941	3/14	早婚と健康が秘訣／北安の誇り常磐村
14	1941	3/15	結婚適齢一覧表／縁談纏める新方法
15	1941	3/19	子沢山で長命／切原村の十二新田
16	1941	3/31	子宝部隊表彰（松本）
17	1941	4/1	実現してもらいたい妊産婦の登録制
18	1941	4/1	結婚十訓をご存じ？
19	1941	4/3	学べよ子宝／多子家庭へ育英資金
20	1941	4/8	結婚資金を貸付／優生結婚産児奨励金も交付！／若いサラリーマンへ快報
21	1941	4/9	子宝育英資金／市町村へ申達督励
22	1941	4/11	結核・結婚対策／療養国家負担、工場病床論等
23	1941	4/14	貧困より結婚救済／老嬢一掃へ補助金
24	1941	4/22	妊婦は届出制度へ／お産前後の指導から優先取扱い／多産国策に新手！
25	1941	4/27	未婚女子リスト／農会長と技術員が月下氷人
26	1941	5/12	一足先に妊婦登録（下伊会地）
27	1941	5/14	産めよは好調
28	1941	5/15	妊婦の登録制／西春近で
29	1941	5/21	育児に万全期せ／保育指導員を設置

30	1941	5/30	お産へ二十円／健保／女工さんへ贈物
31	1941	6/4	上田のその後の多子家庭
32	1941	6/6	未婚者に結婚心得／七月から「国民優生法」を実施
33	1941	6/7	強制断種除く／優生法施行令等公布
34	1941	6/8	悪い血液を失くせ／愈よ断種法を実施
35	1941	6/13	断種は誰に／国民優生法実施／該当者三十万人五ツの悪質遺伝
36	1941	6/18	人口対策の確立
37	1941	6/20	人口国策へ人口局を新設
38	1941	6/20	赤ちゃん絶えず注意／継続的検診へ総動員
39	1941	6/21	優先結婚もご案内／一新画す社会事業
40	1941	7/1	重すぎる結婚費／新家庭から悲い数字
41	1941	7/4	未婚男女よ申込め／上諏訪に結婚相談所
42	1941	7/19	結婚おすなおすな／相談所も驚く繁盛
43	1941	7/23	頼もしい出産率／掛声に応ずる激増
44	1941	7/26	子宝家庭へ育英費／筆頭は長野県の三十人受領
45	1941	7/29	子宝家庭の優良児／育英資金の子女選定
46	1941	7/31	三回続けて双生児／もっと精出して……と両親(更級信田)
47	1941	8/2	戦時厚生へ再出発／先ず人口増殖と生活の安定／小泉さんの抱負聞く
48	1941	8/2	変調子に病人続出／特に乳幼児の胃腸にご注意／近頃にない死亡率
49	1941	8/3	増殖よりも死亡防止／医療国営には反対／小泉厚相西下談
50	1941	8/3	乳幼児と女子へ／国民体力管理を拡張
51	1941	8/4	結婚、出生が激増／人口動態に現はれた“国策”
52	1941	8/7	縁結び七十二組／生めよ殖やせよへ月下氷人で協力／松代に出雲の神様
53	1941	8/9	興せ地方体育大会／初代人口局長武井さんの抱負／
54	1941	8/23	［家庭］従兄妹の結婚は避ける方が安全／メンデルの法則が教ふ

55	1941	9/6	赤ちゃんに産着／愈よ国が差上げる
56	1941	9/6	東筑の結婚媒介
57	1941	9/9	“よい母、よい子を”女子体力章へ活発な意見
58	1941	10/10	軍国の子宝部隊／九男二女で四人を戦線へ／新村に誉れの一家
59	1941	10/11	早婚に集まる衆智／近く国定「結婚の書」
60	1941	10/19	菊の佳節に子宝部隊表彰／子は家の実国の力／子女十人以上に及ぶ殊勲家庭
61	1941	10/21	日本一子宝部隊／またも目出度き十七人目
62	1941	10/23	子宝を如何にして得たか？／表彰状伝達と座談会
63	1941	10/24	強制断種を実行せよ／精神衛生対策答申案
64	1941	10/25	嫁の支度金五百円／農村の結婚調査
65	1941	10/27	繁昌する優生結婚／女性は理想が高い
66	1941	10/29	病患は家庭にあり／落合村国民校／児童の結核感染調べ
67	1941	10/29	優良多子は農村多し／人的資源の涵養地
68	1941	10/31	子宝家庭の条件判る／夫婦共稼ぎで／平和の家が圧倒的
69	1941	10/31	婚礼の簡素化へ／結婚費調査より見たる世相／鈴木鳴海
70	1941	11/4	“子宝報国”の秘法／母体を健全に適当の休養を／誉れの人びとが苦心談
71	1941	11/5	保健婦を普及／山間三五ヶ村へ／住宅営団乗出す
72	1941	11/6	“産めよ”全国協議会
73	1941	11/9	保育所の凱歌／栄養体格が良くなる
74	1941	11/11	忙しい結婚仲介業／娘達の求婚が多い
75	1941	11/14	お産は安心／愈よ長野で妊婦登録
76	1941	11/15	人口問題協議会／専門的立場から究明
77	1941	11/17	人口対策審議会を速やかに設置の叫び／生めよ育てよの評定
78	1941	11/22	結婚奨励の檄飛ぶ
79	1941	12/1	二人は若い／男二十五女二十三で結婚／出生率増加

80	1941	12/4	戦争より悩みの種／独逸の五人に対し英国は二人／英国に人口減少
81	1941	12/12	丈夫な赤ちゃん／幼児検診が好成績
82	1941	12/28	未婚者カードの交換／北安で新しい「出雲の神」運動
83	1942	1/9	殖せよ！人口資源／官民各団体の代表を総動員／“結婚報国懇談会”誕生
84	1942	1/14	家族手当増額／一人当り三円で幾人でも支給／生活安定への親心
85	1942	1/20	嫁百人に婿五六人／結婚相談所は云ふ／恥しがるな男性諸君
86	1942	1/29	結びの神方面委員／至って好成績示す／今後更に斡旋は拍車
87	1942	2/2	心がけ次第でこの出産率／“乳幼児指定村”に忽ち朗報
88	1942	2/9	娘七人に婿三人／小県郡下の未婚者七千人
89	1942	2/11	凄い人口増加に東條さんニッコリ／昨年の出生約二百二十万／戦争の影響はなし／母親に満腔の感謝
90	1942	2/14	結婚難の解消大丈夫引受けました／公営出雲の神／埴科郡で愈々具体化
91	1942	2/14	出雲神様協議会（一八日県で）
92	1942	2/19	松本の出雲神／一日から開幕
93	1942	2/20	“出雲の神”も責任割当／町村に結婚斡旋委員
94	1942	2/27	なんと朗らかな植樹祭よ／新夫婦五十二組と記念標
95	1942	2/28	一般会社員に朗報／家族手当が増えます
96	1942	2/28	未婚者の「閻魔帳／申込みのトップは満州から」
97	1942	3/4	［評論］民族政策について
98	1942	3/7	出雲の神様初仕事／結ばれた二組の縁談
99	1942	3/13	双生児に「国策」名
100	1942	3/15	人口資源の前線へ／保健婦再教育講習終る
101	1942	3/20	どうか丈夫になってください／子のない夫婦・商品を永続献納
102	1942	3/27	不注意の“死亡”駆逐／上田保健所で調査
103	1942	4/5	子宝家庭調査
104	1942	4/8	年内に五十組を／上田結婚斡旋所店開き

105	1942	4/13	結婚奨励の癌は経済的／迷信打破の様式制定／北安方面委員会が提案
106	1942	4/14	優生結婚ならば二百円貸します／県社会事業協会で粋な斡旋
107	1942	4/15	無料で健康診断／百組目標の小県出雲神
108	1942	4/15	好条件の者ほど恵まれず／北佐地方の結婚相談所異変
109	1942	4/15	北佐の結婚式／自粛案決る
110	1942	4/22	簡易な結婚法は／さあ皆さんお考へ下さい／五月常会の協議事項
111	1942	4/22	申込みは多けれど年の違いが悩みの種／長野・出雲神一年の成果
112	1942	4/23	健民運動実施要項
113	1942	4/26	申込みは二日まで／仏都・乳幼児の審査は五日
114	1942	4/27	「健民運動」と「優生結婚」／週間に総動員で普及
115	1942	5/2	早婚や子宝報国へ／けふから全県に健民運動
116	1942	5/3	昭和の桃太郎／諏訪市健康児予選
117	1942	5/4	頼母しい発育！／諏訪市優良児予選
118	1942	5/6	国民の量と質を増やす運動だ／加茂さん「健民運動」を語る
119	1942	5/6	丸々肥った坊や／これは重いぞ／岡谷市外三村優良児審査会
120	1942	5/6	篠ノ井／更級郡で乳幼児審査会
121	1942	5/7	男一人に女二人半／宮川村で婿殿探し
122	1942	5/10	今次戦は“正義の防禦”／最後の勝利は人口／入信した藍澤大将談
123	1942	5/10	簡易結婚の指導に近く婚儀改善要綱設定／県当局積極的乗り出す
124	1942	5/13	興亜の桃太郎／お母さんに育児の秘訣を聞く
125	1942	5/13	県下一の桃太郎決る／昨年より立派な児許り
126	1942	5/22	文教・人口両政策決定／大東亜審議会答申／国民の質量を増強（人口）／南方進出を適宜規正
127	1942	5/24	おらが村の翼賛自慢／物言ふ結婚通知状・北佐／嫁貰ふなら御代田娘
128	1942	5/29	お神輿あげた出雲様／下伊結婚斡旋委員打合会
129	1942	6/5	結婚待機の女性／男一、女八、糸都の未婚者

130	1942	6/6	子宝三人以上妊婦を表彰／中電下諏・体力検定選手決る
131	1942	6/7	幼児保健に万全／家庭へ進出身体検査
132	1942	6/13	目標は年内六十組／諏訪市社会館／縁結びに大童
133	1942	6/17	県の結婚指針／各界代表参集し作成
134	1942	6/21	独身税や子無し税／嫌や応なきソ連国民の邁進
135	1942	6/21	二歳違ひの結婚奨励／出雲の神様の指導方針
136	1942	6/28	婚礼の鉄則成る／県民の実践を要請／古い考へを捨てよ／諏訪久代さん見解を発表
137	1942	7/1	赤ちゃん体力手帳
138	1942	7/1	結婚斡旋の奥の手／子供三人男四十に初婚の娘／チョイト纏めた程のよさ／正しい理解へ話を進む
139	1942	7/8	本県人口増殖指針／三ヶ所で既婚婦人の健康調査／早死流産の絶滅期す
140	1942	7/8	妊婦婦人の健康調査／人口増殖の線に沿ひ県乗出す
141	1942	7/9	子宝家庭表彰／既に報告百余件
142	1942	7/9	縁結びの相談／湖北結婚斡旋連絡会議
143	1942	7/9	育児の相談指導／保健婦全家庭訪問
144	1942	7/9	十四人の子宝！／今秋表彰の最高記録
145	1942	7/9	生めよ殖やせよにお母様を診察／上田保健所が総動員で
146	1942	7/12	結婚斡旋の奥の手／写真に惚れこめば／モノはわるくもトントン拍子／親子が逢へば大丈夫
147	1942	7/12	出来ました「妊婦手帳」／これで物資を優先配給
148	1942	7/15	東信の仙境を探る（下）／一戸平均六人の多産部落／恵まれた環境が健康に導く
149	1942	7/15	結婚斡旋の奥の手／勇敢にやり抜け／而して気の長いのが第一要諦／若いのを求めるのにはゴ注意
150	1942	7/15	健闘する東信の仙境（2）／大門村小茂谷の巻下／多産と健康地帯／女も三俵の炭背負ふ
151	1942	7/17	皇国農村の確立運動／健全農村の保持育成へ／食糧増産・共栄圏開発と相並ぶ三大基本目標
152	1942	7/21	家族手当て支給（一人三円）／本県でも愈々実施
153	1942	7/24	国策！産めよ殖やせ／婚儀改善結びの神／拓民の花嫁や産業戦士の妻に重点／下伊那郡山本村近藤政寛氏
154	1942	7/25	縁結び事業の強化／全国一の成績持続へ

155	1942	7/25	死亡率ぐっと減少／上田管下たくましい増殖進軍譜
156	1942	7/27	生めよ殖せよ嬉しい数字／伊那町出生率増加
157	1942	7/30	晩婚型一掃へ／出雲の神、乗出す
158	1942	7/30	乳幼児の死亡／腸疾患が最大
159	1942	7/30	模範結婚夫婦に／表彰や出産奨励金を
160	1942	8/2	興亜の赤ちゃん／長野市体力検査開始
161	1942	8/5	生めよ殖せよ進軍小母さん／取上げた赤ちゃん一万を突破
162	1942	8/5	みてくれ嬉しい数字を／婚姻激増、死産は減る
163	1942	8/5	インテリ娘の結婚観／婿選びによき実例／出雲の神様もただただ感心
164	1942	8/6	出産から見ても二十二、三歳／女性の結婚適齢期
165	1942	8/9	死亡率激減／中澤健保組合／十六年度業績
166	1942	8/12	弟か、おお兄さん／子宝部隊の二人・戦線の奇遇
167	1942	8/16	結婚話は藪入が仲人／諏訪地方／美しい人情の流れ
168	1942	8/17	産婆料僅かに一円／村が月給で雇入れ
169	1942	8/18	“国策型”子宝夫婦／今秋岡谷市で表彰
170	1942	8/18	児童の結核に徹底的な治療を／上田保健所の報告
171	1942	8/19	茲に見る女の力／村を推進させた産婆さん
172	1942	8/19	適齢男女を組織化／「出雲の神」のスピード化めざす
173	1942	8/21	さあ適齢者皆婚だ／未婚男女の全県的リストも纏り／近く県に結婚斡旋所
174	1942	8/22	［評論］人口増殖の根本的具体策
175	1942	8/22	未婚女性は職場へ／長野市で皆労懇談
176	1942	8/23	新夫婦いくら増えても住宅先ず心配なし／仏都で大きな空家アパート化
177	1942	8/25	出雲神様割当突破／諏訪市／早くも七割がお目出度徴候
178	1942	8/28	結婚適齢者達の健康状況調査／埴科で斡旋に新項目
179	1942	8/30	医師・産婆さん総動員／妊産婦の無料検診へ／出来る、お母さん保護会

180	1942	8/30	増えた結婚
181	1942	9/11	避妊の絶滅へ
182	1942	9/16	未婚者に微笑む／“出雲の神様”店開き
183	1942	9/20	早婚多子の母に訊く／生む育てる凡て自然調／“子宝は早婚に限る”を実証
184	1942	9/24	新婚家庭へ子宝宝典呈上
185	1942	9/27	お国の宝を護れ！／岡谷市妊婦手帳制
186	1942	10/3	結婚と出生は低率／ただ死亡率は少い／寺島博士研究・松本の人口動態
187	1942	10/6	農村も戦ふ（４）／子宝報国の多産村／五人以上が二百三十家庭
188	1942	10/6	農村も戦ふ（５）／多産村の秘訣を探る／殆ど全部が早婚／諏訪・結婚費用は五十円／子宝報国
189	1942	10/8	めでたい国策夫婦／明治節に岡谷市表彰
190	1942	10/12	縁結びの秘訣を聴く・特集
191	1942	10/18	各家庭を訪問し希望が合へば見合を／事情なくば七日以内取決め
192	1942	10/19	生み盛りは二十代／早婚組に凱歌／健康家庭は断然農家／国策夫婦
193	1942	10/20	生めよ殖やせよ国策進軍／殊勲甲の子宝部隊／菊の佳節に晴れの表彰式
194	1942	10/21	二百四十六家庭へ／今年の子宝家庭へ／厚生省から御褒美
195	1942	10/22	再婚報国の熱高し／時代が描く結婚様相
196	1942	10/22	栄えある優良多子家庭（終）／千の蔵より子は宝／讃へよこの父この母を
197	1942	10/23	生ける子育観音顕現／投げ込まれた幼児二人／七年目風の便りに父現る／赤貧の寡婦涙の養育
198	1942	10/24	逞しき赤ちゃん・厚生省の調査／死亡率減少の好成績
199	1942	10/24	未婚者の解消へ!!／まづ正しい知識を普及
200	1942	10/24	女性の結婚思想を調査／南佐久で斡旋に新手
201	1942	10/28	結婚へ総進軍だ／一擲せよ女学生の虚栄心
202	1942	11/1	お国の宝を護る！／保健婦が家庭を訪問
203	1942	11/5	子宝は早婚です／表彰者を囲んで座談会
204	1942	11/14	妊産婦へ手帳／いろいろの特典付与

205 1942 11/15 ［推進人語］人口増殖が任務／女子と職業戦線／松本女子師範校長・戸田克己氏
206 1942 11/17 村営結婚に脚光／豊郷の例が中央に資料
207 1942 11/17 村長さんが陣頭指揮／下水内は結婚総進軍へ
208 1942 11/21 愈よ結婚の町営／飯山町で細則を決定
209 1942 11/22 一人三組の斡旋目標を突破／年内に百組を／出雲神さま縁結びに馬力
210 1942 11/22 適齢者の写真台帳／大町・求婚はその中から
211 1942 11/25 国策結婚の鑑／ここに新処生の方途
212 1942 11/26 結婚斡旋へ馬力を／中洲泉野両村を指導村に指定
213 1942 12/3 県会・乳幼児と母性／保護に万全を期す／内政部関係
214 1942 12/3 戦時生活はこれでよいか／妊婦の摂生はまだ不十分
215 1942 12/3 結婚は人体本位に／捨てよ小さな希望条件
216 1942 12/3 二十八歳以上は必ず三月までに
217 1942 12/8 結婚斡旋に一馬力
218 1942 12/8 印鑑持参で結婚式／飯山町の町営結婚細則
219 1942 12/11 一年間に四十九組／長野市・出雲神戦果発表
220 1942 12/13 結婚が何より国にご奉公／大安に替る八日！／歩け歩けの結婚風景
221 1942 12/16 妊婦手帳は離乳まで／全員が受領のこと
222 1942 12/16 結婚・出雲の神の秘策
223 1942 12/19 市営結婚所設置建言／岡谷市区制刷新意見
224 1942 12/23 勤労女性の為に託児所設置を希望／経済生活相談箱に切実な投書
225 1942 12/26 結婚申込み殺到／松本・予約期間に電撃斡旋
226 1942 12/28 結婚斡旋補助員／出雲神様に協力

［資料２］東京朝日新聞上での戦時期人口政策

No.	年	月日	見出し
1	1941	1/7	仏国敗れたり／用兵の誤よりも出産率の低下／急務の「生めよ殖やせよ」／人口を語る古屋芳雄氏
2	1941	1/16	日本民族悠久の発展へ／人口政策要綱案成る／近く閣議に付議決定
3	1941	1/17	［社説］民族発展と人口政策
4	1941	1/17	双児三つ児の春／万全期せと厚生省通牒／次ぎは赤ちゃん保護法
5	1941	1/19	生れよ三つ児／お乳の心配はさせないと／厚生省が色々な援護
6	1941	1/20	［家庭］家庭婦人に与へる（熊谷憲一・厚生省社会局長）
7	1941	1/23	人口政策要綱決す／十年間に婚姻年齢を三年早む／独身税・婚資貸付考究
8	1941	1/24	一家庭に平均五児を／一億目指し大和民族の進軍
9	1941	1/25	早婚と有職女性／休養の少い職場では無理／まづ作業体制の一新から／岩田博士の話
10	1941	1/28	弱い赤ちゃん約三割／診断報告・大都市にも赤信号
11	1941	2/5	多産の話①／心配ない双児の知能／すくすくと育つドイツの四ツ児
12	1941	2/5	皆で守れ、赤ちゃんと母親／市が提唱・多産優先や隣組医学
13	1941	2/6	多産の話②／流産死亡年に二十万人／多くは妊娠中毒症による
14	1941	2/6	［学界余滴］乳児の死亡率（斎藤斉）
15	1941	2/7	多産の話③／不妊の原因は何？／二、三割は男性に責任がある
16	1941	2/8	多産の話④／受胎期測定は可能／荻野久作博士その他の学説
17	1941	2/10	多産の話⑤／才ある母に／いい子のできる遺伝の説明
18	1941	2/11	多産の話⑥／水泳が一ばんよい／女性とスポーツの適不適
19	1941	2/12	多産の話⑦／職業と流産／バスガールなど意外に多い
20	1941	2/13	多産の話⑧／働く女性と授乳／工業方面は機会に恵まれない
21	1941	2/18	七人の孤児を守る／ここに子育て報国
22	1941	2/18	国民優生連盟生る

23	1941	2/20	一億を目指して／「若き男女よ！結婚に進軍せよ」／わが戦時下の人口問題
24	1941	2/20	人口と食糧根本策考慮／井野農林次官衆院で答弁
25	1941	3/2	一歳の三つ児部隊／全国に二十三
26	1941	3/13	人口局の新設へ／厚生省の方針決定
27	1941	3/23	児童行政統一／厚生省で検討
28	1941	4/1	鉄鋼増産にも奨励金考慮／厚相車中談／人口局は急速設置
29	1941	4/1	“育てよ”進学の道開く／多子家庭の学資補助本極り
30	1941	4/18	［春の学舎から７］人口増加問題／日本婦人科学会・山本清一
31	1941	4/20	働く子宝の母を表彰／誉れの人達、帝都に百五十名
32	1941	4/25	子沢山の寡婦に光／育英費救助の財団
33	1941	5/4	手を尽くせど生命短し／三ツ児・何故次々早死にするか／厚生省がつかり／全国的に死亡原因究明
34	1941	5/8	「妊婦登録制」を近く全国に／家庭巡回訪問やお母さん学校
35	1941	5/13	『血の証明』なくば結婚を許さず／“優生結婚法”の準備
36	1941	5/24	“結婚難”へ千円の補給／四児を産めば返却御無用
37	1941	5/26	花咲いた市の結婚相談所／奇縁の夫婦六十組が初顔合せ
38	1941	6/1	展開される“民族戦”／七月一日から実施の「国民優生法」
39	1941	6/4	強制断種条項は当分実施を延期／優生法七月から施行
40	1941	6/4	“これなら優生結婚”／雛型示して若い男女を指導
41	1941	6/5	若人に新『結婚訓』優生協議会の意見
42	1941	6/5	ドイツの科学10／“結実”した政策／出産率の殖えたわけ
43	1941	6/7	国民優生法該当者は約三十人／施行令けふ公布さる
44	1941	6/7	産児制限にも鉄槌／七月一日から実施の優生法
45	1941	6/18	人口対策の急務（小泉親彦氏・今堀辰三郎氏）
46	1941	6/20	人口局新設
47	1941	6/21	人口局新設正式決定

48	1941	6/28	日本一健康児の光栄
49	1941	7/1	［育児対談］日本一にするまで／“健康児の母”の苦心
50	1941	7/1	断種の判定に“審査会”／国民優生けふ第一日
51	1941	7/1	結婚費に月収の四倍以上／一番奮発するサラリーマン
52	1941	7/2	健康児の光栄／李王両殿下畏き御言葉
53	1941	7/2	育児対談／のびのび育つ／“健康児の母”の苦心
54	1941	7/5	初の育英資金／全国四百の子宝家庭へ
55	1941	7/25	忘れられた“赤ん坊”の祝金／優生連盟・申込皆無に大あくび
56	1941	7/26	子宝に初の育英資金／選ばれた優良児四百十八人
57	1941	8/1	厚生省官制改正／人口局の新設で六局
58	1941	8/1	新局二つの門出に小泉さんの抱負／“さあ子宝進軍生活は全く心配無用”
59	1941	8/2	人口、生活両局長決定
60	1941	8/2	衣食住に“新設計”／川村初代生活局長発足の弁
61	1941	8/2	結婚へ“動員令”／官民一体で月下氷人
62	1941	8/6	国民結婚日
63	1941	8/6	「生めよ」と不妊
64	1941	8/10	“結びの神”も新体制／結婚報国会を組織して進軍
65	1941	8/10	重工業と女性／“男に少しも劣らぬ”／労務者の再編成に意見続出
66	1941	9/6	女学生の手で裁縫／赤ちやんへ“お国で産衣”本極り
67	1941	9/27	名乗り出た“子宝部隊”第二回表彰全国で二千余内申
68	1941	10/8	二十五歳と二十二歳結婚の決定版／人口局奨励策を評定
69	1941	10/14	［結婚報国］若き日本の誕生に努力しませう／若い女性・協力の秋
70	1941	10/15	［結婚報国］適齢期を選べ／男女とも晩婚は避けませう
71	1941	10/19	誉れの二千百余部隊／十五人組を筆頭に第二回表彰～第一位は北海道二百六十四組／日本一の十男五女／小泉厚生大臣の談

72	1941	10/20	嫁をいぢめては子が出来ぬ／多子家庭を分析する西野博士
73	1941	10/20	［結婚報国］良縁を取結ぶ／重大な結婚相談所の役割
74	1941	10/21	［結婚報国］冗費を省いて／これからは簡素質実に
75	1941	10/24	早婚促進／子宝部隊の殊勲乙
76	1941	10/30	育てお国の三ツ児だ／隣組が後援会
77	1941	10/30	［社説］人口の政策と質と量
78	1941	11/27	健啖な母から丈夫な子供／子宝部隊長座談会
79	1942	1/14	［社説］家族手当制度の拡充
80	1942	1/14	妊婦を届出制に／栄養食、資材の配給も優先的に／赤ん坊へは体力手帳
81	1942	1/17	月給五十円から課税／独身者は年収千円に四十円／子宝家庭に温い控除／新増税案
82	1942	2/11	人口増加率は好転／昨年は既に戦前以上／首相答弁
83	1942	2/13	女子には女子の務め／徴用は十分考慮して逐次実行
84	1942	3/20	乳児死亡の原因／母親の不注意が多い
85	1942	4/2	注意一つで／丈夫になる赤ちゃん／大切な母親の育児知識
86	1942	4/5	“子宝の家”探し／今年で三回目の表彰／育英資金今年も支給
87	1942	4/24	大いに利用したい／妊婦に増配されるパンの切符制
88	1942	5/6	勤労母性の子宝表彰
89	1942	5/19	一人残らず受診義務／赤ちゃんの診査／来月から一斉に実施
90	1942	5/24	学問より母の愛／赤ちゃんの健康しらべ
91	1942	6/4	［社説］人口、工場の分散計画
92	1942	6/5	共栄圏人口問題討論
93	1942	6/11	［家庭］まづ理想に近い／女子大生の結婚率／而も一夫婦4.2人の出生率
94	1942	6/23	［家庭］婚期をおくらすな／戦時下に活躍する職場の女性へ結婚の指導・上
95	1942	6/24	吏員や学校職員にも家族手当を増額／四月に遡り月額三円
96	1942	6/24	［家庭］国家のために嫁せ／適齢者に義務がある／職場の女性へ結婚の指導・下

97	1942	6/25	第十三回日本一健康優良児決る
98	1942	6/25	日本一健康優良児の生立ち／歴史と伝統の下両親の愛に育まれて／寺田康夫君／築上げられた逞しい珠玉児
99	1942	6/26	“まあ、日本一よ”街に賛概の声
100	1942	6/26	［家庭］何でも一家揃って／共に働き共に楽しむ／日本一の健康優良児大嶋洋子さんの家
101	1942	7/12	妊産婦に手帳制／出産用品や栄養食も優先／あすから届出を受付
102	1942	7/12	［家庭］立派な子を産んでお国のために尽せ／“妊産婦手帳”取扱上の注意
103	1942	7/18	建設財政の基本方針決る／予算編成、閣議で先議／予算統制大綱・人口増強策も採択
104	1942	8/9	［家庭］生活問答／妊産婦の登録について
105	1942	8/18	産報の結婚相談所
106	1942	8/25	なぜ晩婚が多いか／未婚の女子に、この数字／原因は高等教育と経済的進出
107	1942	9/3	［家庭］特に与えて欲しい／妊産婦へ野菜、果物／赤ちゃんに必要なビタミンB
108	1942	9/3	［生活問答］妊産婦手帳の公布／予定より遅れて一五日頃から
109	1942	9/11	不心得な“産児制限”／「優生法」を改正一掃
110	1942	9/12	男の申込みが殖えた／府の結婚相談組合店開き
111	1942	9/17	［生活問答］産児奨励金は出ます
112	1942	10/1	結婚相談所店開き
113	1942	10/2	市長令嬢や外交官／開店早々出雲の神様大繁盛
114	1942	10/8	［紙上結婚相談］結婚もお国のため／慎重な態度で取結ぶべきもの
115	1942	10/9	早婚も軌道に乗って／殖えた男の申込み／結婚李の相談所窓口
116	1942	10/10	［紙上結婚相談］日本婦人の務め／良縁を逃さず、よい主婦に
117	1942	10/15	［紙上結婚相談］国家へのご奉公／召集を控へた若者の結婚
118	1942	10/17	［紙上結婚相談］早く身を堅めたい／撞球場に勤める女性の悩み
119	1942	10/20	“愛の奉仕者”も加へて／子宝部隊を表彰／明治節に晴れの授賞式／筆頭は十四人／全国で千五百二家族／数へるのに三十分／日本一の肥沼さん
120	1942	10/21	子宝育英に資金／二百四十六家族決る

121	1942	10/21	［紙上結婚相談］生活力があればなるべく早く一家をもて
122	1942	10/23	［紙上結婚相談］悪質遺伝の根絶へ／どんな対策があるか
123	1942	10/27	［紙上結婚相談］らいは遺伝ではない／曽祖父の罹病心配なし
124	1942	10/31	会社員にも五円／家族手当は十一月から
125	1942	10/31	［紙上結婚相談］何処がよいか／市内の結婚相談所調べ
126	1942	11/5	佳き日に晴れの表彰／子宝部隊と功労者
127	1942	11/5	妊産婦の届出／あすから受付／手帳はこの通り
128	1942	11/6	［紙上結婚相談］自由結婚の得失／冷静な判断が必要
129	1942	11/12	“働く母性に健康を”／「生めよ殖やせよ」の常会を前に／紅三点の雄たけび／語る金子光さん
130	1942	11/12	［紙上結婚相談］海外への結婚／どこの相談所がよいか
131	1942	11/14	“民族の増強へ”／人口問題研究会開く
132	1942	11/14	在米洲同胞の留否問題／人口問題研究会
133	1942	11/15	“つり合ひ”が第一／仲人口を慎み人物本位でゆけ／結婚難打開のコツ
134	1942	11/18	［生活問答］“妊産婦手帖”／産後一年間は有効
135	1942	11/19	［紙上生活相談］資金の貸つけ／申込み手続きと返済法
136	1942	11/20	子宝報国には“早婚”／体験を語る表彰家庭座談会
137	1942	11/25	奥さん手当増額／政府へ結婚促進の建議
138	1942	11/28	［紙上結婚相談］これからの産業道／職場結婚大いに結構
139	1942	12/4	結婚奨励に論議／市協力会議
140	1942	12/10	［紙上結婚相談］慰問の主と勇士と／娘を結婚させる母親へ
141	1942	12/12	妊婦の無料診察盛況
142	1942	12/27	赤ちゃん保護へ／母性補導委員

あとがき

本書は私にとって、はじめての論文集である。

ここ数年、大学教員の忙しさが増したのか、私個人の遅筆に拍車がかかったのかわからないが、学術論文やエッセイを執筆するときには、〆切ぎりぎりの自転車操業が続いていた。ようやく書き終えてホッとするやいなや、次なる仕事が待ち構えている。そんなわけで、書いた文章をゆっくり見直す暇がほとんどなかった。

今回、改めて読み直してみたが、「書きなぐり」といえば言い過ぎだが、やはり、走るようにして書いている、書きながら考えている面が多々あることに気づいた。本書に収録した論文は、すべて二〇〇〇年から〇五年にかけて執筆されたものだが、大別すると、(一)一九九九年に刊行した『セクシュアリティの歴史社会学』の「おとしまえ」、すなわち社会学界に向けての言説分析や歴史社会学という方法論の提示、(二)「社会調査のなんでも屋」としてあれこれ調べているうちに、深入りすることになった少子化対策・人口政策・ジェンダー・男女共同参画などのテーマに分けられる。

前者は、史資料をじっくり読みこなす歴史社会学の手法に基づいて、日本という近代の「来し方」に思いを馳せる。これに対して後者は、現在ホットな社会問題とされている事柄に対して社会学者として問題提起し、好むと好まざるとにかかわらず、日本の「行く末」を構想しなければならない。この二つの仕事は、少なくとも研究のベクトルとしては正反対に近い。それゆえ、異なるベクトルのはざまで股裂き状態に陥り、苦悶することも少なくなかった。その苦悶が、本書のところどころに顔をみせている。

もっともこうした股裂き状態を、今後も続けていかざるをえないのだろう。そもそも私は、かつて「陸の孤島」と呼ばれた地域に生まれ育った。一八歳で東京に出て、カルチャーショックを受けて社会学の世界に飛び込み、一〇年間「日本の最先端」をかいま見ることになったが、その後一〇年間は、再び岡山と信州でのLOHASな…、いや田舎生活をすることになった。そしてまた、今年からは東京暮らしである。

「日本の最先端」と「陸の孤島」、東京と信州、大阪と岡山、距離にすれば数百㎞にすぎないが、近代の社会変動の進み具合という観点からは、二〇年から三〇年くらいの違いはあるだろう。数百㎞離れた場所を訪れるだけで、歴史的な時間差をも追体験できてしまうわけだ。社会学の世界では、東京中心に世界を俯瞰する人も少なくないが、もともと社会学徒は、田舎者でも都会者でもなく、

「よそ者」として生きることを宿命づけられている。そう考えれば、地方と都会の往還、過去と未来の往還は、私にとっては貴重な経験だった。

そうした経験を、なんとか今後の社会学研究に活かせないか、と思う。だがそれを、明確な言葉に置き直すには、まだまだ時間がかかる。しかし呑気に言葉を探しているうちに、二〇〇一年の九・一一テロ以降、世界は急速に変わり始めた。テロリズムという現実を踏まえて、国家と社会をいかに構想すべきかという新たな課題が、社会学者のみならず、すべての人びとに突きつけられている。しかも日本にあっては、人口減少社会の到来だ。このことの意味はやはり大きい。これまでの日本型近代は、「貧者が富者にキャッチアップする」「地方が都会にキャッチアップする」「女性が男性にキャッチアップする」という形で進んできたが、人口減少社会では、そうした発想自体が破綻せざるをえない。むしろこれからは、富者こそが、都会こそが、男性こそが、勇気と誇りをもって滅びの道を見いださねばならない。

こうした状況下で、社会学にできることはなにか。自分にできることはなにか。もう少し時間をかけて問い続けていかねばならないようだ。本書は、少なくとも私にとっては、その過程を示す一里塚のようなものである。これが、本書を刊行するに至った個人的な動機だが、各章の論文やエッセイを本書に採録するにあたって、多くの雑誌編集部から寛大なる許可をいただいたことに、感謝したい。

また、本書の企画・刊行は、最初から最後まで勁草書房編集部・町田民世子さんの尽力によるものである。最初に本書の企画をいただいたのは、たしか二〇〇二年の秋頃だったと記憶する。なんとなく論文集という形での出版にためらいがあった私を、本当に何度も、叱咤激励してくださった。本書所収の論文は、ふだん書いているもののなかでも、学術雑誌、紀要、少し前の商業誌に掲載されたものなど、一般の人びとの目に触れにくいものが中心である。こうした形での出版が可能となったのも、ひとえに町田さんのおかげである。最後になるが、勁草書房でフェミニズム、ジェンダー論の錚々たる論者を表舞台に出してきた長年の編集活動に、改めて敬意を表したい。町田さんが勁草書房に籍を置かれているあいだに、なんとか本書の出版にこぎつけたことが、私にとっても最大の喜びである。

二〇〇六年九月

赤川　学
akagawa.manabu@nifty.com

サ行

タ行

ナ行

ハ行

マ行

ヤ行

ラ行

ワ行

事項索引

ア行

カ行

サ行

タ行

ナ行

ハ行

マ行

ヤ行

ラ行

参考文献

AIU保険　2001 『AIUの現代子育て経済考』AIU保険会社
赤川学　1992 「ポルノ批判：その社会運動としてのアイデンティティと社会理論としての背後仮説」『女性学年報』No.13, p.25-35　女性学年報編集委員会
――――　1993 「差異をめぐる闘争：近代・子ども・ポルノグラフィー」中河・永井編『子どもというレトリック：無垢の誘惑』pp163-200　青弓社
――――　1995 「売買春をめぐる言説のレトリック分析：公娼・廃娼論争から〈性の商品化〉問題へ」江原編『性の商品化』pp153-201　勁草書房
――――　1996 「社会問題としての売買春」『信州大学人文学部紀要』No.30　65-84
――――　1999a 『セクシュアリティの歴史社会学』勁草書房
――――　1999b 「『セクシュアリティの歴史社会学』書評リプライ」『Sociology Today』No.10　144-155
――――　2000 「書評に応えて」『ソシオロジ』Vol.45-2　151-154
――――　2001a 「言説分析と構築主義」上野千鶴子編『構築主義とは何か』勁草書房　63-83　本書第二章
――――　2001b 「言説分析とその可能性」『理論と方法』Vol.16-1　89-101　本書第一章
――――　2002 「ジェンダー・フリーをめぐる一考察」『大航海』新書館　No.43　64-73　本書第六章
――――　2003 「男女共同参画社会と少子化」『比較家族研究』岡山大学文学部　123-149
――――　2004a 「岡山市『男女共同参画に関する市民意識・実態調査』に参加して」平成13年度　岡山大学文学部研究プロジェクト『研究者の役割と地域社会』岡山大学文学

部　27-37
――――　2004b『子どもが減って何が悪いか！』筑摩書房
阿勝信正　1946『性の科学』星出版社
青野由利　1997「脳の性差―遺伝か、環境か」鐘ヶ江晴彦編『シリーズ性を問う②性差』専修大学出版局
荒垣恒政　1952『性愛事典』大和出版社
阿藤誠　2000『現代人口学』日本評論社
Best, Joel 2001 *Damned Lies and Statistics*. The Univ of California Press＝2002. 林大訳『統計はこうしてウソをつく』白揚社
――――　2004 *More Damned Lies and Statistics*. The Univ of California Press.
Burr, Vivien 1995 *An Introduction to Social Constructionism* Routledge＝1997　田中一彦訳『社会構築主義への招待』川島書店
Butler, Judith 1990 *Gender Trouble : Feminism and the Subversion of Identity*. Routledge＝竹村和子訳　1999『ジェンダー・トラブル――フェミニズムとアイデンティティの攪乱』青土社
Cohen, Stanley 1972 *Folk Devils and Moral Panics*, Routledge
Conrad, Peter & Schneider, Joseph W. 1992 *Deviance and Medicalization*(2nd), Temple Univ Press.＝2003　進藤・杉田・近藤訳『逸脱と医療化』ミネルヴァ書房
土場学　1999『ポスト・ジェンダーの社会理論』青弓社
江原由美子　1988『フェミニズムと権力作用』勁草書房
――――　2001『ジェンダー秩序』勁草書房
――――・山崎敬一　1993　沈黙と行為『ソシオロゴス』17号
江原小弥太　1937『男女生活の設計』千倉書房
遠藤知巳　2000「言説分析とその困難」『理論と方法』Vol.15-1　63-83　数理社会学会
――――　2006「言説分析とその困難」友枝・佐藤編『言説分析の可能性』東信堂

Fairclough, Norman 2003 *Analysing Discourse*. Routledge.
福島章　2000 『マンガと日本人』日本文芸社
古川誠　1993 「同性愛者の社会史」『社会学・入門』宝島社　218-222
――――　1995 「同性『愛』考」『imago』青土社
Foucault, Michel 1966 "Michel Foucault, Les Mots et les Choses", *Les Lettres française*, No.1125 : 3-5＝1999 廣瀬浩司訳「ミシェル・フーコー『言葉と物』」『ミシェル・フーコー思考集成II』筑摩書房　304-312
――――　1967 "Sur le Façons d'écrire I'histoire", *Les Lettres françaises*, No.1187 : 6-9＝1999 石田英敬訳「歴史の書き方について」『ミシェル・フーコー思考集成II』筑摩書房　430-451
――――　1968 "Sur L'archéologie des Sciences", *Cahiers pour l'analyse*. No.9 : 9-40＝1999 石田英敬訳「科学の考古学について」『ミシェル・フーコー思考集成III』筑摩書房　100-143
――――　1968 "Réponse à une Question", *Esprit* No.371 : 850-874＝1999　石田英敬訳「エスプリ誌質問への回答」『ミシェル・フーコー思考集成III』筑摩書房　70-99
――――　1969 *L'archéologie du Savoir*. Paris : Gallimard.＝1981 中村雄二郎訳『知の考古学』河出書房新社
――――　1969 "La Naissance d'un Monde", *Le Monde des Livers*. No.7558 : 8＝1999 廣瀬浩司訳「ある世界の誕生」『ミシェル・フーコー思考集成III』筑摩書房　218-222
――――　1971 "Entrevista com Michel Foucault", Merquior. J. G. & Rouanet. S. P.（ed）*O Homen e o Discurso*, 17-42＝1999 慎改康之訳「ミシェル・フーコーとの対談」『ミシェル・フーコー思考集成IV』筑摩書房　39-61
――――　1975 *Surveiller et Punir Naissance de la prison*, Gallimard＝1977　田村俶訳『監獄の誕生：監視と処罰』新潮社
――――　1976 *Histoire de la Sexualité Vol.1 : La Volonté de*

Savoir, Gallimard＝1986　渡辺守章訳『性の歴史Ⅰ：知への意志』新潮社
――――　1999 *Les Anormaux, Cours au College de France 1974-1975* Seuil/Gallimard＝2002　慎改康之訳『異常者たち　コレージュ・ド・フランス講義1974―1975年度』筑摩書房
藤井俶禎　1994　『純愛の精神誌』新潮選書
藤目ゆき　1997　『性の歴史学』不二出版
藤野豊　1998　『日本ファシズムと優生思想』かもがわ出版
Geertz, Clifford 1973, *The Interpretation of Cultures*, Basic Book＝1987　吉田禎吾・柳川啓一・中牧弘允・板橋作美訳『文化の解釈学』岩波書店
Gusfield, Joseph, R. 1963 *Drinking-Driving and the Symbolic Order*, The Univ of Chicago Press
浜日出夫　2002　「歴史と集合的記憶」『年報社会学論集』No.15, 3-15. 関東社会学会
橋爪大三郎　1995　『性愛論』岩波書店
羽太鋭治　1915　『性慾教育之研究』大同館
――――　1921　『女性の赤裸々』巳羊社書院
――――　1921　『恋と売淫の研究』学芸書院
――――　1926　『性の争闘と人間苦』春陽堂
――――　1928　『現代女性の性欲生活』南海書院
濱野規矩雄　1948　「性病は増えているか」林編　141-162
原浩三　1955　『売春風俗史』コバルト新書
林髞編　1948　『性教育読本』読売新聞社
林髞　1948　「性教育と産児調節」林編　173-190
原田泰　2001　『人口減少の経済学』PHP 研究所
林伴子　2004a　「若干の論点」第 2 回経済財政展望 WG, 10月13日,（http://www.keizaishimon.go.jp/special/vision/view/02/item4_2.pdf）2005.1.17
――――　2004b　「イントロダクション」ESRI 経済政策フォーラム・効果的な少子化対策のあり方を求めて（配布資料）

11月 9 日（http://www.esri.go.jp/jp/forum1/041109/intro-shoushikal.pdf）2005.1.17
樋口美雄　2004 「高就業率で低出生率は本当か」『週刊エコノミスト』11月30日号　79
Hooks, Bell 1984 *Feminist Theory from Margin to Center* Boston South End Press＝1997　清水久美訳『ブラック・フェミニストの主張―周縁から中心へ』勁草書房
井上章一　1999 「私の読書日記」『週刊文春』 7 月15日号　144-145
石原純　1925 『恋愛価値論』改造社
石渡利康　1972 『新チビっこ猛語録』二見書房
金澤貴之　1999 「作られる『社会問題』――構築主義アプローチからのディスコースの研究」『言語』vol.28, no.1　47-51
川村邦光　1996 「“処女”の近代」『岩波講座現代社会学10・セクシュアリティの社会』岩波書店　131-147
金子勇　2003 『都市の少子社会』東京大学出版会
――――　2004 「『子育て基金』を創設し、子のあるなしにかかわらず育児負担を共有させよ」『日本の論点2005』文藝春秋　490-3
葛山泰央　2000 『友愛の歴史社会学』岩波書店
木本至　1976 『オナニーと日本人』インタナルKK
北田暁大　2000 『広告の誕生』岩波書店
駒村康平　2003 『年金はどうなる』岩波書店
厚生省二十年史編集委員会　1960 『厚生省二十年史』官公庁審議会
小谷野敦　1997 『〈男の恋〉の文学史』朝日選書
――――　1999 『もてない男』ちくま新書
Kimura, Doreen 1999 *Sex and cognition*, The MIT Press＝2001　野島久雄他訳『女の能力、男の能力――性差について科学者が答える』新曜社
草柳千早　1996 「『クレイム申し立て』の社会学再考―『問題経験』の社会学へ向けて」『現代社会理論研究』No.6　29-42
倉田百三　1924 「恋愛と性欲に就て」『倉田百三作品集』二巻　188
LeVay, Simon 1996 *Queer Science : The Use and Abuse of Research*

into Homosexuality The MIT Press＝2002　伏見憲明監修　玉野真路他訳『クィア・サイエンス』勁草書房
前田正子　1997 『保育園は、いま』岩波書店
――――　1999 『少子化時代の保育園』岩波書店
松原洋子　1998 「戦時下の断種法論争」『現代思想』青土社　Vol.26 No.2
Merton, Robert K. 1957 *Social Theory and Social Structure*, New York : Free Press.＝1961　森東吾・森吉男・金沢実・中島竜太郎訳『社会理論と社会構造』みすず書房
Michael, R. T., Gagnon, J. H., Laumann, E. O., Kolata, G. 1994 *Sex in America*, Little Brown and Co.＝1996　近藤隆文訳『セックス・イン・アメリカ』日本放送協会出版
Minh-Ha, Trinh 1989 *Woman, Native, Other Writing Postcoloniality and Feminism* Indiana University Press＝1995　竹村和子訳『女性・ネイティヴ・他者――ポストコロニアリズムとフェミニズム』岩波書店
宮田重雄　1948 「性教育の順序」林編　69-94
三木義一　2003 『日本の税金』岩波書店
水田邦雄　2002 「子育て支援施策の現状と展望」清家篤・岩村正彦『子育て支援の論点』社会経済生産性本部　169-90
三浦展　2005 『下流社会』光文社新書
文部省社会教育局　1959 『性と純潔』
森永卓郎　1997 『〈非婚〉のすすめ』講談社現代新書
森下伸也　2006 『逆説思考』光文社新書
牟田和恵　1996 『戦略としての家族』新曜社
永田えり子　1997 『道徳派フェミニスト宣言』勁草書房
――――　2001 「書評」『理論と方法』Vol.16-1　147-149
内閣府男女共同参画局　2004 「男女共同参画と少子化（最近の分析の動き）」第23回・男女共同参画会議基本問題専門調査会（配布資料）、2月25日（http://www.gender.go.jp/danjokaigi/siryo/ka14-4-1-3.pdf, 2005.1.17）
中河伸俊　1999 『社会問題の社会学』世界思想社

——— 2001 「方法論のジャングルを越えて——構築主義的な質的探求の可能性」『理論と方法』Vol.16 No.1 31-45 数理社会学会
——— 2005 「「どのように」と「なに」の往還」盛山・野宮他編『〈社会〉への知／現代社会学の理論と方法（下）』p. 165-189 勁草書房
中田喜文 1997 「日本における男女賃金格差の要因分析」中馬・駿河編『雇用慣行の変化と女性労働』東京大学出版会 173-199
野坂昭如 1994 『感傷的男性論』悠飛社
Oakley, Ann 1972 *Sex, Gender and Society* Temple Smith
OECD, 2004 *Employment Outlook*
岡田光弘 1994 「社会構成主義の現在——社会問題のエスノメソドロジー的理解を目指して」『年報筑波社会学』No.5 1-46
大槻憲二 1940 『続・恋愛性欲の心理とその処置法』東京精神分析学研究所出版部
大沢真理 2002 『21世紀の女性政策と男女共同参画基本法』ぎょうせい
大山治彦 2000 「書評」『家族社会学研究』Vol.12-1：137-140
荻野美穂 2002 『ジェンダー化される身体』勁草書房
岡真理 2000 『彼女の正しい名前は何か』青土社
小倉千加子 1988 『セックス神話解体新書』学陽書房
Plomin, Robert 1990 *Nature and Nurture : An Introduction to Human Behaviral Genetics* Brooks/Cole＝1994 安藤寿康訳『遺伝と環境』培風館
Pease, Allan・Pease, Barbara 1999 *Why men don't listen and Women can't Read Maps*＝2000 藤井留美訳『話を聞かない男、地図が読めない女』主婦の友社
Pinker, Steven 2003 *Blank Slate : The Modern denial of Human Nature* Penguin＝2004 山下篤子訳『人間の本性を考える——心は空白の石版か』上中下 NHKブックス
佐伯順子 1998 『「色」と「愛」の比較文化史』岩波書店

斎藤光　1994 「『性欲』の文化的標準化」『京都精華大学紀要』6号 161-176
斎藤修平　1997 「性のフォークロア」『オープンフォーラム』No.2 20-41
桜井厚　2002 『インタビューの社会学』せりか書房
佐倉智美　1999 『性同一障害はオモシロイ――性別って変えられるんだヨ』現代書館
佐藤郁哉　1992 『フィールドワーク』新曜社
佐藤健二　1995 『流言蜚語』有信堂
――――　2001 『歴史社会学の作法』岩波書店
佐藤哲彦　2006 『覚醒剤の社会史』東信堂
佐藤俊樹　1998 「近代を語る視線と文体」高坂健次・厚東洋輔編『講座社会学1　理論と方法』東京大学出版会　65-98
謝国権　1960 『性生活の知恵』池田書店　220-1
白井将文　2001 『性機能障害』岩波新書
盛山和夫　2000 『権力』東京大学出版会
Scott, Joan, W. *Gender and The Polotics of History* Columbia University Press＝1992　荻野美穂訳『ジェンダーと歴史学』平凡社
数土直紀　1998 「権力構造の発生モデル」『理論と方法』Vol.12-2 163-79
鍾家新　1998 『日本型福祉国家の形成と「十五年戦争」』ミネルヴァ書房
Spector, M. B. & Kitsuse, J. I. 1977 *Constructing Social Problems*, Cummings Publishing Company＝1990　村上・中河・鮎川訳『社会問題の構築』マルジュ社
Spivak, Gayatri, C 1988 "Can the Subaltern Speak?" Nelson, C. & Grossberg, L. (eds.) *Marxism and the Interpretation of Culture* The Univ of Illinois Press＝1998　上村忠男訳『サバルタンは語ることができるか』みすず書房
田村一　1948 「性病の予防」林編　129-140
――――　1948 「オナニイと性的神経衰弱」林編　163-172

谷岡一郎　2000　『社会調査の〈ウソ〉』文春新書
田間泰子　2001　『母性愛という制度』勁草書房
Troyer, Ronald, J. & Markle, Gerald, E. 1983　*Cigarettes : The Battle over Smoking*, Rutger Univ Press＝1992　中河・鮎川訳『タバコの社会学：紫煙をめぐる攻防戦』世界思想社
上野千加子・野村知二　2003　『”児童虐待”の構築』世界思想社
上野千鶴子　1990　家父長制と資本制　岩波書店
――――　1990　「解説（三）」小木・熊倉・上野編『日本近代思想大系23　風俗・性』岩波書店
――――　1995　「差異の政治学」井上・上野他編『ジェンダーの社会学』岩波講座・現代社会学８　岩波書店
――――　1996　「セクシュアリティの社会学・序説」井上・上野他編『セクシュアリティの社会学』岩波講座・現代社会学10　岩波書店
――――　2001　「構築主義とは何か」上野千鶴子編『構築主義とは何か』勁草書房　275-305
――――　・宮台真司　1998　「対談　メディア・性・家族」『論座』８月号
Van Dijk, Teun A. 1999 "Critical Discourse Analysis and Conversation Analysis", *Discourse & Society*, 10 459-60
ウェーバー，マックス　1993　『職業としての学問』岩波文庫
Willig, Carla 2001 *Introducing Qualitative Research in Psychology : Adventures in Theory and Method*. Open Univ Press＝2003　上淵寿・大家まゆみ・小松孝至訳『心理学のための質的研究入門法』培風館
Wood, L. A. & Kroger, R. O. 2000 *Doing Discourse Analysis*, Sage
Weeks, Jeffrey 1989 *Sexuality*, Routledge (2nd ed.)＝1996　上野千鶴子監訳『セクシュアリティ』河出書房新社
Woolgar, S. and Pawluch, D. 1985 "Ontological Gerrymandering : The Anatomy of Social Problem Explanations", *Social Problems 32* : 214-227

山本英二　1999　『慶安御触書成立試論』日本エディタースクール出版部
好井裕明　2003　「『臨床的』実践でもなく『科学主義的』実践でもなく」『文化と社会』Vol.4　82-101　マルジュ社
山田昌弘　1996　『結婚の社会学』丸善
――――　2004　『希望格差社会』筑摩書房
与謝野晶子　1916　「婦人と性欲」『定本与謝野晶子全集』15巻　講談社
――――　1917　「恋愛と性欲」『定本与謝野晶子全集』16巻　講談社
吉森福子　2004　「『子育て支援』は子どもを増やすためだけにあるのか――保育園が増えれば子どもを産む？」（http://allabout.co.jp/children/kindergarten/closeup/CU20041215A/）2005.1.19

人名索引

ア行

カ行

初出一覧

序　章　二一世紀の社会学のために　書き下ろし

第一章　言説分析とその可能性『理論と方法』第16号　2001年　数理社会学会

第二章　言説分析と構築主義　上野千鶴子編『構築主義とは何か』2001年　勁草書房

第三章　言説の歴史社会学における権力問題『年報社会学論集』第15号　2002年　関東社会学会

第四章　言説の歴史社会学・序説『社会学史研究』第27号　2005年　日本社会史学会

第五章　フェミニズムに期待すること『大航海』39号　2001年　新書館

第六章　ジェンダー・フリーをめぐる一考察『大航海』43号　2002年　新書館

第七章　性差をどう考えるか『大航海』57号　2006年　新書館

第八章　恋愛という文化／性欲という文化　服藤早苗・山田昌弘・吉野晃編『恋愛と性愛』2002年　早稲田大学出版部

第九章　性をめぐる言説と身体　見田宗介・内田隆三・市野川容孝編『〈身体〉は何を語るのか』2003年　新世社

第一〇章　現代中国のオナニー言説　斎藤光編『東アジアの性を考える』2001年　京都精華大学創造研究所

第一一章　EDの社会的構築『人文科学論集』39号　2005年　信州大学人文学部

第一二章　人口減少社会における選択の自由と負担の公平『社会学評論』56巻1号　2005年

第一三章　新聞に現われた「産めよ殖やせよ」『人文科学論集』38号　2004年　信州大学人文学部

著者略歴
1967年　石川県に生まれる
1999年　東京大学大学院人文社会系研究科博士課程修了
博士（社会学）
現　在　東京大学大学院人文社会系研究科准教授
主　著　『性への自由／性からの自由』（青弓社、1996）
『セクシュアリティの歴史社会学』（勁草書房、1999）
『子どもが減って何が悪いか！』（筑摩書房、2004）
ほか

構築主義を再構築する

2006年11月10日　第1版第1刷発行
2008年7月10日　第1版第2刷発行

著　者　赤《あか》川《がわ》　学《まなぶ》
発行者　井村寿人

発行所　株式会社　勁《けい》草《そう》書房
112-0005 東京都文京区水道2-1-1 振替 00150-2-175253
（編集）電話 03-3815-5277／FAX 03-3814-6968
（営業）電話 03-3814-6861／FAX 03-3814-6854
平文社・青木製本

ISBN978-4-326-65319-5　Printed in Japan

＊落丁本・乱丁本はお取替いたします。
http://www.keisoshobo.co.jp